Harald Schumny (Hrsg.)

Knobeleien mit dem Mikro

Unterhaltsames mit dem Mikrocomputer

Spielprogramme für den Apple IIe

von H. Franklin u. a.

Musik mit dem TI-99/4A

von E. Gehrer

Praktische Anwendungen mit dem PC-1500A
Praktische Anwendungen mit dem HP-71B

von G. Tatzl

Genie-Streiche

von W. Tomaschewski

FORTH ganz einfach

von T. Hogan

Vieweg

Harald Schumny (Hrsg.)

Knobeleien mit dem Mikro

8 Aufgaben, gelöst mit 15 verschiedenen Computern in 57 Versionen sowie 13 ungelöste Aufgaben

Friedr. Vieweg & Sohn Braunschweig / Wiesbaden

CIP-Kurztitelaufnahme der Deutschen Bibliothek

Knobeleien mit dem Mikro: 8 Aufgaben, gelöst mit 15 verschiedenen Computern in 57 Versionen sowie 13 ungelöste Aufgaben / Harald Schumny (Hrsg.). – Braunschweig; Wiesbaden: Vieweg, 1985.
ISBN 3-528-04349-0

NE: Schumny, Harald [Hrsg.]

1985

Umschlaggestaltung: Ludwig Markgraf, Wiesbaden
Druck und buchbinderische Verarbeitung: W. Langelüddecke, Braunschweig
Printed in Germany

ISBN 3-528-04349-0

Inhaltsverzeichnis

Anschriften

Kontaktadresse:

Verlag Vieweg
Lektorat Mikrocomputer
Postfach 5829
6200 Wiesbaden 1

„Knobler":

Karl Achilles
Neuenstraße 2
2805 Stuhr 1

Alain von Allmen
Aadorferstrasse 1
CH-8353 Elgg

Cordula Berger
Schütte-Lanz-Straße 3a
1000 Berlin 45

Frank Bergmann
Hornbergstraße 42
7014 Kornwestheim

Klaus Ditze
Nikolaus-Ehlen-Straße 6
5354 Weilerswist

Michael Elbel
Am Ludelberg 55
8594 Arzberg

Alfred Falk
Nützenberger Str. 19
5600 Wuppertal 1

Dr.-Ing. Peter Fischer
Döbelner Straße 54
DDR – 7304 Roßwein

Dipl.-Ing. Gerhard Frank
Dresdener Straße 25
DDR – 8400 Riesa

Dr. Arved Fuhrmann
Leipziger Straße 15
7750 Konstanz

Frank Haberditz
Oberhöchstädter Straße 12
6374 Steinbach/Taunus

Wilhelm-Rüdiger Haberditz
Oberhöchstädter Straße 12
6374 Steinbach/Taunus

Dr.-Ing. E.h. Kurt Hain
Peterskamp 12
3300 Braunschweig

Ing.grad Hans Krissler
Brunnenwiesenweg 44
7061 Lichtenwald 2

Dr. Hartmut Pinstock
Baroper Straße 239
4600 Dortmund 50

Prof. Dr. Hartmut Ring
Am Kreuzgarten 3
5242 Kirchen-Freusberg

Dipl.-Ing. Wolf-Eberh. Romberg
Dimker Allee 64
4270 Dorsten-Wulfen

Joachim Schwarte
Berliner Straße 25
6231 Schwalbach

Achim Stößer
Hauptstraße 83
7552 Durmersheim

Norbert Waldmüller
Amraser Straße 23/2
A-6020 Innsbruck

Vorwort

Dieses Buch ist aus einer Idee entstanden, die im Taschenrechner + Mikrocomputer Jahrbuch 1983 erstmalig als Knobelecke realisiert wurde. Es gab daraufhin so viele Lösungseinsendungen und Vorschläge für „Knobelaufgaben", daß wir unsererseits ins Knobeln darüber gerieten, was mit dem guten und originellen Material geschehen sollte. Das Ergebnis liegt hiermit vor.

Das Buch besteht aus drei Teilen, die im Umfang sehr unterschiedlich sind:

- Teil 1 umfaßt die Kapitel 1 bis 8. Darin sind acht Knobelaufgaben gestellt und insgesamt 57 Lösungen mit 15 verschiedenen Computern von 21 „Knoblern" abgedruckt. Tabelle 1 zeigt die Zuordnung zwischen Knobelaufgaben und Rechnern.
- Teil 2 (Kapitel 9) beschreibt ausführlich eine „Gittertangramme" genannte Knobelei. Es werden darin acht Fragen aufgeworfen. Die erste davon wurde für einen HP-85 bearbeitet und ist wiedergegeben.
- Teil 3 (Kapitel 10) stellt fünf weitere Knobeleien vor. Lösungen dazu sind nicht angegeben.

In Tabelle 2 sind die Namen aller Knobelaufgaben zusammengestellt.

Interessant ist sicher, wie unterschiedlich die acht Knobelaufgaben (Kapitel 1 bis 8) bearbeitet wurden. Einige Lösungsprogramme benötigen nur wenige Zeilen, andere erstrecken sich über Seiten. Manche der Arbeiten sind extrem knapp dokumentiert,

Tabelle 1 Die zur Lösung der acht Knobelaufgaben (Kapitel 1 bis 8) verwendeten Rechner

Rechner \ Aufgabe	1	2	3	4	5	6	7	8
TI-59	X			X	X		X	X
HP-41		X	X	X			X	X
FX-702 P	X	X					X	
PC-1500			X	X	X			
HP-75			X	X			X	X
HX-20						X		
MZ-80K					X			
TI-99/4A					X	X		
CBM-2001	X							
CBM 3032	X	X	X	X	X		X	X
PUC 10		X			X			
Apple IIe					X			
HP-85		X			X	X	X	
AR 86			X		X			
CDC			X					

Tabelle 2 Alle Knobelaufgaben

Kapitel	Knobelei	Lösungen
1	Münzenkombination	4
2	Gleichung	4
3	Potenzsummen-Gleichungen	6
4	Diophantische Gleichung $X^3 + Y^3 + Z^3$	8
5	Primzahlenanalyse	13
6	Ein Schachproblem	2
7	Zwei Kreise mit Schnittpunkten	12
8	Dreiecke mit Rundungen	7
9	Gittertangramme mit acht Aufgaben	1
10	Noch fünf Aufgaben: 1. Schatzverteilung 2. Gleiche Liniensummen 3. Dreiecke im Halbkreis 4. Rollenverschiebungen für konstante Bandlängen 5. Ganze Zahl?	0

andere beinhalten ausführliche Herleitungen, Programmbeschreibungen und Benutzungshinweise.

Weitere Besonderheiten: Zur Aufgabe 3 liegt eine mit dem CDC-Großrechner der Universität Köln ermittelte Lösung vor; die Aufgaben 3 und 5 wurden u. a. mit einem an der TU München entwickelten und hergestellten Computer AR86 gelöst, der folgende Merkmale aufweist: 1. Prozessor 8085 mit 64 Kbyte Arbeitsspeicher; 2. Prozessor 8086 mit 256 Kbyte; Festplattenlaufwerk, Betriebssysteme CP/M-80 und CP/M-86, zwischen denen umgeschaltet werden kann. Je acht dieser PCs können über ein lokales Netzwerk (LAN, *Local Area Network)* CP/NET von Digital Research sternförmig mit einem Zentralrechner zusammengeschaltet werden. Diese Anordnung wird MARS genannt (Münchner Arbeitsplatzrechner-System).

Auf eine Arbeit soll noch hingewiesen werden: Prof. Ring hat die Aufgabe 6 mit einem Epson HX-20 gelöst und dabei eine von ihm selbst entwickelte BASIC-Erweiterung verwendet, die er BASIC S nennt und die insbesondere die Strukturierte Programmierung unterstützt.

Von Interesse sind sicherlich die jeweils nötigen Rechenzeiten inklusive der Ergebnisausgaben. Allerdings sind die Ausgabezeiten nicht immer gut vergleichbar, weil manchmal anstelle der Druckerausgabe die schnellere Bildschirm- bzw. Leuchtziffernausgabe verwendet wurde.

Trotzdem zeigt Tabelle 3 signifikante Unterschiede. Bei der Bewertung dieser Ergebnisse ist aber zu berücksichtigen, daß die Gesamtlaufzeit eines Programms nicht nur vom Rechnertyp, sondern auch von Algorithmus und dem Geschick des Programmierers abhängt. Deshalb werden beispielsweise mit dem HP-41 für Aufgabe 7 einmal 8s, ein andermal aber 60s aufgewendet. Die unterschiedlichen Zeiten bei Aufgabe 3 gelten für die fünfziffrigen bzw. sechsziffrigen Zahlen.

Tabelle 3 Rechenzeiten für die acht Knobelaufgaben (Kapitel 1 bis 8)

Rechner \ Aufgabe	1a	1b	2	3	4	5	6	7	8
TI-59	10s	68s			153s ... 240h	88s ... 7,2h		1. 10s 2. 35s	1. 10s 2. 22s
HP-41			5min		430s ... 6h : 41min	10s ... 30min		1. 8s 2. 60s	10s
FX-702 P	4s	27s	62s					7,5s	
PC-1500				1.27min 2.254 min	1,8min ... 90min*)	1. 0,3... 16,5min 2. 3min ... 27min			
HP-75				2h : 31min	10min ... 26min	0,5 ... 7,4min		2,3s	0,94s
HX-20							71s		
MZ-80 K						... 25s			
TI-99/4A						1 ... 6min		11,2s	
CBM 2001	0,25s	2,6s							
CBM 3032	0,2s	1,9s	11,2s	1.26,5min 2.5h : 22,5min	1s ... 2h : 3,5min	4,5 ... 132,8s		0,9s	0,7s
PUC 10			3,12s			0,6 ... 90s			
Apple IIe						1. 15s ... 5min 2. 1,8s ... 6min			
HP-85			6,7s			4s ... 122s	15,7s... 46 min	9,8 s	
AR 86				1.24,3s 2.4,5 min		14,8'' ... 24,3s			
CDC				1.0,48s 2.5,4 s**)					

*) Für alle Lösungen 40 Stunden **) Reine Rechenzeit

Dieses „Knobelbuch" bietet mithin überreichlich Stoff und Anregungen für „aktive" Computeranwender. Die 57 sehr verschiedenen Lösungen zu den Aufgaben 1 bis 8 sind möglicherweise Anlaß für Variierungen, Verbesserungen usw. Von den acht Knobelfragen des Kapitels 9 ist hier nur eine Antwort zur ersten Frage gegeben. Die fünf Knobeleien des Kapitels 10 warten vollständig auf Bearbeitung.

Schön wäre es, wenn wir von der einen oder anderen Lösung erfahren würden. Möglicherweise läßt sich ein weiteres Knobelbuch damit produzieren. Zum Zwecke der Kontaktaufnahme und eventueller Diskussionen haben wir auf Seite VII die Anschriften des Vieweg-Mikrocomputer-Lektorats und aller beteiligten „Knobler" angegeben, denen an dieser Stelle gedankt werden soll.

Ein besonderer Dank gilt den Kollegen, die sich einige Mühe mit der Begutachtung und Bewertung der bislang eingesendeten Lösungen gemacht haben. (Einer möchte leider nicht genannt werden – Anlaß zum Knobeln?). Einige der – zugegebenermaßen recht subjektiv ermittelten – guten Lösungen sind auch in den Mikrocomputer-Jahrbüchern '84 und '85 veröffentlicht, die vom Herausgeber dieses Knobelbuchs zusammen mit dem Verlag Vieweg produziert wurden.

„Nun knobelt mal schön", möchten wir in Abwandlung eines bekannten Spruchs ausrufen.

Braunschweig, im Oktober 1984 *Dr. Harald Schumny*

1 Münzenkombination

a) In einem Beutel befinden sich Geldmünzen mit den Werten 5,- DM, 2,- DM und 10 Dpfg. Eine Zählung ergibt, daß es 70 Stück und genau 70,- DM sind. Wieviele Münzen jeder Sorte (> 0) sind es? Gibt es mehrere Lösungen, wenn ja, wie viele und wie lauten diese?

b) Wie a, jedoch sind es 2222 Stück und genau 2222,- DM.

Folgende Rechner und Programmiersprachen wurden verwendet (Reihenfolge wie im Text):

TI-59	AOS
FX-702 P	BASIC
CBM 2001	BASIC
CBM 3032	BASIC

1.1 Taschenrechner TI-59 (AOS)

von Dr. Hartmut Pinstock

Mathematische Aufbereitung

Vor der Eingabe in den Rechner eine mathematische Umformung:

Anzahl

x : 5 DM (A)

y : 2 DM (B)

z : 0,1 DM (C)

z': 1 DM (C') 10 Stücke

d.h. $C' = 10 \cdot C$

$Z' = Z/10$

$$x + y + z = \Sigma \qquad y = \Sigma - 10z'$$

$$x \cdot A + y \cdot B + z \cdot C = \Sigma \qquad y = (\Sigma - x \cdot A - z' \cdot C')/B$$

$$\Sigma - x - 10Z' = \frac{\Sigma - x \cdot A - z' \cdot C'}{B}$$

$$x \cdot \frac{A}{B} - x = \frac{\Sigma}{B} - \Sigma + 10z' - z'\frac{C'}{B}$$

$$x = \frac{\Sigma(-0{,}5) + z'(10 - 0{,}5)}{1{,}5} \qquad \text{mit } A = 5; \quad B = 2; \quad C' = 1$$

$$x = \frac{-\Sigma}{3} + Z' \cdot \frac{9{,}5}{1{,}5}$$

$$\boxed{x = -\frac{\Sigma}{3} + z' \cdot 6.\overline{3}}$$

Minimalmenge an 10 Groschen (5 DM-Stücke = x = 1): z'_{min}

$$\boxed{z'_{min} = \frac{1 + \Sigma/3}{6.\overline{3}}}$$

Maximalmenge z'_{max} an Groschen: $\Sigma - 2$

an 10 Groschen: $(\Sigma - 2)/10$; da z'_{max} eine ganze Zahl sein muß:

$$\boxed{z'_{max} = \text{INT}\left(\frac{\Sigma - 2}{10}\right) + 1}$$

<u>Bedienung:</u> Summe DM = Anzahl der Geldstücke eintasten und mit "A" eingeben. Die Ausgabe der Lösungen, s. Beispiele, erfolgt mit dem Drucker PC-100 C.

Anweisungsliste und Ergebnisse

```
----------------------
*MUENZENKOMBINATION*
----------------------

      ↓

 000  76 LBL     048  59 INT     096  43 RCL     144  06  06
 001  11  A      049  42 STO     097  00  00     145  98 ADV
 002  47 CMS     050  04  04     098  75  -      146  69 OP
 003  32 X:T     051  69 OP      099  43 RCL     147  27  27
 004  98 ADV     052  34  34     100  05  05     148  01  1
 005  07  7     ►053  69 OP      101  95  =      149  32 X:T
 006  07  7      054  24  24     102  42 STO     150  43 RCL
 007  69 OP      055  43 RCL     103  08  08     151  08  08
 008  04  04     056  01  01     104  32 X:T     152  75  -
 009  32 X:T     057  32 X:T     105  25 CLR     153  04  4
 010  42 STO     058  43 RCL     106  77  GE     154  09  9
 011  00  00     059  04  04     107  01  01     155  95  =
 012  69 OP      060  77  GE     108  73  73     156  22 INV
 013  06  06     061  01  01    ►109  06  6      157  77  GE
 014  98 ADV     062  73  73     110  01  1      158  01  01
 015  75  -      063  65  ×      111  06  6      159  73  73
 016  02  2      064  43 RCL     112  02  2      160  42 STO
 017  95  =      065  03  03     113  08  8      161  08  08
 018  55  ÷      066  75  -      114  69 OP      162  01  1
 019  01  1      067  43 RCL     115  04  04     163  09  9
 020  00  0      068  02  02     116  43 RCL     164  44 SUM
 021  95  =      069  95  =      117  05  05     165  05  05
 022  59 INT     070  52  EE     118  69 OP      166  03  3
 023  42 STO     071  22 INV     119  06  06     167  00  0
 024  01  01     072  52  EE     120  03  3      168  44 SUM
 025  69 OP      073  42 STO     121  01  1      169  06  06
 026  21  21     074  05  05     122  06  6      170  61 GTO
 027  01  1      075  29 CP      123  02  2      171  01  01
 028  09  9      076  22 INV     124  08  8      172  09  09
 029  55  ÷      077  77  GE     125  69 OP     ►173  01  1
 030  03  3      078  00  00     126  04  04     174  03  3
 031  95  =      079  53  53     127  43 RCL     175  03  3
 032  42 STO     080  22 INV     128  08  08     176  01  1
 033  03  03     081  59 INT     129  69 OP      177  04  4
 034  43 RCL     082  22 INV     130  06  06     178  06  6
 035  00  00     083  67  EQ     131  04  4      179  04  4
 036  55  ÷      084  00  00     132  00  0      180  00  0
 037  03  3      085  53  53     133  00  0      181  69 OP
 038  95  =      086  43 RCL     134  02  2      182  04  04
 039  42 STO     087  04  04     135  01  1      183  43 RCL
 040  02  02     088  65  ×      136  06  6      184  07  07
 041  85  +      089  01  1      137  02  2      185  69 OP
 042  01  1      090  00  0      138  08  8      186  06  06
 043  95  =      091  95  =      139  69 OP      187  98 ADV
 044  55  ÷      092  42 STO     140  04  04     188  91 R/S
 045  43 RCL     093  06  06     141  43 RCL     189  00  0
 046  03  03     094  94 +/-     142  06  06     190  00  0
 047  95  =      095  85  +      143  69 OP      191  00  0
```

```
--------------------
*MUENZENKOMBINATION*
--------------------
```

70.	Σ
2.	5DM
28.	2DM
40.	.1DM
1.	ANZ.

Ausführungszeit:
ca. 1Ø Sekunden

2222.	Σ		
13.	5DM	222.	5DM
1019.	2DM	480.	2DM
1190.	.1DM	1520.	.1DM
32.	5DM	241.	5DM
970.	2DM	431.	2DM
1220.	.1DM	1550.	.1DM
51.	5DM	260.	5DM
921.	2DM	382.	2DM
1250.	.1DM	1580.	.1DM
70.	5DM	279.	5DM
872.	2DM	333.	2DM
1280.	.1DM	1610.	.1DM
89.	5DM	298.	5DM
823.	2DM	284.	2DM
1310.	.1DM	1640.	.1DM
108.	5DM	317.	5DM
774.	2DM	235.	2DM
1340.	.1DM	1670.	.1DM
127.	5DM	336.	5DM
725.	2DM	186.	2DM
1370.	.1DM	1700.	.1DM
146.	5DM	355.	5DM
676.	2DM	137.	2DM
1400.	.1DM	1730.	.1DM
165.	5DM	374.	5DM
627.	2DM	88.	2DM
1430.	.1DM	1760.	.1DM
184.	5DM	393.	5DM
578.	2DM	39.	2DM
1460.	.1DM	1790.	.1DM
203.	5DM	21.	ANZ.
529.	2DM		
1490.	.1DM		

Ausführungszeit: ca. 68 Sekunden

1.2 Taschencomputer FX-702 P (BASIC)

von Frank Haberditz

Eine recht schnelle Lösung des "Münzenproblems" ist nachfolgend ohne weitere Kommentierung wiedergegeben.

Anweisungsliste

```
LIST #4
  10 PRT :VAC :WAIT
     30:PRT "*MUENZE
     NKOMBINATION*"
  20 PRT "X*5M+Y*2M+
     Z*10PF=SDM":PRT
      " X + Y + Z =
     SUMME N"
  30 PRT "SUMME DM=S
     UMME N=";:INP A
     :A=INT ABS A
  40 IF A<51;PRT "N<
     51,UNZULAESSIG!
     ":GOTO 10
  50 Z=10*INT (A/12+
     .5):FOR B=1 TO
     INT (Z/20):Z=Z-
     10:X=(1.9*Z-A)/
     3
  60 IF X≤0 THEN 140
  70 IF FRAC X>0 THE
     N 140
  80 Y=(4*A-4.9*Z)/3
     :IF Y≤0 THEN 14
     0
  90 IF FRAC Y>0 THE
     N 140
 100 PRT CSR 5;"LOES
     UNG(EN):":PRT "
      L  : 5DM**2DM*
     *10PF"
 110 N=N+1:PRT N;CSR
      4;":";CSR 5;X;
     CSR 10;Y;CSR 15
     ;Z
 120 X=X-19:IF X≤1;P
     RT "FERTIG!":ST
     OP :GOTO 10
 130 Y=Y+49:Z=Z-30:G
     OTO 110
 140 NEXT B:PRT "KEI
     NE LOESUNG!":ST
     OP :GOTO 10
```

Aufgabe a ca. 4 Sekunden

```
*MUENZENKOMBINATION*
X*5M+Y*2M+Z*10PF=SDM
 X + Y + Z = SUMME N
SUMME DM=SUMME N=?
70
     LOESUNG(EN):
 L  : 5DM**2DM**10PF
 1  : 2    28   40
FERTIG!
```

Aufgabe b ca. 27 Sekunden

```
*MUENZENKOMBINATION*
X*5M+Y*2M+Z*10PF=SDM
 X + Y + Z = SUMME N
SUMME DM=SUMME N=?
2222
     LOESUNG(EN):
 L  : 5DM**2DM**10PF
 1  : 393  39   1790
 2  : 374  88   1760
 3  : 355  137  1730
 4  : 336  186  1700
 5  : 317  235  1670
 6  : 298  284  1640
 7  : 279  333  1610
 8  : 260  382  1580
 9  : 241  431  1550
 10 : 222  480  1520
 11 : 203  529  1490
 12 : 184  578  1460
 13 : 165  627  1430
 14 : 146  676  1400
 15 : 127  725  1370
 16 : 108  774  1340
 17 : 89   823  1310
 18 : 70   872  1280
 19 : 51   921  1250
 20 : 32   970  1220
 21 : 13   1019 1190
FERTIG!
```

1.3 CBM 2001 (PET-BASIC)

von Joachim Schwarte

Anweisungsliste und Lösungen

```
100 REM PROGRAMM "KNOB/2" 0.381KB, RECHNER:CBM2001
110 REM CR:J. SCHWARTE, 6231 SCHWALBACH/TS.
120 INPUT "ANZ. GELDSTUECKE";A
130 INPUT "GELDBETRAG IN DM";B
140 T=TI
150 FOR F=1 TO A
160 Z=(10*B-A-49*F)/19
170 IF Z>=1 AND INT(Z)=Z THEN G=A-Z-F:IF G>0 THEN 200
180 NEXT
190 PRINT:PRINT"ANZ. LOESUNGEN";C:PRINT(TI-T)/60:END
200 PRINT:PRINT" ","5DM","2DM","10PF"
210 C=C+1:PRINT C,F,Z,G
220 F=F+19:Z=Z-49:G=G+30
230 IF Z>0 THEN 210
240 GOTO 190
```

```
RUN
ANZ. GELDSTUECKE? 70
GELDBETRAG IN DM? 70

               5DM          2DM          10PF
 1             2            28           40

ANZ. LOESUNGEN 1
 .266666667
```

```
RUN
ANZ. GELDSTUECKE? 2222
GELDBETRAG IN DM? 2222

               5DM          2DM          10PF
 1             13           1019         1190
 2             32           970          1220
 3             51           921          1250
 4             70           872          1280
 5             89           823          1310
 6             108          774          1340
 7             127          725          1370
 8             146          676          1400
 9             165          627          1430
 10            184          578          1460
 11            203          529          1490
 12            222          480          1520
 13            241          431          1550
 14            260          382          1580
 15            279          333          1610
 16            298          284          1640
 17            317          235          1670
 18            336          186          1700
 19            355          137          1730
 20            374          88           1760
 21            393          39           1790

ANZ. LOESUNGEN 21
 2.63333334
```

Erläuterungen zum Programm

Zeilen 120 und 130: Eingabe der Ausgangswerte (z.B. 70 St./70,- DM bzw. 2222 St./2222,- DM)

Zeile 140: Abspeichern des aktuellen Standes der internen 60stel-Sekunden-Uhr.

Zeilen 150-180: Suchschleife zum Finden der 1. Lösung. F = Anz. 5-Markstk.; Z = Anz. 2-Markstk.; G = Anz. Groschen.
Es gilt:

$$\left| \begin{array}{l} F + Z + G = A \\ 5F + 2Z + 0{,}1G = B \end{array} \right| \cdot 10$$

$$\left| \begin{array}{l} F + Z + G = A \\ 50F + 20Z + G = 10B \end{array} \right|$$

$$49F + 19Z = 10B-A \quad | -49F$$
$$19Z = 10B-A-49F \quad | ./. 19$$
$$Z = (10B-A-49F)/19$$

(siehe Zeile 160). Bei gefundener Lösung Sprung nach 200.

Zeile 190: Ausgabe von Lösungszahl und Ausführungszeit in Sekunden [(TI-T)/60]; Programmende.

Zeile 200: Ausgabe der Kopfzeile der Lösungstabelle.

Zeile 210: Erhöhung des Lösungszählers (und Ausgabe einer Lösung).

Zeile 220-240: Für zwei verschiedene Lösungen gilt:

$$\left| \begin{array}{l} F_1 + Z_1 + G_1 = F_2 + Z_2 + G_2 \; |= A| \\ 5F_1 + 2Z_1 + 0{,}1G_1 = 5F_2 + 2Z_2 + 0{,}1G_2 \; |= B| \end{array} \right|$$

$$\left| \begin{array}{l} (F_1-F_2) + (Z_1-Z_2) + (G_1-G_2) = 0 \\ 5(F_1-F_2) + 2(Z_1-Z_2) + 0{,}1(G_1-G_2) = 0 \end{array} \right| \cdot 2$$

$$\left| \begin{array}{l} 2(F_1-F_2) + 2(Z_1-Z_2) + 2(G_1-G_2) = 0 \\ 5(F_1-F_2) + 2(Z_1-Z_2) + 0{,}1(G_1-G_2) = 0 \end{array} \right|$$

$$3(F_1-F_2) - 1{,}9(G_1-G_2) = 0$$
$$3\,\Delta F - 1{,}9\,\Delta G = 0$$
$$3\,\Delta F = 1{,}9\,\Delta G$$
$$\Delta F = \frac{1{,}9}{3}\,\Delta G$$
$$\Delta F = \frac{19}{30}\,\Delta G$$

Ganzzahliche Lösungen liefert die letzte Gleichung nur für $\Delta G = n \cdot 30 (n \in N_0)$, für $\Delta G = 30$ wird $\Delta F = 19$ und $\Delta Z = 49$. Durch Addition dieser Differenzbeträge auf eine gefundene Lösung wird eine weitere Lösung erzeugt und durch Rücksprung nach 210 ausgegeben, es sei denn, Z ist negativ. Dann erfolgt ein Sprung nach Zeile 190, also Programmabbruch.

1.4 CBM 3032 (BASIC)

von Wilhelm-Rüdiger Haberditz

<u>Programmbeschreibung</u>

Das in CBM-BASIC abgefaßte Programm "MUENKO" ist universell für positive und ganzzahlige Summenargumente von $13 \leq S \leq 1ØØØØØ$ (DM-Betrag = Münzenzahl) anwendbar. Wahlweise ist Bildschirm- oder Bildschirm- und Druckerbetrieb möglich.

Speicherbedarf: 1,897 Kbyte; der überwiegende Anteil geht zu Lasten der Formatierungs- und Druckerbefehle. Nach dem Eintippen der Befehle, s. Anweisungsliste, wird das Programm mit 'RUN' initialisiert. Weitere Hinweise erübrigen sich, da die Benutzerführung im Klartext und Dialog erfolgt.

<u>Zeile 1ØØ ,,, 11Ø:</u> Allgemeine Dokumentationsdaten.

<u>Zeile 115 ... 13Ø:</u> Stringvariable, s. Liste, laden.

<u>Zeile 135 ... 15Ø:</u> Homeposition des Cursors mittels CHR$ (147); zweizeilige über CHR$ (18) invertierte Kopfanzeige: "MUENZEN-KOMBINATION ..."; Eingabe der Analysensumme S; X = S; Prüfung auf Eingabefehler, ggf. Rücksprung nach Zeile 145.

Zeile 155 ..- 19∅: Cursorhomeposition; Ausgabe des Tabellenkopfes: "5,- DM, 2,- DM, 1∅ PFG"; Variablennamen: A = Anzahl der 5,- Stücke, B = Anzahl der 2,- Stücke, C = Anzahl der 1∅ Pfg.-Stücke. Das erste, ganzzahlige Lösungstripel wird per FOR-NEXT-Schleife iterativ ermittelt. Als Laufvariable wurde C, Schrittweite: - 1∅, gewählt. Der ganzzahlige, ohne Rest durch 1∅ teilbare Anfangswert ist C = 10 · INT (X/12 + .5). Ausgehend von der Aufgabenstellung gilt: S = Summe DM = Anzahl aller Münzen; A + B + C = S(1); 5A + 2B + 0,1C = S(2).

Gleichung 1 u. 2 aufgelöst ergibt A1 = (1,9C-S)/3 bzw. für B1 = S - A1 - C. Definitionsgemäß sind nur diophantische Lösungsmengen gleich größer 1 zulässig; s. IF-Abfragen Zeile 165/17∅. Das erste Lösungstripel A1, B1, C1, wird für die Druckerverarbeitung in F, G und H zwecks gleicher Reihenfolge gespeichert. Weitere Lösungen ergeben sich nur bei A1 ≥ 20, wobei die Summen der diophantischen Differenzengleichungen Null sein müssen:

$\Delta A + \Delta B + \Delta C = \emptyset$ bzw. $\Delta A \cdot 5 + \Delta B \cdot 2 + \Delta C/1\emptyset = \emptyset$

Die ganzzahligen Werte daraus sind: $\Delta A = -19$; $\Delta B = 49$; $\Delta C = -3\emptyset$. Für die ggf. rekursive Berechnung gilt somit:

A2 = A1 - 19; B2 = B1 + 49; C2 = C1 - 3∅
A3 = A2 - 19; B3 = B2 + 49; C3 = C2 - 3∅ usw. bis An < 1.

Ausgabe der Lösungstripel; die Anzahl wird dabei mit N = 1 + N gezählt.

Zeile 19∅: Bei N = ∅ erfolgt der Hinweis "KEINE LÖSUNG ..."; eine neue Berechnung wird automatisch vorbereitet.

Zeile 195 ... 2∅∅: Die Rechen- und Anzeigezeit wird über den internen Zeitgeber ermittelt und in Sekunden mit nach DIN 1333 gerundeter Nachkommastelle ausgewiesen.

Zeile 21∅: Ausgabe der Summe S und der Anzahl der Lösungen N.

Zeile 215 ... 225: Mit 'J' (JA) wird die Ausgabe über den Drucker gesteuert; bei 'N' (NEIN) erfolgt Sprung nach Zeile 31∅.

Zeile 23∅ ... 3∅5: Tabellenausdruck der Lösungsergebnisse, s. a. Beispiele für S = 7∅ und S = 2222.

Die Rechen- und Anzeigezeit wird getrennt von der benötigten Druckzeit ausgewiesen.

Zeile 31Ø ... 325: Wird eine neue Berechnung gewünscht, so ist 'J' (JA) zu drücken, Sprung nach Zeile 115; quittiert man mit 'N' (NEIN), Sprung nach Zeile 325: Programmende.

Anweisungsliste "MUENKO"

```
100 REM PROGRAMM "MUENKO" : 1.897 KB                    02.11.1982
105 REM RECHNER:CBM3032, DRUCKER:CBM4022
110 REM CR: W.-R. HABERDITZ, D-6374 STEINBACH/TS.
115 FOR Y=1 TO 38:B$=B$+"_":NEXT:C$="▮▮KEINE LOESUNG↓ NEUE EINGABE!"
120 D$="DM-BETRAG = MUENZENANZAHL = ▮ =":C1$=CHR$(18):C2$=CHR$(146)
125 R$="RECHEN- UND ANZEIGEZEIT =":M$="ANZAHL DER LOESUNGEN ="
130 A$="◆ ◆ ◆ MUENZENKOMBINATION ◆ ◆ ◆":FOR P=1 TO 26:N$=N$+"=":NEXT
135 PRINT CHR$(147)"▮▮▮▮"B$:PRINT C1$"     "A$"     "C2$:PRINT B$
140 PRINT C1$"   WERTE : 5.-DM , 2.-DM UND 10 PFG   ":S$="SEKUNDE"
145 PRINT:PRINT D$;:INPUT X:IF X<13 OR X>INT(X) THEN PRINT C$:GOTO145
150 IF X>1E5 THEN PRINT"▮▮UNZULAESSIG! X>1E5  NEUE EINGABE!":GOTO145
155 PRINT CHR$(147)"5.-DM","2.-DM","10PFG":PRINT N$
160 Z=TI:FOR C=10*INT(X/12+.5) TO 10 STEP-10
165 A=(1.9*C-X)/3:IF A<1 OR A>INT(A) THEN190
170 B=X-A-C:IF B<1 THEN190
175 F=A:G=B:H=C
180 N=1+N:PRINT A,B,C:A=A-19:IF A<1 THEN195
185 B=B+49:C=C-30:GOTO180
190 NEXT:IF N=0 THEN PRINT CHR$(147)C$:GOTO145
195 T1=INT((TI-Z)/6+.5)/10
200 PRINT R$;T1;:IF T1=1 THEN PRINT S$:GOTO210
205 PRINT S$+"N"
210 PRINT D$;X:PRINT M$;N
215 PRINT"AUSDRUCK DER ERGEBNISSE ? (J/N)";
220 GET E$:IF E$="N"THEN PRINT C1$"▮▮ NEIN "C2$:GOTO310
225 IF E$><"J" THEN220
230 PRINTC1$"▮▮ JA "C2$:Y=TI:OPEN4,4:C3$=CHR$(1):C4$=CHR$(129):C5$=" [STUECK]"
235 K$="":FORI=1TO68:K$="="+K$:NEXT:L$="":FORI=1TO68:L$="-"+L$:NEXT:PRINT#4,K$
240 PRINT#4:PRINT#4,C3$SPC(2)A$+C4$:PRINT#4,K$
245 PRINT#4:PRINT#4,SPC(4)"S = SUMME DM = ANZAHL DER MUENZEN  ="C3$;X;C4$
250 PRINT#4,SPC(4)"S = 5A + 2B + 0.1C":PRINT#4,SPC(4)"S = A + B + C"
255 PRINT#4:PRINT#4,L$
260 PRINT#4,SPC(4)"LOESUNG";SPC(9)"5.- DM";SPC(12)"2.- DM";SPC(13)"10 PFG"
265 PRINT#4,SPC(6)"NR.";SPC(9)"A"+C5$;SPC(8)"B"+C5$;SPC(9)"C"+C5$
270 PRINT#4,K$:PRINT#4:FOR I=1 TO N:I$=MID$(STR$(I),2):F$=MID$(STR$(F),2)
275 G$=MID$(STR$(G),2):H$=MID$(STR$(H),2):PRINT#4,SPC(8-LEN(I$))I$;
280 PRINT#4,C3$SPC(9-LEN(F$))F$;SPC(9-LEN(G$))G$;SPC(10-LEN(H$))H$;C4$
285 F=F-19:G=G+49:H=H-30:PRINT#4,L$:NEXT:PRINT#4
290 PRINT#4,SPC(4)R$;T1;:IF T1=1 THEN PRINT#4,S$:GOTO300
295 PRINT#4,S$+"N"
300 PRINT#4,SPC(4)M$;N:PRINT#4,SPC(4)"DRUCKZEIT =";INT((TI-Y)/6+.5)/10;S$+"N"
305 PRINT#4,K$:PRINT#4:PRINT#4:CLOSE4
310 PRINT"▮NEUE BERECHNUNG ? (J/N)";
315 GETJ$:IFJ$="J"THENPRINTC1$"▮▮ JA "C2$:RUN115
320 IF J$><"N" THEN315
325 PRINT C1$"▮▮ NEIN "C2$;"  ENDE!":END
```

Tabellenausdruck mit CBM 4Ø22

```
* * * MUENZENKOMBINATION * * *

S = SUMME DM = ANZAHL DER MUENZEN = 70
S = 5A + 2B + 0.1C
S = A + B + C
```

LOESUNG NR.	5.- DM A [STUECK]	2.- DM B [STUECK]	10 PFG C [STUECK]
1	2	28	40

```
RECHEN- UND ANZEIGEZEIT = .2 SEKUNDEN
ANZAHL DER LOESUNGEN = 1
DRUCKZEIT = 23.6 SEKUNDEN
```

✦ ✦ ✦ MUENZENKOMBINATION ✦ ✦ ✦

S = SUMME DM = ANZAHL DER MUENZEN = 2222
S = 5A + 2B + 0.1C
S = A + B + C

LOESUNG NR.	5.- DM A [STUECK]	2.- DM B [STUECK]	10 PFG C [STUECK]
1	393	39	1790
2	374	88	1760
3	355	137	1730
4	336	186	1700
5	317	235	1670
6	298	284	1640
7	279	333	1610
8	260	382	1580
9	241	431	1550
10	222	480	1520
11	203	529	1490
12	184	578	1460
13	165	627	1430
14	146	676	1400
15	127	725	1370
16	108	774	1340
17	89	823	1310
18	70	872	1280
19	51	921	1250
20	32	970	1220
21	13	1019	1190

RECHEN- UND ANZEIGEZEIT = 1.9 SEKUNDEN
ANZAHL DER LOESUNGEN = 21
DRUCKZEIT = 100.7 SEKUNDEN

2 Gleichung

Gegeben sei $A^B \cdot C^D = |A|B|C|D|$. Wieviele Lösungen für A, B, C und D gibt es? Die Werte nur nebeneinander geschrieben ergibt die gesuchte Zahl ABCD, die aus der Multiplikation der beiden Potenzen resultiert.

Folgende Rechner und Programmiersprachen wurden verwendet (Reihenfolge wie im Text):

HP-41 CV	UPN	CBM 3032	BASIC
FX-702 P	BASIC	HP-85	HP-BASIC
PUC 10	BASIC		

2.1 Taschenrechner HP-41 CV (UPN)

von Dr. Kurt Hain

Lösung

In einem Unterprogramm, Label 11, wird die Gleichung $A^B \cdot C^D = E(R_{01}^{RO2} \cdot R_{03}^{RO4} = R_{05})$ berechnet. In der daraus resultierenden Zahl wird im Label 10 jeder Ziffer $|A|B|C|D|$ je ein neuer Speicher zugeordnet $|R_{11}|R_{12}|R_{13}|R_{14}|$. Im Hauptprogramm Label 13 (Label 12 als Einführung) wird abgefragt, ob $R_{01} \neq R_{11}$; $R_{02} \neq R_{12}$; $R_{03} \neq R_{13}$; $R_{04} \neq R_{14}$. Werden aus den Ungleichungen vier aufeinanderfolgende Gleichungen, so ist die Aufgabe gelöst. Für A = D = 1 kann es keine Lösung geben, deshalb ist es zweckmäßig, mit A = D = 2 zu beginnen und alle Kombinationen mit $\Delta C = 1$ als Sprungweite durchzurechnen. Mit um "1" steigendem D wurden sämtliche vierstelligen Zahlen berücksichtigt, es gibt nur eine Lösung: E = 2592.

Rechenzeiten

Für D = 2, A = 2 kommt das Ergebnis nach 6' zustande. Für jeden Betrag D braucht der Rechner bis zum nächst um "1" höheren A eine Zeit von 97', ohne Ausdruck der Zwischenwerte 76'.

Programm

```
01♦LBL 10
02 RCL 05
03 1000
04 /
05 INT
06 STO 11
07 RCL 05
08 100
09 /
10 INT
11 10
12 /
13 FRC
14 10
15 *
16 STO 12
17 RCL 05
18 10
19 /
20 INT
21 10
22 /
23 FRC
24 10
25 *
26 STO 13
27 RCL 05
28 10
29 /
30 FRC
31 10
32 *
33 STO 14
34 RTN
35♦LBL 11
36 RCL 01
37 RCL 02
38 Y↑X
39 RCL 03
40 RCL 04
41 Y↑X
42 *
43 STO 05
44 RTN
45♦LBL 12
46 0
47 STO 02
48 STO 03
49 "A,D"
50 PRA
51 RCL 01
52 PRX
53 RCL 04
54 PRX
55 ADV
56♦LBL 13
57 RCL 01
58 9.1
59 X>Y?
60 XEQ 15
61 "FUENFSTELIG"
62 PRA
63 BEEP
64 BEEP
65 BEEP
66 BEEP
67 BEEP
68 STOP
69♦LBL 15
70 XEQ 11
71 XEQ 10
72 RCL 04
73 RCL 14
74 X≠Y?
75 XEQ 16
76 RCL 03
77 RCL 13
78 X≠Y?
79 XEQ 16
80 RCL 02
81 RCL 12
82 X≠Y?
83 XEQ 16
84 RCL 01
85 RCL 11
86 X≠Y?
87 XEQ 16
88 "LOESUNG"
89 PRA
90 "ABCD"
91 PRA
92 RCL 01
93 PRX
94 RCL 02
95 PRX
96 RCL 03
97 PRX
98 RCL 04
99 PRX
100 RCL 03
101 1
102 +
103 STO 03
104 ADV
105 GTO 13
106♦LBL 16
107 9
108 RCL 03
109 X>Y?
110 XEQ 17
111 9
112 RCL 02
113 X>Y?
114 XEQ 18
115 RCL 03
116 1
117 +
118 STO 03
119 PSE
120 XEQ 13
121♦LBL 17
122 "B"
123 PRA
124 0
125 STO 03
126 RCL 02
127 1
128 +
129 STO 02
130 PRX
131 GTO 13
132♦LBL 18
133 0
134 STO 03
135 STO 02
136 RCL 01
137 1
138 +
139 STO 01
140 "A"
141 PRA
142 RCL 01
143 PRX
144 ADV
145 GTO 13
146 .END.
```

XEQ 12

```
A,D
            1.0000  A=R01
            2.0000  D=R04

A
            2.0000

LOESUNG
ABCD
            2.0000  A=R01
            5.0000  B=R02
            9.0000  C=R03
            2.0000  D=R04
```

```
A
            3.0000
A
            4.0000
A
            5.0000
A
            6.0000
A
            7.0000
A
            8.0000
A
            9.0000
A
           10.0000

FUENFSTELIG
```

2.2 Taschencomputer FX-702 P und Tischrechner PUC 10 (BASIC)

von Frank Haberditz

Anweisungsliste und Ergebnisausdruck

```
LIST #0
  20 WAIT 1:PRT " TE
     RM:A↑B*C↑D=ABCD
     "
  30 FOR A=2 TO 9:E=
     A:X=A:FOR B=2 T
     O 9:E=E*X:F=100
     *(10*A+B)
  40 FOR C=2 TO 9:K=
     C:Z=C:FOR D=2 T
     O 9:K=K*Z
  50 IF E*K=F+10*C+D
     ;PRT " LOESUNG
     =";F+10*C+D:STO
     P :GOTO 20
  60 NEXT D:NEXT C:N
     EXT B:NEXT A
```

```
READY P0
RUN

 TERM:A↑B*C↑D=ABCD
 LOESUNG = 2592
```

Beschreibung des Lösungsweges

Die Iteration, siehe Listung, erfolgt über eine 4-fach-FOR-NEXT-Schleife in Inkrementen von 1. Ablaufversuche zeigten, daß die Potenzfunktion Y ↑ X vergleichsweise viel Zeit benötigt. Da nur ganze positive Zahlen zu verarbeiten sind, können die erheblich schnelleren multiplikativen Operatoren dafür angewandt werden. A ↑ B mit z.B. A = 2, B = 3 wird durch E = A · A · A = 8 ersetzt, wobei die Berechnung im Laufbereich der äußeren Schleife B erfolgt. Die Teilergebnisse E und F = 1ØØ · (10A + B) werden jeweils nur bei Änderung von A und B (8 x 8 Inkrementierungen) in den IF-THEN-Vergleich der inneren Schleifen C und D übertragen. Mit C und D wird bei C ↑ D genauso verfahren. Im Zahlenbereich 1111...9999 existiert eine Lösung: A ↑ B · C ↑ D = 2 ↑ 5 · 9 ↑ 2 = 2592.

Das BASIC-Programm belegt 161 Bytes und ist ohne Umstellung wahlweise für Display- oder Druckerbetrieb verwendbar. Der "WAIT"-Befehl in Zeile 2Ø, eingestellt auf 0,05 Sekunden, löscht den STOP-Befehl nach Ausgabe der Kopfzeile.

Rechen- und Ausgabezeit mit Stoppuhr ermittelt

a) Displaybetrieb: ca. 62 Sekunden
b) Druckerbetrieb: ca. 64 Sekunden

Vergleich: Bei Verwendung der Y ↑ X-Funktion ergeben sich ca. 132 Sekunden, also eine erheblich längere Ablaufzeit!

Bedienung

Die Befehle werden im MODE 1 in den Bereich "PØ" eingetippt oder vom Band eingelesen. Speicherbereichsverteilung: normal. Im MODE Ø wird das Programm mit 'RUN' und 'EXE' gestartet. Der Titel "TERM A ↑ B · C ↑ D = ABCD" bleibt bis zur Ausgabe "LOESUNG:2592" im Display gespeichert. Mit 'CONT' erfolgt ein erneuter Ablauf (Sprung nach Zeile 2Ø).

Anmerkung

Verwendet man leistungsfähigere Tischrechner, so lassen sich noch kürzere Ausführungszeiten erzielen. Mit einem netzbetriebenen PUC 10 (8-Bit-CPU, Taktfrequenz: ca. 2 MHz) reduziert sich z.B. die Rechenzeit auf ca. 3,12 Sekunden für die Ermittlung der Lösung. Der Speicherbedarf beträgt 507 Bytes.

Anweisungsliste und Ergebnisausdruck mit PUC 10

```
100 REM PROGRAMM "A↑B*C↑D"; RECHNER:PUC10; .507KB; HABERDITZ
110 FOR L=1 TO 29:L$=L$+"_":NEXT:PRINT"ᶜH↓↓↓↓"L$
120 PRINT"ᴿᵥ ◆◆ UNBESTIMMTE GLEICHUNG ◆◆ ↓":PRINT" A^B*C^D=1000*A+100*B+10*C+D"
130 TI$="000000":FORA=2TO9:W=A:X=A:FORB=2TO9:W=W*X:M=1000*A+100*B
140 FORC=2TO9:Y=C:Z=C:FORD=2TO9:Y=Y*Z:S=M+10*C+D
150 IFW*Y=STHENT=TI:GOSUB190
160 NEXT:NEXT:NEXT:NEXT
170 PRINT"↓⇒GESAMTZEIT ="INT(TI/.6+.5)/100"SEKUNDEN":REM CA.50S
180 PRINT"↓FERTIG!":PRINTL$:END
190 PRINT"↓⇒⇒⇒⇒⇒⇒L O E S U N G :"
200 PRINT"↓⇒⇒"A"↑"B"*"C"↑"D"= ᴿᵥ"S"⇐ "
210 PRINT"↓⇒RECHENZEIT ="INT(T/.6+.5)/100"SEKUNDEN":RETURN:REM CA.3.15S
```

```
◆◆ UNBESTIMMTE GLEICHUNG ◆◆

A↑B*C↑D=1000*A+100*B+10*C+D

      L O E S U N G :

   2 ↑ 5 * 9 ↑ 2 =  2592

 RECHENZEIT = 3.12 SEKUNDEN

 GESAMTZEIT = 49.5 SEKUNDEN

FERTIG!
____________________________
```

2.3 Commodore CBM 3032 (BASIC)

von Wilhelm-Rüdiger Haberditz

Programm und Bedienung

Das BASIC-Programm ist bildschirmorientiert und belegt 0,338 Kbyte. Die iterative Lösung erfolgt über eine dreifach verschachtelte FOR-NEXT-Schleife mit den gleichungsidentischen Laufvariablen A, B, C und D. Wie leicht überschaubar, ergibt die multiplikative Kombination der Potenzterme 1^1, 1^2, 1^9, 2^1, 2^2 und 2^9 keine Lösungen. Für die Laufvariablen wurden deshalb einheitlich Schleifengrenzwerte von 2 und 9 vorgegeben. Im Zahlenbereich von 1111...9999 ergab sich eine Lösung: 2592. Die Rechenzeit wurde mit dem internen Zeitgeber ermittelt; sie beträgt ca. 11,2 Sekunden. Nach dem Eintippen der Befehle, s. Anweisungsliste, wird das Programm mit 'RUN' und 'RETURN' gestartet.

Anweisungsliste zu Programm "ABCD"

```
100 REM PROGRAMM "ABCD" .338KB;RECHNER:CBM3032
110 REM CR:W.-R. HABERDITZ, D-6374 STEINBACH/TS.
120 PRINT"[CLR][RVS][DOWN][DOWN][DOWN][DOWN]♦♦♦ GLEICHUNG A↑B*C↑D=A|B|C|D ♦♦♦[DOWN]":TI$="000000"
130 FORA=2TO9:FORB=2TO9:X=A↑B:Y=100*(10*A+B):FORC=9TO2STEP-1:Z=Y+10*C
140 FORD=9TO2STEP-1:IF INT(X*C↑D)=D+ZTHENT=TI:GOSUB160
150 NEXT:NEXT:NEXT:NEXT:GOTO180
160 PRINT"LOESUNG:"A"↑"B"*"C"↑"D"="D+Z
170 PRINT"[DOWN]RECHENZEIT ="INT(T/6+.5)/10"SEKUNDEN":RETURN
180 PRINT"[DOWN]ENDE"
```

Bildschirm-Ausgabe (Hardcopy)

```
♦♦♦ GLEICHUNG A↑B*C↑D=A|B|C|D ♦♦♦

LOESUNG: 2 ↑ 5 * 9 ↑ 2 = 2592

RECHENZEIT = 11.2 SEKUNDEN

ENDE
```

2.4 Tischcomputer HP-85 (BASIC)

von Joachim Schwarte

Andere BASIC-Programme benutzen 4 Laufvariablen, was zu relativ langen Ausführungszeiten führt. Die dennoch guten Endwerte kommen dadurch zustande, daß die Programme die Suche nach Lösungen einstellen, sobald die erste Lösung gefunden ist, und weil als Anfangswerte der Schleifen die 2 gewählt wird.

Das hier beschriebene HP-85 Programm stellt eine sehr schnelle Lösung dar.

Zeilen 100-160: Ausgabe der Überschriften

Zeile 170 : Rücksetzen der internen Uhr

Zeilen 180-200: Abspeichern des Feldes F(X)
Es gilt: $F(10*i+j) = i^j$

Zeile 210 : Für j = 0 wird F(10*i+j) = 10000 gesetzt

Zeile 220 : Eröffnung der äußeren Hauptschleife
(X = 10*A+B)
Abbruch für A^B größer (10*A+B+1)*50
Begründung:
$A^B \cdot C^D = 1000A + 100B + 10C + D$
$\Leftrightarrow A^B = (1000A + 100B + 10C + D)/C^D$
aus $C^D \geq 2$ und $10C + D < 100$ folgt:
$A^B < (10A + B + 1) * 50$

Zeile 230 : Eröffnung der inneren Hauptschleife
(Y = 10*C + D)
Abbruch für C^D größer (10*A+B)*100/A^B
Begründung:
$A^B \cdot C^D = 1000A + 100B + 10C + D$
$\Leftrightarrow C^D = (1000A + 100B + 10C + D)/A^B$
aus $10C + D < 100$ folgt:
$C^D < (10A + B + 1) * 100/A^B$

Zeile 240 : Überprüfung, ob eine Lösung vorliegt

Zeilen 250-260: Schleifenende

Zeilen 270-300: Programmende mit Ausgabe der Gesamt-Ausführungszeit

Zeilen 310-340: Ausgabe einer Lösung mit Ausführungszeit

Zeilen 350-430: Dokumentation

Anweisungsliste

```
100 PRINT "********************
    *********"
110 PRINT "*
                *"
120 PRINT "*  KNOBELECKE '83  AU
    FG 1       *"
130 PRINT "*  (C) JOACHIM SCHWAR
    TE          *"
140 PRINT "*
                *"
150 PRINT "********************
    *********"
160 PRINT
170 SETTIME 0,0
180 DIM F(100)
190 FOR I=2 TO 9 @ E=1 @ FOR J=1
     TO 9 @ E=E*I
200 F(I*10+J)=E @ NEXT J @ NEXT
    I
210 FOR N=30 TO 90 STEP 10 @ F(N
    )=10000 @ NEXT N
220 FOR X=21 TO 99 @ IF F(X)>(X+
    1)*50 THEN 260
230 H=(X+1)*100/F(X) @ FOR Y=21
    TO 99 @ IF F(Y)>H THEN 250
240 IF F(X)*F(Y)=X*100+Y THEN 31
    0
250 NEXT Y
260 NEXT X
270 T=TIME
280 PRINT "KEINE WEITERE LOESUNG
    "
290 PRINT "ZEIT(SEKUNDEN):";T
300 END
310 Z=TIME
320 PRINT "LOESUNG:";X*100+Y
330 PRINT "ZEIT(SEKUNDEN):";Z
340 GOTO 250
350 REM *********************
360 REM *                   *
370 REM *  (C)   25.09.1984 *
380 REM *                   *
390 REM *  JOACHIM SCHWARTE *
400 REM *  ALICENSTR. 8     *
410 REM *  6100 DARMSTADT   *
420 REM *                   *
430 REM *********************
```

Ergebnisausdruck

```
******************************
*                            *
*  KNOBELECKE '83  AUFG.1    *
*  (C) JOACHIM SCHWARTE      *
*                            *
******************************

LOESUNG: 2592
ZEIT(SEKUNDEN): 6.689
KEINE WEITERE LOESUNG
ZEIT(SEKUNDEN): 43.451
```

3 Potenzsummen-Gleichungen

Welche fünfziffrigen (sechsziffrigen) positiven Zahlen haben die Eigenschaften, daß die Summe der fünften (sechsten) Potenzen der einzelnen Ziffern die Zahl ergeben?

Folgende Rechner und Programmiersprachen wurden verwendet (Reihenfolge wie im Text):

HP-41	UPN
HP-75	HP-BASIC
PC-1500	Sharp-BASIC
CBM 3032	BASIC
AR 86	Pascal-MT+86-Compiler unter CP/M-86
CDC	FORTRAN 77

3.1 HP-41 (UPN) und HP-75 (BASIC)

von Ing. grad. Hans Krissler

Das HP-41-Programm besteht aus zwei Teilen:

LBL 01 - Abspeichern der Potenzen der Ziffern 1 bis 9

LBL 00 - Selektion der einzelnen Ziffern, Vergleichen und Dekrementieren

Die Lösungen für die Gleichung fünfter Ordnung sind als Beispiel angegeben.

Das HP-75-Programm kommt mit 17 Zeilen aus.

Ein Hauptproblem war, daß jede einzelne Ziffer der Zahl potenziert werden muß und daraus die Summe zu bilden ist, um den Vergleich mit der Zahl auszuführen.

Lösung: Umwandlung der numerischen Variable A (Laufvariable, Zahl) in die Stringvariable A$. Auf jede einzelne i-te Ziffer kann durch Teilstringbildung A$ (i,i) zugegriffen werden. Nach Aufaddierung erfolgt die Vergleichsdurchführung.

Wieder sind die Lösungen für die Gleichung fünfter Ordnung beispielhaft angegeben. Als Rechen- und Ausgabezeit wurden per Programm 9098,167 Sekunden ermittelt (2 Stunden: 31 Minuten : 38,167 Sekunden). Diese Zeit schließt nicht die Werteeingabe und Dokumentierung ein, weil erst in Zeile 60 mit T = TIME die Zeit "gestoppt" wird.

HP-41-Programm

```
01♦LBL "EINS"
02 CLRG
03 "EXPONENT:"
04 PROMPT
05 9
06♦LBL 01
07 ENTER↑
08 ENTER↑
09 RCL T
10 Y↑X
11 STO IND Y
12 RDN
13 DSE X
14 GTO 01
15 10
16 "ZIFFERN:"
17 PROMPT
18 STO 10
19 STO 11
20 Y↑X
21 STO 12
22 1 E-1
23 *
24♦LBL 02
25 ENTER↑
26 ENTER↑
27 RCL 12
28 /
29♦LBL 00
30 FRC
31 1 E1
32 *
33 RCL IND X
34 ST+ T
35 RDN
36 DSE 10
37 GTO 00
38 RDN
39 X=Y?
40 PRX
41 RCL 11
42 X<> 10
43 X<>Y
44 1
45 +
46 RCL 12
47 X<Y?
48 STOP
49 RDN
50 GTO 02
51 END
```

```
XEQ "EINS"
EXPONENT:
        5     RUN
ZIFFERN:
        5     RUN
 54748        ***
 92727        ***
 93084        ***
```

HP-75-Programm

```
10 ! Programm Eins
20 ! Hans Krissler
30 INPUT 'Exponent :';E
40 INPUT 'Ziffern :';X
50 PRINT 'Ziffern:';X;' Exponent:';E
60 T=TIME
70 FOR I=0 TO 9
80 A(I)=I^E ! Potenzen der Zahlen
90 NEXT I
100 FOR A=10^(X-1) TO 10^X ! X-ziffrige Zahl
110 A$=STR$(A)
120 S=0
130 FOR I=1 TO X
140 S=S+A(VAL(A$[I,I])) ! Summe aus (Zeile 70) Potenzen der Zahlen
150 NEXT I
160 IF A<>S THEN 180
170 PRINT A
180 NEXT A
190 PRINT 'Ausgabezeit';TIME-T;' Sekunden'
```

```
Ziffern:  5  Exponent:  5
 54748
 92727
 93084
Ausgabezeit 9098.167  Sekunden
```

3.2 Taschencomputer PC-1500 (BASIC)

von Dr.-Ing. Peter Fischer

Lösungsweg

Hat die Zahl N Ziffern und bezeichnet man die einzelnen Ziffern mit N_i (i = 0, 1, ..., N - 1) so sind

$$Z = \Sigma 10^i N_i \qquad \text{und} \qquad S = \Sigma N_i^N$$

die Zahl bzw. die Summe der N-ten Potenzen der Ziffern. Lösungen der Aufgabe sind alle Zahlen mit Z = S.

Für jede Ziffer wird eine FOR-NEXT-Schleife mit NI = 9 bis Ø verwendet. Lediglich die äußere Schleife läuft von 9 bis 1. Um nicht ständig die fünften (sechsten) Potenzen der Ziffern Ø bis 9 neu zu berechnen, werden diese Werte einmal in Zeile

140 ermittelt und im Feld P (9) abgelegt. Jede innere Schleife greift auf die bereits in den äußeren Schleifen ermittelten Teilsummen von Z und S zurück. Das Programm sucht die Lösungen für fünfziffrige oder für sechsziffrige Zahlen. Bei fünfziffrigen Zahlen wird die Schleife für die sechste Ziffer durch Sprünge in den Zeilen 150 und 400 umgangen. Vergleiche zwischen den Teilsummen von S und Z führen, wenn $S_i > Z_i$ ist, zu einer Verkürzung der Rechnung. Ohne diese Sprünge würden auch solche Werte untersucht, bei denen S außerhalb des Bereiches von Z liegt.

Benutzungshinweis

Das Programm wird mit RUN ENTER gestartet. Daraufhin wird die Überschrift gedruckt, und das Display meldet sich mit "Ziffern N = 5 oder 6:". Nach Eingabe von 5 oder von 6 läuft das Programm ab. Die ermittelten Zahlen Z und die Rechenzeit werden ausgedruckt.

Das Programm belegt 821 Bytes.

Für fünfziffrige Zahlen benötigt der Rechner 27 Minuten, für sechsziffrige über 4 Stunden!

Programmlistung und Ergebnisausdruck

```
1. AUFGABE
LOESUNGEN:

ZAHL Z =
POTENZSUMME S
fuer N = 5 Ziffern

Z 1 =  93084
Z 2 =  92727
Z 3 =  54748
Rechenzeit 27 min


ZAHL Z =
POTENZSUMME S
fuer N = 6 Ziffern

Z 1 =  548834
Rechenzeit 254 min
```

```
10:LPRINT "ZAHL Z ="
20:LPRINT "POTENZSUMME S"
30:REM     fuer 5 oder 6 Ziffern
40:REM
50:REM     mit SHARP PC-1500
60:REM
70:REM     DR.-ING. P. FISCHER
80:REM     DDR-7304 ROSSWEIN
90:REM
100:REM
110:INPUT " Ziffern N = 5 oder 6:
    :N
120:LPRINT "fuer N =";N;" Ziffern"
130:LF 1:T=DEG TIME :K=0:S5=0
140:DIM P(9):FOR I=0TO 9:P(I)=I^N:
    NEXT I
150:IF N=5THEN 190
160:FOR N5=9TO 1STEP -1
170:S5=P(N5):Z5=10^5*N5
180:FOR N4=9TO 0STEP -1:GOTO 200
190:FOR N4=9TO 1STEP -1
200:S4=S5+P(N4):Z4=Z5+10^4*N4
```

```
210:IF S4>Z4THEN 400
220:FOR N3=9TO 0STEP -1
230:S3=S4+P(N3):Z3=Z4+1000*N3
240:IF S3>Z3THEN 390
250:FOR N2=9TO 0STEP -1
260:S2=S3+P(N2):Z2=Z3+100*N2
270:IF S2>Z2THEN 380
280:FOR N1=9TO 0STEP -1
290:S1=S2+P(N1):Z1=Z2+10*N1
300:IF S1>Z1THEN 370
310:FOR N0=9TO 0STEP -1
320:S0=S1+P(N0):Z0=Z1+N0
330:IF S0>Z0THEN 360
340:IF S0<Z0THEN 370
350:K=K+1:LPRINT "Z";K;" = ";Z0
360:NEXT N0
370:NEXT N1
380:NEXT N2
390:NEXT N3
400:NEXT N4:IF N=5THEN 420
410:NEXT N5
420:LPRINT "Rechenzeit";INT ((DEG
    TIME -T)*60);" min"
430:END


        821  BYTES
```

3.3 CBM 3032 (BASIC)

von Wilhelm-Rüdiger Haberditz

Aufbereitung

Aus der verbalen Aufgabenstellung ergeben sich die Ansätze

$A^5+B^5+C^5+D^5+E^5 = A\cdot 1\emptyset^4+B\cdot 1\emptyset^3+C\cdot 1\emptyset^2+D\cdot 1\emptyset+E$ bzw.

$A^6+B^6+C^6+D^6+E^6+F^6 = A\cdot 1\emptyset^5+B\cdot 1\emptyset^4+C\cdot 1\emptyset^3+D\cdot 1\emptyset^2+E\cdot 1\emptyset+F$

Die Lösung dieser diophantischen Potenzsummen-Gleichungen 5ter bzw. 6ter Ordnung ist nur iterativ möglich. Definitionsgemäß dürfen dabei A...E bzw. A...F nur ganzzahlige und positive Lösungsmengen zwischen Ø...9 sein, wobei der Wert Null in der Reihenfolge natürlich nicht führen darf.

BASIC-Programm für CBM 3032

Das Programm "POTSUMM" ist bildschirmorientiert und belegt 2359 Bytes. Zwecks einfacherer Beurteilung der möglichen Basisalgorithmen (Abfrage, Funktion etc.) wurde die Aufgabenstellung durch äquivalente Gleichungen der 3ten und 4ten Ordnung ergänzt.

$A^3 + B^3 + C^3 = A \cdot 1Ø^2 + B \cdot 1Ø + C$ bzw.

$A^4 + B^4 + C^4 + D^4 = A \cdot 1Ø^3 + B \cdot 1Ø^2 + C \cdot 1Ø + D$

Die Iteration erfolgt in getrennten Programmsegmenten über jeweils mehrfach genestete FOR-TO-NEXT-Schleifen mit der Schrittweite 1. Nach dem Eintippen der Befehle, s. Anweisungsliste, wird das Programm mit 'RUN' und 'RETURN' initialisiert. Über ein Menü mit Klartext wird per Kennziffer 3, 4, 5 oder 6 die gewünschte Gleichungsordnung gewählt. Die erzielten Ergebnisse, gekennzeichnet mit lfd. Nr. und der benötigten Rechenzeit, sind als Hardcopy mit dem CBM 4Ø22 dargestellt.

Zusammenstellung

Gleichungs-Ordnung	Lösungen	Anzahl	Rechen- und Ausgabezeit für alle Lösugen
3	153 37Ø 371 4Ø7	4	ca. 8 Sekunden
4	1634 82Ø8 9474	3	3 Minuten:56 Sekunden
5	54748 92727 93Ø84	3	26 Minuten:24 Sekunden
6	548834	1	5 Stunden:22 Minuten:39 Sek.

Proben:

a) Ordnung 5

$$\underline{5}^5 + \underline{4}^5 + \underline{7}^5 + \underline{4}^5 + \underline{8}^5 = \underline{54748}$$

$$\underline{9}^5 + \underline{2}^5 + \underline{7}^5 + \underline{2}^5 + \underline{7}^5 = \underline{92727}$$

$$\underline{9}^5 + \underline{3}^5 + \underline{Ø}^5 + \underline{8}^5 + \underline{4}^5 = \underline{93Ø84}$$

b) Ordnung 6

$$\underline{5}^6 + \underline{4}^6 + \underline{8}^6 + \underline{8}^6 + \underline{3}^6 + \underline{4}^6 = \underline{548834}$$

Kurzbeschreibung (s. Anweisungsliste)

Zeile 1ØØ...1Ø5: Allgemeine Dokumentationsdaten
Zeile 11Ø...125: Bildschirmlöschung; "Cursorhomeposition"; Der Titel "DIOPHANTISCHE POTENZSUMMEN-GLEICHUNGEN" wird per Zeitschleife als zweizeilige "Laufschrift" ausgegeben.
Zeile 13Ø...135: Generierung des Bildschirmrahmens
Zeile 14Ø...18Ø: Menü und Abfrage des GET-G$-Befehls
Zeile 185...19Ø: Überschrift; ON-GOTO-Verteilung mit den direkten Adressen 195, 22Ø, 245 und 275
Zeile 195...215: Pgm.-Segment für Gleichungsordnung 3
Zeile 22Ø...24Ø: Pgm.-Segment für Gleichungsordnung 4
Zeile 245...27Ø: Pgm.-Segment für Gleichungsordnung 5
Zeile 275...3Ø5: Pgm.-Segment für Gleichungsordnung 6
Zeile 31Ø...33Ø: Ausgabe der Gesamtdurchlaufzeit; GET-W$-Abfrage; ggf. Rücksprung ins Menü zwecks Auswahl eines neuen Ablaufs
Zeile 335...345: Unterabläufe zur Zeitbestimmung mittels des internen Gebers.

Anmerkung

Die Rechen- und Ausgabezeiten lassen sich noch wesentlich verkürzen, wenn man Maschinenprogramme und/oder 16-Bit-Prozessoren wie z.B. 8Ø86 oder 68ØØØ (Taktfrequenz ca. 5...8 MHz) für die iterativen Berechnungen verwendet.

Anweisungsliste

```
100 REM PROGRAMM "POTSUMM"; 2.359KB; RECHNER:CBM3032
105 REM CR: W.-R. HABERDITZ, D-6374 STEINBACH/TS.
110 POKE 59468,12:S$="DIOPHANTISCHE POTENZSUMMEN-GLEICHUNGEN-"
115 PRINT CHR$(147)"QQQQQQQQQQQR"S$"■":FOR K1=1 TO 2:FOR I=1 TO 39
120 S$=MID$(S$,39)+MID$(S$,1,38):FOR T=1 TO 100:NEXT T:PRINT
125 PRINT "]R"S$"]":NEXT I:PRINT "]]":NEXT K1
130 PRINT CHR$(147);:FOR I=32768 TO 32807:POKE I,90:POKE I+960,90:NEXT
135 FOR I=32808 TO 33688 STEP40:POKE I,90:POKE I+39,90:NEXT
140 FOR I=1 TO 18:B$=B$+"__":NEXT:PRINT"SQQQ";SPC(2)B$
145 PRINT SPC(2)"R▒▒▒  POTENZSUMMEN-GLEICHUNGEN  ▒▒▒QQQ"
150 PRINT SPC(2)"A↑3+B↑3+C↑3=ABC ------> R 3 ■▌▌▌□    QQ"
155 PRINT SPC(2)"A↑4+B↑4+C↑4+D↑4=ABCD ----> R 4 ■▌▌▌□    QQ"
160 PRINT SPC(2)"A↑5+B↑5+C↑5+D↑5+E↑5=ABCDE --> R 5 ■▌▌▌□    QQ"
165 PRINT SPC(2)"A↑6+B↑6+C↑6+D↑6+E↑6+F↑6=ABCDEF > R 6 ■▌▌▌□    QQQQ"
170 PRINT SPC(2)B$:PRINT SPC(2)"R ♦♦♦ KENNZIFFER BITTE EINGEBEN! ♦♦♦ ■"
175 GET G$:IF G$ <"3" OR G$>"6" THEN175
180 PRINT CHR$(147):FOR J=1 TO 37:A$=A$+"=":NEXT:PRINT A$:L$=".LOESUNG:"
185 PRINT "♦♦♦♦♦  DIOPHANTISCHE GLEICHUNG  ♦♦♦♦♦Q"
190 ON ASC(G$)-50 GOTO 195,220,245,275
195 PRINT SPC(6)" A↑3 + B↑3 + C↑3 = A B C":PRINT A$;"Q"
200 TI$="000000":FOR A=1 TO 9:G=A*A*A:U=A*1E2:FOR B=0 TO 9:H=B*B*B:V=B*1E1
205 FOR C=0 TO 9:ZP=G+H+C*C*C:Z=U+V+C
210 IF ZP=Z THEN N=N+1:PRINT STR$(N);L$;"R"STR$(ZP)" ■ NACH";:GOSUB335
215 NEXT C,B,A:GOTO310
220 PRINT SPC(2)" A↑4 + B↑4 + C↑4 + D↑4 = A B C D":PRINT A$;"Q"
225 TI$="000000":FOR A=9 TO 1 STEP-1:G=A*A*A*A:U=A*1E3:FOR B=9 TO 0 STEP-1
230 H=B*B*B*B:V=B*1E2:FOR C=9 TO 0 STEP-1:I=C*C*C*C:W=C*1E1:FOR D=0 TO 9
235 ZP=G+H+I+D*D*D*D:Z=U+V+W+D:IF ZP=Z THEN GOSUB340
240 NEXT D,C,B,A:GOTO310
245 PRINT SPC(2)" A↑5+B↑5+C↑5+D↑5+E↑5 = A B C D E":PRINT A$;"Q"
250 TI$="000000":FOR A=9 TO 1 STEP-1:G=A*A*A*A*A:U=A*1E4
255 FOR B=9 TO 0 STEP-1:H=B*B*B*B*B:V=B*1E3:FOR C=9 TO 0 STEP-1
260 I=C*C*C*C*C:W=C*1E2:FOR D=9 TO 0 STEP-1:J=D*D*D*D*D:X=D*1E1
265 FOR E=0 TO 9:ZP=G+H+I+J+E*E*E*E*E:Z=U+V+W+X+E:IF ZP=Z THEN GOSUB340
270 NEXT E,D,C,B,A:GOTO310
275 PRINT SPC(2)" A↑6+B↑6+C↑6+D↑6+E↑6+F↑6 = ABCDEF":PRINT A$;"Q"
280 TI$="000000":FOR A=9 TO 1 STEP-1:G=A*A*A*A*A*A:U=A*1E5
285 FOR B=9 TO 0 STEP-1:H=B*B*B*B*B*B:V=B*1E4
290 FOR C=9 TO 0 STEP-1:I=C*C*C*C*C*C:W=C*1E3:FOR D=9 TO 0 STEP-1
295 J=D*D*D*D*D*D:X=D*1E2:FOR E=9 TO 0 STEP-1:K=E*E*E*E*E*E:Y=E*1E1
300 FOR F=0 TO 9:ZP=G+H+I+J+K+F*F*F*F*F*F:Z=U+V+W+X+Y+F:IF ZP=Z THEN GOSUB340
305 NEXT F,E,D,C,B,A
310 PRINT"QFERTIG!Q":PRINT" GESAMTDURCHLAUFZEIT: ";:GOSUB345
315 PRINT A$:PRINT"QQFUER NEUE AUSWAHL BITTE"
320 PRINT"DIE LEERTASTE DRUECKEN!"
325 GET W$:IF W$<>" " THEN325
330 RUN130
335 PRINT INT(TI/6+.5)/10;"SEKUNDEN":RETURN
340 N=N+1:PRINT STR$(N);L$;"R"STR$(ZP)" ■ NACH ";
345 PRINT LEFT$(TI$,2)+"H:"+MID$(TI$,3,2)+"M:"+RIGHT$(TI$,2)+"S":RETURN
```

Bildschirmmenü

```
DIOPHANTISCHE POTENZSUMMEN-GLEICHUNGEN-
UMMEN-GLEICHUNGEN-DIOPHANTISCHE POTENZS

♦♦♦♦♦♦♦♦♦♦♦♦♦♦♦♦♦♦♦♦♦♦♦♦♦♦♦♦♦♦♦♦♦♦♦♦♦♦♦♦
♦                                      ♦
♦     POTENZSUMMEN-GLEICHUNGEN         ♦
♦                                      ♦
♦ A↑3+B↑3+C↑3=ABC ------> 3            ♦
♦ A↑4+B↑4+C↑4+D↑4=ABCD ----> 4         ♦
♦ A↑5+B↑5+C↑5+D↑5+E↑5=ABCDE --> 5      ♦
♦ A↑6+B↑6+C↑6+D↑6+E↑6+F↑6=ABCDEF > 6   ♦
♦                                      ♦
♦ ♦♦♦ KENNZIFFER BITTE EINGEBEN! ♦♦♦   ♦
♦                                      ♦
♦♦♦♦♦♦♦♦♦♦♦♦♦♦♦♦♦♦♦♦♦♦♦♦♦♦♦♦♦♦♦♦♦♦♦♦♦♦♦♦
```

Beispiele

```
=======================================
♦♦♦♦♦  DIOPHANTISCHE GLEICHUNG  ♦♦♦♦♦
       A↑3 + B↑3 + C↑3 = A B C
=======================================
```

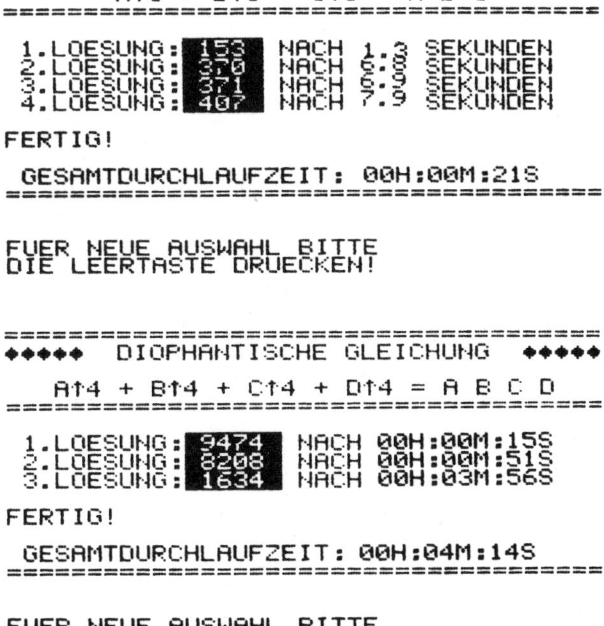

1.LOESUNG: 153 NACH 1.3 SEKUNDEN
2.LOESUNG: 370 NACH 6.8 SEKUNDEN
3.LOESUNG: 371 NACH 6.9 SEKUNDEN
4.LOESUNG: 407 NACH 7.9 SEKUNDEN
FERTIG!
GESAMTDURCHLAUFZEIT: 00H:00M:21S
FUER NEUE AUSWAHL BITTE
DIE LEERTASTE DRUECKEN!
♦♦♦♦♦ DIOPHANTISCHE GLEICHUNG ♦♦♦♦♦
A↑4 + B↑4 + C↑4 + D↑4 = A B C D
1.LOESUNG: 9474 NACH 00H:00M:15S
2.LOESUNG: 8208 NACH 00H:00M:51S
3.LOESUNG: 1634 NACH 00H:03M:56S
FERTIG!
GESAMTDURCHLAUFZEIT: 00H:04M:14S
FUER NEUE AUSWAHL BITTE
DIE LEERTASTE DRUECKEN!

```
========================================
♦♦♦♦♦  DIOPHANTISCHE GLEICHUNG  ♦♦♦♦♦
   A↑5+B↑5+C↑5+D↑5+E↑5 = A B C D E
========================================
 1.LOESUNG: 93084  NACH  00H:04M:02S
 2.LOESUNG: 92727  NACH  00H:04M:15S
 3.LOESUNG: 54748  NACH  00H:26M:24S
FERTIG!
 GESAMTDURCHLAUFZEIT: 00H:52M:26S
========================================

FUER NEUE AUSWAHL BITTE
DIE LEERTASTE DRUECKEN!
```

```
========================================
♦♦♦♦♦  DIOPHANTISCHE GLEICHUNG  ♦♦♦♦♦
   A↑6+B↑6+C↑6+D↑6+E↑6+F↑6 = ABCDEF
========================================
 1.LOESUNG: 548834  NACH  05H:22M:39S
FERTIG!
 GESAMTDURCHLAUFZEIT: 10H:43M:11S
========================================

FUER NEUE AUSWAHL BITTE
DIE LEERTASTE DRUECKEN!
```

3.4 Arbeitsplatzrechner AR86 (Pascal)

von Michael Elbel

Allgemeines

Der Arbeitsplatzcomputer AR86 wurde an der TU München entwikkelt und hergestellt. Er arbeitet mit einem 8085 und 64 Kbyte Arbeitsspeicher sowie einem zweiten μP von Typ 8086 mit 256 Kbyte Speicher. Bis zu 8 AR86 können sternförmig zu einem lokalen Netz (LAN, Local Area Network) zusammengeschaltet werden, das MARS (Münchner Arbeitsplatzrechner-System) genannt wird. Als Betriebssysteme können wahlweise CP/M-80 oder CP/M-86 verwendet werden. Das lokale Netz wird mit CP/NET (ebenfalls von Digital Research) betrieben.

Die Knobelaufgabe 1 wurde mit dem unter CP/M-86 laufenden Pascal-MT+86-Compiler bearbeitet. Der Speicherbedarf für das kompilierte und "gelinkte" Programm beträgt etwa 8 Kbyte.

Rechen- und Ausgabezeiten:

5. Ordnung 24,3 Sekunden

6. Ordnung 4 Minuten : 39,2 Sekunden

Lösungsweg

Der Compiler kennt zwei verschiedene Typen von Integerzahlen: "Normale Integers" bis + -32767, nur sie können zur Schleifensteuerung verwendet werden, und "Longintegers" bis + $-(2^{31}-1)$. Die Grundgleichungen mußten deshalb umgeformt werden, um Bereichsüberschreitungen zu verhindern.

Fünfziffrige Zahlen:

$$a^5 + b^5 + c^5 + d^5 + e^5 = 10^4 a + 10^3 b + 100c + 10d + e$$

$$(a^4-10^4)a + (b^4-10^3)b + (c^4-100)c + (d^4-10)d + (e^4-1)e = 0$$

Sechsziffrige Zahlen:

$$a^6 + b^6 + c^6 + d^6 + e^6 + f^6 = 10^5 a + 10^4 b + 10^3 c + 100d + 10e + f$$

$$(a^3 a^2 - 10^5)a + (b^3 b^2 - 10^4)b + (c^3 c^2 - 10^3)c + (d^3 d^2 - 100)d +$$
$$(e^3 e^2 - 10)e + (f^3 f^3 - f) = 0$$

Zum Durchtesten aller Zahlen zwischen 0 und 99999 bzw. 999999 werden fünf bzw. sechs ineinanderverschachtete Schleifen verwendet. Hier stellte sich die Frage, ob die 0 als erste Ziffer zugelassen ist. Ich habe diese Möglichkeit sicherheitshalber mit berücksichtigt. Um die Rechenzeit zu minimieren, werden jeweils nur die sich gerade verändernden Teile der Formel neu berechnet, außerdem sind die beiden Teilprogramme für fünf- und sechsziffrige Zahlen bis auf die Lösungsausgabe vollkommen getrennt. Es zeigte sich, daß es am schnellsten geht, den Rechner stur alle Möglichkeiten durchprüfen zu lassen. Alles andere, zum Beispiel die Berechnung der letzten Ziffer, dauert wesentlich länger.

Anmerkung zum Programm:

Die Sequenz (chr(27),chr(28)) dient zum Löschen des Bildschirms. Ein # vor einer Zahl kennzeichnet diese als Longinteger.

```
A>type abcd.pas

(*$S+*)                                              { Anweisungen }
(*$T+*)                                              { fuer den    }
(*$R+*)                                              { Compiler    }


PROGRAM abcdef(input,output);


VAR  g:integer;
     al,bl,cl,dl,el,fl:longint;
     a,b,c,d,e,f,k:integer;
     tr:boolean;


PROCEDURE lsg(anz,f,a,b,c,d,e:integer;tr:boolean)      { Ausdruck der Loesungen };

     BEGIN
     writeln;
     write('                              ',anz,'. Lsg: ');
     IF   tr
     THEN write(f);
     writeln(a,b,c,d,e);
     END;


BEGIN
write(chr(27),chr(28),'          wievielstellig soll die Zahl sein 5, oder 6 ? ');
read(k);

IF   k=5

THEN

     BEGIN                                   { Programmteil fuer fuenfstellige Zahlen }

     writeln(chr(27),chr(28),' Loesung der Gleichung "a^5+b^5+c^5+d^5+e^5 = abcde "');
     tr:=false;

     FOR a:=0 TO 9 DO                   { fuenf ineinander verschachtelte Schleifen    }
                                        { fuer die einzelnen Ziffern                   }
          BEGIN
          al:=(long(a*a*a*a)-#10000)*long(a);
          write('*');
          FOR b:=0 TO 9 DO
               BEGIN
               bl:=(long(b*b*b*b)-#1000)*long(b)+al;
               FOR c:=0 TO 9 DO
                    BEGIN
                    cl:=(long(c*c*c*c)-#100)*long(c)+bl;
                    FOR d:=0 TO 9 DO
                         BEGIN
                         dl:=(long(d*d*d*d)-#10)*long(d)+cl;
                         FOR e:=0 TO 9 DO
                              BEGIN
                              el:=(long(e*e*e*e)-#1)*long(e)+dl;
                              IF   el=#0
                              THEN BEGIN
                                   g:=g+1;
                                   lsg(g,f,a,b,c,d,e,tr);
                                   END
                              END
                         END
                    END
               END
          END
     END
```

```
ELSE

     BEGIN                                   { Programmteil fuer sechsstellige Zahlen }

     writeln(chr(27),chr(28),'Loesung der Gleichung"a^6+b^6+c^6+d^6+e^6+f^6=abcdef"');
     tr:=true;

     FOR f:=0 TO 9 DO                      { sechs ineinander verschachtelte Schleifen }
                                           { fuer die einzelnen Ziffern               }
          BEGIN
          f1:=(long(f*f*f)*long(f*f)-#100000)*long(f);
          write('*');
          FOR a:=0 TO 9 DO
               BEGIN
               a1:=(long(a*a*a)*long(a*a)-#10000)*long(a)+f1;
               FOR b:=0 TO 9 DO
                    BEGIN
                    b1:=(long(b*b*b)*long(b*b)-#1000)*long(b)+a1;
                    FOR c:=0 TO 9 DO
                         BEGIN
                         c1:=(long(c*c*c)*long(c*c)-#100)*long(c)+b1;
                         FOR d:=0 TO 9 DO
                              BEGIN
                              d1:=(long(d*d*d)*long(d*d)-#10)*long(d)+c1;
                              FOR e:=0 TO 9 DO
                                   BEGIN
                                   e1:=long(e*e*e)*long(e*e*e)-long(e)+d1;
                                   IF   e1=#0
                                   THEN BEGIN
                                        g;=g+1;
                                        lsg(g,f,a,b,c,d,e,tr);
                                        END
                                   END
                              END
                         END
                    END
               END
          END
     END;

END.

A>abcd

          wievielstellig soll die Zahl sein 5, oder 6 ? 5


        Loesung der Gleichung  " a^5+b^5+c^5+d^5+e^5 = abcde "

*
               1. Lsg: 00000

               2. Lsg: 00001

               3. Lsg: 04150

               4. Lsg: 04151
*****
               5. Lsg: 54748
****
               6. Lsg: 92727

               7. Lsg: 93084          24.3 s
```

```
        wievielstellig soll die Zahl sein 5, oder 6 ? 6

    Loesung der Gleichung  " a^6+b^6+c^6+d^6+e^6+f^6 = abcdef "

*
              (1. Lsg: 000000)
              (2. Lsg: 000001)
*****
               3. Lsg: 548834        4:39.2 s
****
```

3.5 CDC-Großrechner (FORTRAN 77)

von Klaus Ditze

Das Programm zur Lösung der ersten Knobelaufgabe (Potenzsummen-Gleichungen) wurde in FORTRAN 77 geschrieben. Gelaufen ist es auf dem CDC-Rechner der Universität Köln.

Die Laufzeiten betrugen:

5. Ordnung 0,480 Sekunden
6. Ordnung 5,416 Sekunden.

Dies ist die reine CPU-Zeit.
Um das Problem zu lösen, habe ich den "Holzhammerweg" gewählt. Es werden 5 bzw. 6 Schleifen, die von 0 bis 9 laufen (nur die äußerste Schleife läuft von 1 bis 9), ineinander verschachtelt. In ISUM wird die Summe der 5. (6.) Potenzen der einzelnen Ziffern, und in IZAHL die zu überprüfende Zahl gespeichert. Wenn ISUM = IZAHL ist, wird die Lösung gedruckt.

Das Programm ist beendet, wenn alle Zahlen von 1 bis 99999 (999999) überprüft sind.

```
      PROGRAM DITZE        76/76    OPT=0,ROUND= A/ S/ M/-D,-DS      FTN 5.1+564        20/03/84  15.02.29        PAGE
DO=-LONG/-OT,ARG=-COMMON/-FIXED,CS= USER/-FIXED,DB=-TB/-SB/-SL/ ER/-ID/-PMD/-ST,PL=300
FTN5,I=TAPE1,LO=0/S,ANSI=T,ET,PL=300,PS=77777.

                  PROGRAM DITZE
      C
      C           VIEWEG JAHRBUCH 1984 AUFGABE SUCHE ALLE ZAHLEN MIT
      C           A**5+B**5+C**5+D**5+E**5=ABCDE
      C
                  CALL SECOND(T1)
                  PRINT*
                  PRINT*,'**************************************************'
                  DO 1 I1=1,9
                  I1P=I1**5
                   DO 2 I2=0,9
                   I2P=I2**5
                    DO 3 I3=0,9
                    I3P=I3**5
                     DO 4 I4=0,9
                     I4P=I4**5
                      DO 5 I5=0,9
                      I5P=I5**5
                           ISUM=I1P+I2P+I3P+I4P+I5P
                           IZAHL=I1*10000+I2*1000+I3*100+I4*10+I5
                           IF (ISUM .NE. IZAHL) GO TO 5
                           PRINT*
                           PRINT*,I1,I2,I3,I4,I5
      5           CONTINUE
      4           CONTINUE
      3           CONTINUE
      2           CONTINUE
      1           CONTINUE
                  PRINT*
                  PRINT*,'**************************************************'
                  PRINT*
                  CALL SECOND(T2)
                  TIME=T2-T1
                  PRINT*,'TIME   ',TIME
                  PRINT*,'**************************************************'
                  PRINT*
                  STOP
                  END

*************************************************

5 4 7 4 8

9 2 7 2 7

9 3 0 8 4

*************************************************

TIME   .48
*************************************************
```

```
    PROGRAM DITZE       76/76    OPT=0,ROUND= A/ S/ M/-D,-DS       FTN 5.1+564         20/03/84  15.03.13          PAGE  1
DO=-LONG/-OT,ARG=-COMMON/-FIXED,CS= USER/-FIXED,DB=-TB/-SB/-SL/ ER/-ID/-PMD/-ST,PL=300
FTN5,I=TAPE1,LO=0/S,ANSI=T,ET,PL=300,PS=77777.

      PROGRAM DITZE
C
C     VIEWEG JAHRBUCH 1984 AUFGABE SUCHE ALLE ZAHLEN MIT
C     A**6+B**6+C**6+D**6+E**6+F**6=ABCDEF
C
      CALL SECOND(T1)
      PRINT*
      PRINT*,'**********************************************'
      DO 1 I1=1,9
      I1P=I1**6
       DO 2 I2=0,9
       I2P=I2**6
        DO 3 I3=0,9
        I3P=I3**6
         DO 4 I4=0,9
         I4P=I4**6
          DO 5 I5=0,9
          I5P=I5**6
           DO 6 I6=0,9
           I6P=I6**6
              ISUM=I1P+I2P+I3P+I4P+I5P+I6P
              IZAHL=I1*100000+I2*10000+I3*1000+I4*100+I5*10+I6
              IF (ISUM .NE. IZAHL) GO TO 6
              PRINT*
              PRINT*,I1,I2,I3,I4,I5,I6
    6 CONTINUE
    5 CONTINUE
    4 CONTINUE
    3 CONTINUE
    2 CONTINUE
    1 CONTINUE
      PRINT*
      PRINT*,'**********************************************'
      PRINT*
      CALL SECOND(T2)
      TIME=T2-T1
      PRINT*,'TIME  ',TIME
      PRINT*,'**********************************************'
      PRINT*
      STOP
      END

********************************************
5 4 8 8 3 4
********************************************
TIME  5.416
********************************************
```

4 Diophantische Gleichungen $x^3 + y^3 + z^3$

Gegeben sei die Gleichung $N = X^3+Y^3+Z^3$, wobei X, Y und Z ganze positive Zahlen ungleich Null sind. Iterativ zu suchen sind die Lösungen für: N = 729ØØØ; N = 3Ø9150Ø9; N = 134218248; N = 3ØØØ6ØØ; N = 369262ØØ1; N = 1Ø9517Ø4 und N = 343ØØØØØØ.

Beispiel: Mit N = 1ØØ9 ergeben sich zwei Lösungstripel:

A) X = 1, Y = 2, Z = 10 Probe: $1^3 + 2^3 + 10^3 = 1009$

b) X = 4, Y = 6, Z = 9 Probe: $4^3 + 6^3 + 9^3 = 1009$

Folgende Rechner und Programmiersprachen wurden verwendet (Reihenfolge wie im Text):

TI-59	AOS
HP-41CV	UPN
HP-75	HP-BASIC
PC-1500	Sharp-BASIC
CBM 3032	BASIC

4.1 Taschenrechner TI-59 (AOS)

von Dr. Arved Fuhrmann

Vorbemerkungen

Die Lösung der diophantischen Gleichung $N = X^3+Y^3+Z^3$ ist sehr einfach so zu verallgemeinern, daß anstelle des festen Exponenten 3 ein beliebig wählbarer ganzzahliger Exponent $P \geq 2$ tritt.

Der Körper $|X|^P + |Y|^P + |Z|^P \leqq R^P = N \qquad R = \sqrt[P]{N}$

mit ganzzahligem $P \geqq 2$ und $|X| \leqq R$, $|Y| \leqq R$, $|Z| \leqq R$ ist für P = 2 eine Kugel mit dem Radius R. Für größere P läßt sich dieser Körper etwa so veranschaulichen: Ein kugelförmiger Luftballon vom Radius R ist in einen festen hohlen Würfel von der Kantenlänge 2*R eingepaßt. Der Übergang von P = 2 zu P = 3, 4... entspricht einem Aufpumpen des Luftballons, der sich dabei allmählich der Würfelform anpaßt. Als Zwischenform zwischen Kugel und Würfel wird er als "Wugel" bezeichnet.

Die Aufgabe lautet, Punkte auf der Wugeloberfläche mit ganzzahligen Koordinaten X, Y und Z zu finden.

Aus Symmetriegründen beschränkt man sich auf 1/8 der Wugeloberfläche: $1 \leqq X < R$, $1 \leqq Y < R$, $1 \leqq Z < R$. Dabei ist schon der Ausschluß der Koordinatenwerte 0 berücksichtigt.

Von diesem Oktanten wird wieder aus Symmetriegründen nur ein Sechstel berücksichtigt durch $1 \leqq X \leqq Y \leqq Z < R$.

Dieser Teil der Wugeloberfläche wird begrenzt durch die Projektionen der entsprechenden Großkreise der Kugeloberfläche auf die Wugeloberfläche vom Koordinatenursprung her.

Die Lösung besteht darin, alle ganzzahligen Koordinatentripel X, Y, Z im Bereich dieses Teils der Wugeloberfläche systematisch darauf zu prüfen, ob sie genau auf der Wugeloberfläche liegen. Der beiliegende Programmablaufplan und die ausgedruckte Befehlsfolge zeigen die Einzelheiten dieses Lösungsweges.

Leider ist die Laufzeit des Programms bei großem N und kleinem P recht groß:

Die Programmlaufzeit ist proportional zur Anzahl der zu untersuchenden Koordinatentripel, und diese ist proportional zur Wugeloberfläche, die

für P = 2 $\qquad F = 4 * \pi * R^2 \approx 12.5664 * R^2$

ist, und sich

für $P \to \infty \qquad F' = 24 * R^2$

nähert, also für P = 3, 4, 5 ... größer als die Kugeloberfläche, aber kleiner als die Würfeloberfläche ist.

Die Laufzeit ist also LZ = $T_P * R^2$ mit R = $\sqrt[P]{N}$. Die Proportionalitätsfaktoren T_P kann man etwa für R = 10 und P = 2, 3, 4 ... experimentell bestimmen. Sie hängen selbstverständlich von der Rechengeschwindigkeit des Rechners und von der Implementierung ab.

Ausführung auf TI-59

Speicherbedarf: 363 Befehlszeilen
10 Register für Variable

Das Programm wird von einer auf beiden Spuren beschriebenen Magnetkarte eingelesen, Speichereinteilung normal.

Nach dem Start mit A ist zuerst P, dann N einzugeben.

Nach dem Start mit B wird der bisherige Wert von P benutzt (notfalls wird P = 2 eingesetzt), und es ist nur N einzugeben.

Das Programm liefert als Protokoll:

- Programmstart: Kurzname SUM 3 POT
- Wert von P
- Wert von N
- Werte der gefundenen X, Y, Z
- Programmende: ENDE

Die Proportionalitätsfaktoren T_P beginnen für P = 2 mit T_2 = 1.9, für P = 3 ist T_3 = 2.2, für P = 4 ist T_4 = 2.4, darüber fast konstant $T_5 = T_6 = ... = T_{10}$ = 2.6. Wegen der Ganzzahligkeit und wegen des Ausschlusses der Werte X = 0, Y = 0 ergeben sich allerdings Schwankungen, so daß die Laufzeit mit der Formel LZ = $T_P * R^2$ mit R = $\sqrt[P]{N}$ nur ungefähr angegeben werden kann.

Beispiele

153 sec

```
    SUM 3 POT
  2.       = P
 75.       = N
  1.       = X
  5.       = Y
  7.       = Z
  5.       = X
  5.       = Y
  5.       = Z
         ENDE
```

224 sec

```
    SUM 3 POT
   3.      = P
1009.      = N
   1.      = X
   2.      = Y
  10.      = Z
   4.      = X
   6.      = Y
   9.      = Z
         ENDE
```

```
                      SUM 3 POT
82 sec             4.        = P
                 722.        = N
                   2.        = X
                   3.        = Y
                   5.        = Z
                             ENDE
```

```
                      SUM 3 POT
351 sec            2.        = P
                 200.        = N
                   6.        = X
                   8.        = Y
                  10.        = Z
                             ENDE
```

```
                      SUM 3 POT
                   3.        = P
              729000.        = N
                  10.        = X
3 h 48 min        60.        = Y
                  80.        = Z
                  25.        = X
                  38.        = Y
                  87.        = Z
                  45.        = X
                  60.        = Y
                  75.        = Z
                  58.        = X
                  59.        = Y
                  69.        = Z
                             ENDE
```

```
~ 240 h               SUM 3 POT
                   3.        = P
          369262001.         = N
                             ENDE
```

```
                      SUM 3 POT
                   3.        = P
             3000600.        = N
                  32.        = X
~ 10 h           102.        = Y
                 124.        = Z
                  99.        = X
                 100.        = Y
                 101.        = Z
                             ENDE
```

```
                      SUM 3 POT
                   3.        = P
             3091509.        = N
                  37.        = X
~ 10 h            38.        = Y
                 144.        = Z
                 100.        = X
                 101.        = Y
                 102.        = Z
                             ENDE
```

```
                      SUM 3 POT
                   3.        = P
            10951704.        = N
~ 24 h             2.        = X
                  22.        = Y
                 222.        = Z
                             ENDE
```

```
                      SUM 3 POT
~ 130 h            3.        = P
           134218248.        = N
                   2.        = X
                   8.        = Y
                 512.        = Z
                             ENDE
```

```
                      SUM 3 POT
                   3.        = P
           343000000.        = N
                  70.        = X
~ 225 h          540.        = Y
                 570.        = Z
                  72.        = X
                 294.        = Y
                 682.        = Z
                 112.        = X
                 476.        = Y
                 616.        = Z
                 189.        = X
                 267.        = Y
                 682.        = Z
                 245.        = X
                 490.        = Y
                 595.        = Z
                 450.        = X
                 475.        = Y
                 525.        = Z
                             ENDE
```

Flußdiagramm

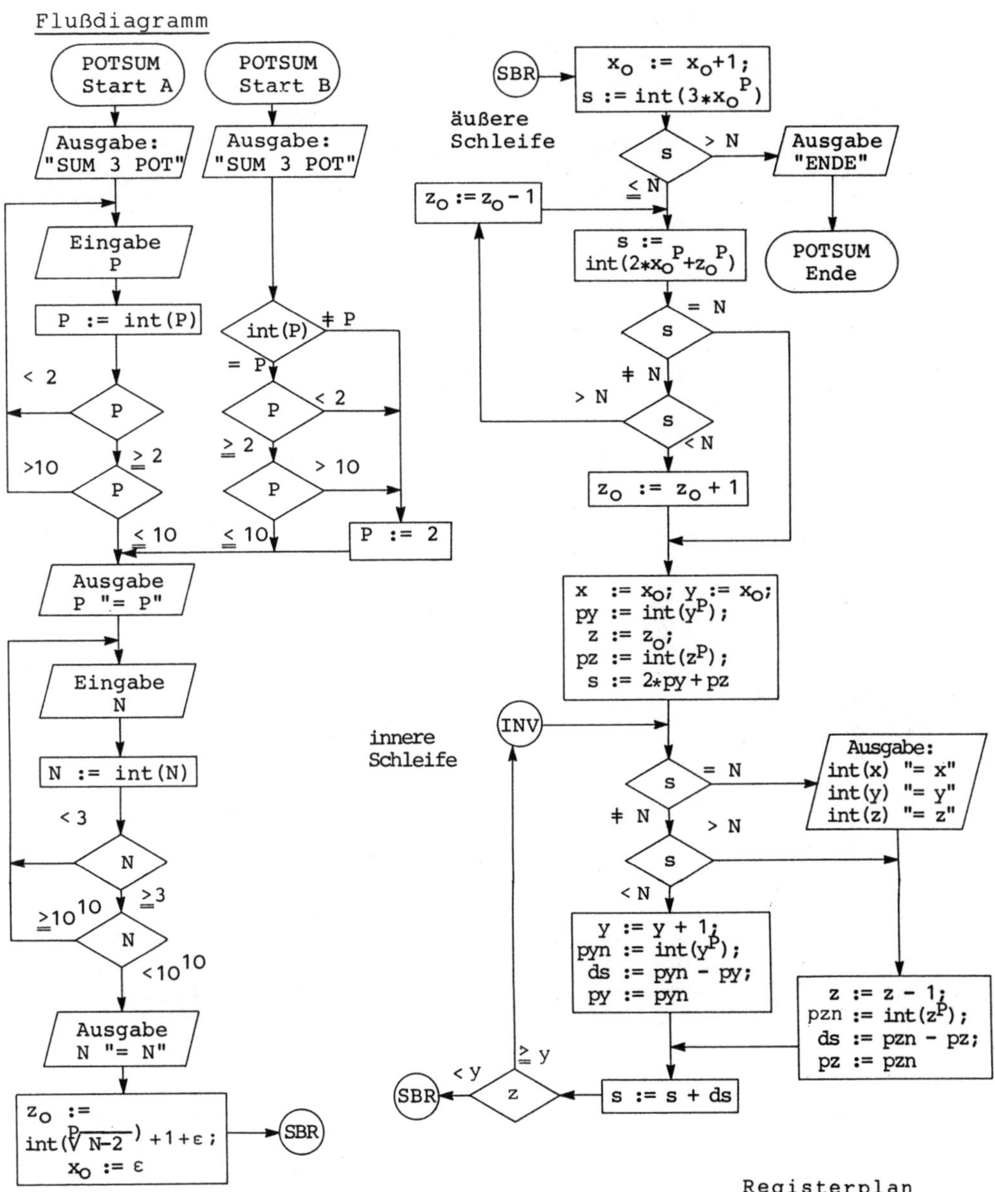

Um eventuelle Rundungsfehler beim Potenzieren mit der Funktion y^x zu eliminieren, werden die Werte x, y und z um $\varepsilon = 10^{-7}$ erhöht, und die Summen s dann mit der int-Funktion wieder auf die nächst niedere ganze Zahl vermindert.

Registerplan

R0	P
R1	N
R2	x_o
R3	z_o
R4	x
R5	y
R6	z
R7	s-N
R8	py
R9	pz

Anweisungliste

```
000  76 LBL     054  00  0      108  95  =      162  69 OP
001  11  A      055  03  3      109  59 INT     163  33  33
002  16 A'      056  03  3      110  42 STO     164  76 LBL
003  76 LBL     057  22 INV     111  03  03     165  81 RST
004  36 PGM     058  52 EE      112  69 OP      166  43 RCL
005  91 R/S     059  69 OP      113  23  23     167  02  02
006  59 INT     060  04  04     114  01  1      168  45 Y^X
007  42 STO     061  43 RCL     115  52 EE      169  43 RCL
008  00  00     062  00  00     116  07  7      170  00  00
009  75  -      063  69 OP      117  94 +/-     171  65  X
010  02  2      064  06  06     118  44 SUM     172  02  2
011  75  -      065  76 LBL     119  03  03     173  85  +
012  22 INV     066  76 LBL     120  42 STO     174  43 RCL
013  77  GE     067  91 R/S     121  02  02     175  03  03
014  36 PGM     068  59 INT     122  76 LBL     176  45 Y^X
015  09  9      069  42 STO     123  71 SBR     177  43 RCL
016  95  =      070  01  01     124  69 OP      178  00  00
017  77  GE     071  75  -      125  22  22     179  95  =
018  36 PGM     072  02  2      126  43 RCL     180  59 INT
019  61 GTO     073  95  =      127  02  02     181  75  -
020  61 GTO     074  94 +/-     128  45 Y^X     182  43 RCL
021  76 LBL     075  77  GE     129  43 RCL     183  01  01
022  12  B      076  76 LBL     130  00  00     184  95  =
023  16 A'      077  43 RCL     131  65  X      185  67  EQ
024  43 RCL     078  01  01     132  03  3      186  96 WRT
025  00  00     079  75  -      133  95  =      187  77  GE
026  22 INV     080  01  1      134  59 INT     188  86 STF
027  59 INT     081  52 EE      135  75  -      189  69 OP
028  22 INV     082  01  1      136  43 RCL     190  23  23
029  67  EQ     083  00  0      137  01  01     191  76 LBL
030  66 PAU     084  95  =      138  95  =      192  96 WRT
031  43 RCL     085  77  GE     139  22 INV     193  43 RCL
032  00  00     086  76 LBL     140  77  GE     194  02  02
033  75  -      087  06  6      141  81 RST     195  42 STO
034  02  2      088  04  4      142  67  EQ     196  04  04
035  75  -      089  00  0      143  81 RST     197  42 STO
036  22 INV     090  00  0      144  69 OP      198  05  05
037  77  GE     091  03  3      145  00  00     199  45 Y^X
038  66 PAU     092  01  1      146  01  1      200  43 RCL
039  09  9      093  22 INV     147  07  7      201  00  00
040  95  =      094  52 EE      148  03  3      202  95  =
041  22 INV     095  69 OP      149  01  1      203  59 INT
042  77  GE     096  04  04     150  01  1      204  42 STO
043  61 GTO     097  43 RCL     151  06  6      205  07  07
044  76 LBL     098  01  01     152  01  1      206  42 STO
045  66 PAU     099  69 OP      153  07  7      207  08  08
046  02  2      100  06  06     154  69 OP      208  75  -
047  42 STO     101  75  -      155  04  04     209  43 RCL
048  00  00     102  02  2      156  69 OP      210  01  01
049  76 LBL     103  95  =      157  05  05     211  95  =
050  61 GTO     104  45 Y^X     158  98 ADV     212  44 SUM
051  06  6      105  43 RCL     159  91 R/S     213  07  07
052  04  4      106  00  00     160  76 LBL     214  43 RCL
053  00  0      107  35 1/X     161  86 STF     215  03  03
```

```
216  42 STO
217  06  06
218  45 Yx
219  43 RCL
220  00  00
221  95  =
222  59 INT
223  42 STO
224  09  09
225  44 SUM
226  07  07
227  76 LBL
228  22 INV
229  43 RCL
230  07  07
231  22 INV
232  67  EQ
233  37 P/R
234  06  6
235  04  4
236  00  0
237  00  0
238  04  4
239  04  4
240  22 INV
241  52 EE
242  69 OP
243  04  04
244  43 RCL
245  04  04
246  59 INT
247  69 OP
248  06  06
249  06  6
250  04  4
251  00  0
252  00  0
253  04  4
254  05  5
255  69 OP
256  04  04
257  43 RCL
258  05  05
259  59 INT
260  69 OP
261  06  06
262  06  6
263  04  4
264  00  0
265  00  0
266  04  4
267  06  6
268  69 OP
269  04  04
270  43 RCL
271  06  06
272  59 INT
273  69 OP
274  06  06
275  61 GTO
276  32 X:T
277  76 LBL
278  37 P/R
279  77  GE
280  32 X:T
281  69 OP
282  25  25
283  43 RCL
284  05  05
285  45 Yx
286  43 RCL
287  00  00
288  95  =
289  59 INT
290  48 EXC
291  08  08
292  75  -
293  43 RCL
294  08  08
295  95  =
296  61 GTO
297  47 CMS
298  76 LBL
299  32 X:T
300  69 OP
301  36  36
302  43 RCL
303  06  06
304  45 Yx
305  43 RCL
306  00  00
307  95  =
308  59 INT
309  48 EXC
310  09  09
311  75  -
312  43 RCL
313  09  09
314  95  =
315  76 LBL
316  47 CMS
317  22 INV
318  44 SUM
319  07  07
320  43 RCL
321  06  06
322  75  -
323  43 RCL
324  05  05
325  95  =
326  77  GE
327  22 INV
328  61 GTO
329  71 SBR
330  76 LBL
331  16 A'
332  00  0
333  22 INV
334  52 EE
335  32 X:T
336  69 OP
337  00  00
338  03  3
339  06  6
340  04  4
341  01  1
342  03  3
343  00  0
344  00  0
345  00  0
346  69 OP
347  03  03
348  00  0
349  04  4
350  00  0
351  00  0
352  03  3
353  03  3
354  03  3
355  02  2
356  03  3
357  07  7
358  69 OP
359  04  04
360  69 OP
361  05  05
362  92 RTN
363  00  0
```

4.2 Taschenrechner TI-59 (AOS)

von Wilhelm-Rüdiger Haberditz

Hinweise

Das Programm "DIOPHANTIC VARIO" ist auf einer Magnetkarte (Block 1 und 2) aufgezeichnet und belegt 4ØØ Programmspeicherstellen (PSS). Da ausreichend Speicherplatz zur Verfügung stand, wurde die Aufgabenstellung auf die allgemeine Lösung von diophantischen Gleichungen der Form: $N = X^E + Y^E + Z^E$ erweitert. Der Exponent E kann dabei Werte von 3, 4, 5, 6 und 7 haben, d.h. neben der 3ten Ordnung sind auch Lösungen der 4ten, 5ten, 6ten und 7ten Ordnung iterativ möglich. Darüber hinaus kann das Programm auch zur automatischen Suche von Lösungstripel auf der Basis der Analysezahl N, die nach jedem Durchlauf um 1 inkrementiert wird, eingesetzt werden.

Bedienungshinweise

Nach der erstmaligen Eingabe der Befehle und Daten gemäß Anweisungsliste erfolgt die Programmvorbereitung wahlweise mit der Labeltaste "A" für E = 3; "B" für E = 4; "C" für E = 5; "D" für E = 6 und "E" für E = 7. Nach dem Kopfausdruck wird die Analysenzahl AN eingetastet und mit "R/S" eingegeben. Ausdruck AN, N und Lösungstripel X, Y, Z bzw. "-1": keine oder keine weiteren Lösungen. Beim automatischen Suchlauf ab ≥ AN: Vorbereitung mit vorgesetzter Markierung: z.B. E = 3 mit "A'", "A"; E = 4 mit "A'", "B"; E = 5 mit "A'", "C" usw.

Die erzielten Lösungen und die Ausgabezeiten sind aus den Druckkopien und der Zusammenfassung ersichtlich.

Ein Hinweis: In der Aufgabenstellung ist nach einer Lösung für N = 369262001 gefragt, die aber nicht existiert. Hier wurde darum N = 36962001 verwendet.

Zusammenfassung für TI-59

Analysezahl N	Lösungstripel, nichtredundant Anzahl	Rechen- und Ausgabezeit für alle Lösungen
1ØØ9	2	ca. 46 Sek.
729ØØØ	4	ca. 1h:32 Min.
3Ø915Ø9	2	ca. 3h:6 Min.
3ØØØ6ØØ	2	ca. 3h:5 Min.
1Ø9517Ø4	1	ca. 17 Sek.
36962ØØ1	2	ca. 5h:55 Min.
134218248	1	ca. 16 Sek.
343ØØØØØØ	6	ca. 88h:32 Min.

Anweisungsliste

PSS	Code	Befehl
000	43	RCL
001	02	02
002	42	STO
003	00	00
004	61	GTO
005	02	02
006	76	76
007	76	LBL
008	16	A'
009	86	STF
010	02	02
011	91	R/S
012	76	LBL
013	17	B'
014	22	INV
015	45	Y^X
016	43	RCL
017	15	15
018	54	)
019	92	RTN
020	76	LBL
021	18	C'
022	69	OP
023	05	05
024	69	OP
025	00	00
026	25	CLR
027	92	RTN
028	76	LBL
029	19	D'
030	25	CLR
031	98	ADV
032	69	OP
033	00	00
034	06	6
035	69	OP
036	17	17
037	47	CMS
038	01	1
039	42	STO
040	12	12
041	22	INV
042	87	IFF
043	02	02
044	00	00
045	47	47
046	47	CMS
047	07	7
048	69	OP
049	17	17
050	92	RTN
051	76	LBL
052	11	A
053	19	D'
054	03	3
055	42	STO
056	15	15
057	01	1
058	93	.
059	00	0
060	61	GTO
061	01	01
062	10	10
063	76	LBL
064	12	B
065	19	D'
066	04	4
067	42	STO
068	15	15
069	01	1
070	93	.
071	02	2
072	05	5
073	61	GTO
074	01	01
075	10	10
076	76	LBL
077	13	C
078	19	D'
079	05	5
080	42	STO
081	15	15
082	01	1
083	93	.
084	05	5
085	61	GTO
086	01	01
087	10	10
088	76	LBL
089	14	D
090	19	D'
091	06	6
092	42	STO
093	15	15
094	01	1
095	93	.
096	07	7
097	05	5
098	61	GTO
099	01	01
100	10	10
101	76	LBL
102	15	E
103	19	D'
104	07	7
105	42	STO
106	15	15
107	02	2
108	93	.
109	05	5
110	42	STO
111	18	18
112	65	×
113	43	RCL
114	65	65
115	95	=
116	42	STO
117	16	16
118	43	RCL
119	66	66
120	65	×
121	43	RCL
122	18	18
123	95	=
124	42	STO
125	17	17
126	43	RCL
127	60	60
128	69	OP
129	01	01
130	43	RCL
131	61	61
132	69	OP
133	02	02
134	18	C'
135	05	5
136	01	1
137	01	1
138	06	6
139	69	OP
140	01	01
141	43	RCL
142	62	62
143	69	OP
144	02	02
145	43	RCL
146	63	63
147	69	OP
148	03	03
149	18	C'
150	43	RCL
151	64	64
152	69	OP
153	04	04
154	18	C'
155	43	RCL
156	16	16
157	69	OP
158	03	03
159	43	RCL
160	17	17
161	69	OP
162	04	04
163	18	C'
164	02	2
165	01	1
166	03	3
167	02	2
168	03	3
169	05	5
170	03	3
171	00	0
172	06	6
173	02	2
174	69	OP
175	01	01
176	43	RCL
177	67	67
178	69	OP
179	02	02
180	43	RCL
181	68	68
182	69	OP
183	03	03
184	43	RCL
185	69	69
186	69	OP
187	04	04
188	18	C'
189	98	ADV
190	03	3
191	32	X:T
192	06	6
193	04	4
194	01	1
195	03	3
196	03	3
197	01	1
198	69	OP
199	04	04
200	25	CLR
201	91	R/S
202	50	I×I
203	59	INT
204	22	INV
205	77	GE
206	77	GE
207	29	CP
208	69	OP
209	06	06
210	98	ADV
211	42	STO
212	04	04
213	86	STF
214	01	01
215	17	B'
216	59	INT
217	58	FIX
218	00	00
219	42	STO
220	01	01
221	43	RCL
222	04	04
223	55	÷
224	03	3
225	95	=
226	17	B'
227	59	INT
228	42	STO
229	11	11
230	43	RCL
231	04	04
232	75	-
233	43	RCL
234	01	01
235	45	Y^X
236	43	RCL
237	15	15
238	95	=
239	88	DMS
240	67	EQ
241	02	02
242	80	80
243	42	STO
244	10	10
245	17	B'
246	59	INT
247	42	STO
248	00	00
249	43	RCL
250	10	10
251	75	-
252	43	RCL
253	00	00
254	45	Y^X
255	43	RCL
256	15	15
257	95	=
258	88	DMS
259	67	EQ
260	02	02
261	76	76
262	17	B'
263	22	INV
264	58	FIX
265	88	DMS
266	42	STO
267	03	03
268	75	-
269	58	FIX
270	00	00
271	88	DMS
272	95	=
273	67	EQ
274	03	03
275	07	07
276	97	DSZ
277	00	00
278	02	02
279	49	49
280	69	OP
281	31	31
282	43	RCL
283	01	01
284	75	-
285	43	RCL
286	11	11
287	95	=
288	77	GE
289	02	02
290	30	30
291	43	RCL
292	12	12
293	67	EQ
294	03	03
295	00	00
296	94	+/-
297	99	PRT
298	98	ADV
299	91	R/S

PSS	Code	Befehl
300	69	OP
301	24	24
302	43	RCL
303	04	04
304	61	GTO
305	02	02
306	11	11
307	43	RCL
308	00	00
309	42	STO
310	02	02
311	87	IFF
312	01	01
313	03	03
314	48	48
315	03	3
316	42	STO
317	00	00
318	07	7
319	42	STO
320	08	08
321	73	RC*
322	00	00
323	75	-
324	73	RC*
325	08	08
326	95	=
327	67	EQ
328	03	03
329	43	43
330	69	OP
331	38	38
332	43	RCL
333	08	08
334	75	-
335	04	4
336	95	=
337	67	EQ
338	03	03
339	48	48
340	61	GTO
341	03	03
342	21	21
343	97	DSZ
344	00	00
345	03	03
346	18	18
347	81	RST
348	07	7
349	42	STO
350	08	08
351	03	3
352	42	STO
353	13	13
354	73	RC*
355	13	13
356	72	ST*
357	08	08
358	69	OP
359	38	38

PSS	Code	Befehl
360	97	DSZ
361	13	13
362	03	03
363	54	54
364	06	6
365	04	4
366	03	3
367	01	1
368	69	OP
369	04	04
370	43	RCL
371	04	04
372	69	OP
373	06	06
374	06	6
375	04	4
376	04	4
377	04	4
378	42	STO
379	09	09
380	03	3
381	42	STO
382	14	14
383	43	RCL
384	09	09
385	69	OP
386	04	04
387	73	RC*
388	14	14
389	69	OP
390	06	06
391	66	PAU
392	69	OP
393	29	29
394	97	DSZ
395	14	14
396	03	03
397	83	83
398	98	ADV
399	81	RST

Registerbelegung

LABEL

008	16	A'
013	17	B'
021	18	C'
029	19	D'
052	11	A
064	12	B
077	13	C
089	14	D
102	15	E

ALPHA-CODE	TEXT	NR
2437173513.	ITERA	60
3724323100.	TION	61
2432332313.	IOPHA	62
3137241551.	NTIC*	63
4213352432.	VARIO	64
4000000.	3	65
400000004.	3 3	66
31006400.	N =	67
4400470045.	X + Y	68
47004600.	+ Z	69

Beispiele

```
ITERATION
   *DIOPHANTIC*
                   VARIO
           3    3    3
FORM: N = X  + Y  + Z

        1009.        =AN

        1009.        =N
           1.        =X
           2.        =Y
          10.        =Z

        1009.        =N
           4.        =X
           6.        =Y
           9.        =Z
```

```
ITERATION
   *DIOPHANTIC*
                   VARIO
           3    3    3
FORM: N = X  + Y  + Z

     3091509.        =AN

     3091509.        =N
          37.        =X
          38.        =Y
         144.        =Z

     3091509.        =N
         100.        =X
         101.        =Y
         102.        =Z
```

```
ITERATION
   *DIOPHANTIC*
                   VARIO
           3    3    3
FORM: N = X  + Y  + Z

      729000.        =AN

      729000.        =N
          25.        =X
          38.        =Y
          87.        =Z

      729000.        =N
          10.        =X
          60.        =Y
          80.        =Z

      729000.        =N
          45.        =X
          60.        =Y
          75.        =Z

      729000.        =N
          58.        =X
          59.        =Y
          69.        =Z
```

```
ITERATION
   *DIOPHANTIC*
                   VARIO
           3    3    3
FORM: N = X  + Y  + Z

     3000600.        =AN

     3000600.        =N
          32.        =X
         102.        =Y
         124.        =Z

     3000600.        =N
          99.        =X
         100.        =Y
         101.        =Z
```

```
ITERATION
   *DIOPHANTIC*
                    VARIO
              3    3    3
FORM: N = X  + Y  + Z

  134218248.        =AN

  134218248.        =N
          2.        =X
          8.        =Y
        512.        =Z


ITERATION
   *DIOPHANTIC*
                    VARIO
              3    3    3
FORM: N = X  + Y  + Z

   36962001.        =AN

   36962001.        =N
          3.        =X
         33.        =Y
        333.        =Z

   36962001.        =N
        158.        =X
        201.        =Y
        292.        =Z


ITERATION
   *DIOPHANTIC*
                    VARIO
              3    3    3
FORM: N = X  + Y  + Z

   10951704.        =AN

   10951704.        =N
          2.        =X
         22.        =Y
        222.        =Z
```

```
ITERATION
   *DIOPHANTIC*
                    VARIO
              3    3    3
FORM: N = X  + Y  + Z

  343000000.        =AN

  343000000.        =N
         72.        =X
        294.        =Y
        682.        =Z

  343000000.        =N
        189.        =X
        267.        =Y
        682.        =Z

  343000000.        =N
        294.        =X
         72.        =Y
        682.        =Z

  343000000.        =N
        112.        =X
        476.        =Y
        616.        =Z

  343000000.        =N
        245.        =X
        490.        =Y
        595.        =Z

  343000000.        =N
         70.        =X
        540.        =Y
        570.        =Z

  343000000.        =N
        450.        =X
        475.        =Y
        525.        =Z

  343000000.        =N
        245.        =X
        595.        =Y
        490.        =Z
```

4.3 Taschenrechner HP-41 CV (UPN)

von Michael Elbel

Der Rechner HP-41CV war zur Lösung der diophantischen Gleichung mit dem X-Functions- und dem Timemodul ausgestattet. Die Rechen- und Ausgabezeiten lagen zwischen 7 Minuten und 7 Stunden.

Speicherbedarf: 24 Register für das Programm,
11 Register für Speicher
und 124 Register X-Memory als E-A-Puffer.

Lösungsweg

Die Gleichung $N = x^3 + y^3 + z^3$ wurde umgeformt in $N - x^3 - y^3 - z^3 = 0$ und über zwei verschachtelte Schleifen berechnet, deren Grenzen folgendermaßen festgelegt sind:

$X_{max} = INT(N^{1/3})$; $X_{min} = INT((N/3)^{1/3})$

$Y_{max} = INT((N - X^3)^{1/3})$; $Y_{min} = INT(((N - X^3)/2)^{1/3})$

$Z = ((N - X^3) - Y^3)^{1/3}$.

Falls FRC(Z) = 0, ergeben die momentanen X-, Y- und Z-Werte ein Lösungstripel.

Um Rechenzeit zu sparen, werden auf Kosten des Speicherplatzes folgende Kompromisse eingegangen: Die häufig benötigten Zahlen 1000, 3, 1/3, $3^{1/3}$, $2^{1/3}$ wurden eigenen Speichern zugeordnet, die Ergebnisse in einem File des X-Memory abgespeichert, da ein angeschlossener Drucker den Rechner eminent verlangsamt.

Bedienung

Programm einlesen; im X-Memory für 124 freie Register sorgen; ein Datenfile "A" der Länge 7 anlegen und hier alle Zahlen abspeichern; den Filepointer auf 0 setzen (Ø, SEEKPT); den Rechner am besten an ein Netzgerät anschließen; das Programm starten.

Nach ca. $18^3/4$ Stunden stehen die Ergebnisse samt Rechenzeiten in einem File namens "DAT".

Anweisungsliste

```
 01•LBL "KUB"
CF 29  "DAT"  115  SF 25
CRFLAS  CLFL  3  STO 08
ENTER↑  1/X  STO 09  Y↑X
STO 10  2  LASTX  Y↑X
STO 05  1 E3  STO 04
STOPSW

 22•LBL A
CLX  SETSW  "A"  FLSIZE
GETX  "DAT"  FLSIZE
X<>Y  RUNSW  FIX 0
"** "  ARCL X  "├ **"
FIX 7  APPREC  STO 00
RCL 09  Y↑X  INT  LASTX
RCL 10  /  INT  RCL 04
/  +  STO 01

 50•LBL 90
VIEW 01  RCL 00  RCL 01
INT  RCL 08  Y↑X  -
STO 06  RCL 09  Y↑X  INT
LASTX  RCL 05  /  INT
RCL 04  /  +  STO 02
```

```
 70•LBL 91
RCL 06  RCL 02  INT
RCL 08  Y↑X  -  RCL 09
Y↑X  RND  FRC  X=0?
XEQ 99  DSE 02  GTO 91
DSE 01  GTO 90  STOPSW
RCLSW  CLA  ATIME
APPREC  CLA  APPREC
BEEP  GTO A

 96•LBL 99
TONE 9  CLA  FIX 0
ARCL 01  "├ "  ARCL 02
"├ "  ARCL L  APPREC
AVIEW  FIX 7  END
```

```
** 729000
87 38 25
80 60 10
75 60 45
69 59 58
00:07:10.16
** 3091509 **
144 38 37
102 101 100
00:17:58.96
** 134218248 **
512 8 2
03:36:03.35
** 3000600 **
124 102 32
102 124 32
101 100 99
00:17:33.39
** 369262001 **
07:01:28.05
** 10951704 **
222 22 2
00:42:04.22
** 343000000 **
682 294 72
570 540 70
540 570 70
06:41:04.04
```

4.4 HP-41 (UPN) und HP-75 (BASIC)

von Ing. grad. Hans Krissler

Es wäre ein großer Aufwand, alle drei Parameter (X, Y, Z) zu variieren.

Lösungsweg

Umstellen der Gleichung in $Z = \sqrt[3]{N - X^3 - Y^3}$

Eine Lösung ist gefunden, wenn das Ergebnis (theoretisch) ganzzahlig ist, d.h. kein gebrochener Anteil für Z existiert.

Laufweite der Parameter durch Grenzbetrachtung:

1. Z = N - 2; dann X = Y = 1
2. Z = 1 $\qquad X = Y = \sqrt[3]{N/2}$
3. $Z = Y = X = \sqrt[3]{N/3}$

mit 2. und 3. Festlegung der Grenzen der beiden geschachtelten For-Next-Schleifen.

Im Programm muß noch die Unzulänglichkeit berücksichtigt werden, daß eine Lösung nicht erkannt wird, da die Nachkommastelle nicht Null sondern 9999... ist. Dadurch kann es auch vorkommen, daß die letzte Wurzel negativ wird.

Nachfolgend sind die Programme für HP-41 und HP-75 angegeben. Einige Lösungen und Rechenzeiten (HP-75) sind ebenfalls abgedruckt. Die Laufzeit wird beim HP-75-Programm ab Zeile 70 "gestoppt" (T = TIME).

HP-41-Programm

```
01♦LBL "ZWEI"
02 FIX 0
03 1 E-3
04 STO 00
05 STO 01
06 STO 02
07 "N:"
08 PROMPT
09 ENTER↑
10 ENTER↑
11 ENTER↑
12 2
13 /
14 RCL Y
15 3
16 1/X
17 STO 03
18 *
19 LASTX
20 Y↑X
21 X<>Y
22 LASTX
23 Y↑X
24 RND
25 ST* 00
26 RDN
27 RND
28 ST* 01
29 1
30 ST+ 00
31 ST+ 01
32 RDN
33 RDN
34 FIX 6
35♦LBL 00
36 RCL IND 02
37 INT
38 3
39 Y↑X
40 ISG 02
41 GTO 00
42 +
43 -
44 RCL 03
45 Y↑X
46 RND
47 FRC
48 X=0?
49 XEQ 01
50 RDN
51 X<> 02
52 FRC
53 X<> 02
54 ISG 00
55 GTO 00
56 X<> 00
57 FRC
58 1
59 +
60 X<> 00
61 ISG 01
62 GTO 00
63 STOP
64♦LBL 01
65 FIX 0
66 CLA
67 X<> L
68 RCL 00
69 INT
70 X>Y?
71 SF 01
72 RCL 01
73 INT
74 X>Y?
75 SF 01
76 FS?C 01
77 GTO 02
78 ARCL X
79 "├*"
80 ARCL Y
81 "├*"
82 ARCL Z
```

```
83 AVIEW
84•LBL 02
85 RDN
86 RDN
87 FIX 6
88 END
```

```
XEQ "ZWEI"
N:
 729000      R
            UN
10*60*80
25*38*87
45*60*75
58*59*69
```

```
XEQ "ZWEI"
N:
 3091509
            RUN
37*38*144
100*101*102
```

HP-75-Programm

```
10 ! Programm Zwei
20 ! Hans Krissler
30 FOR I=1 TO 7
40 READ N(I)
50 DATA 729000,3091509,134218248,3000600,369262001,10951704,343000000
60 PRINT N(I)
70 T=TIME
80 FOR Y=1 TO CEIL((N(I)/2)^(1/3))
90 Y3=Y^3
100 FOR X=1 TO CEIL((N(I)/3)^(1/3))
110 Z=(N(I)-X^3-Y3)^(1/3)
120 ON ERROR END
130 IF FP(Z)=0 THEN 150
140 IF FP(Z)<.9999999 THEN 170
150 IF X>Y OR Y>CEIL(Z) THEN 170
160 PRINT X;Y;CEIL(Z)
170 NEXT X
180 NEXT Y
190 PRINT 'Ausgabezeit';TIME-T;' Sekunden' @ PRINT
200 NEXT I
```

```
 729000
 25  38  87
 58  59  69
 10  60  80
 45  60  75
Ausgabezeit 612.757  Sekunden

 3091509
 37  38  144
 100  101  102
Ausgabezeit 1601.513  Sekunden

 134218248
 2  8  512
Ausgabezeit-66711.104  Sekunden

 3000600
 99  100  101
 32  102  124
Ausgabezeit 1572.39  Sekunden
```

```
 369262001
Ausgabezeit 38763.345  Sekunden

 10951704
 2  22  222
Ausgabezeit 3682.476  Sekunden

 343000000
 189  267  682
 72  294  682
 450  475  525
 112  476  616
 245  490  595
 70  540  570
Ausgabezeit-49430.035  Sekunden
```

4.5 Taschencomputer PC-1500 (BASIC)

von Dr.-Ing. Peter Fischer

In der Gleichung $N = X^3 + Y^3 + Z^3$ sind N, X, Y und Z natürliche Zahlen größer Null. Zu ermitteln sind für eine beliebige Zahl N alle Lösungstripel (X; Y; Z).

Lösungsweg

Setzt man, was immer möglich ist, $X \geqq Y \geqq Z$ voraus, so ist $XO = INT \sqrt[3]{N}$ eine obere Schranke für X. Die obere Schranke von Y erhält man für beliebige Werte von X aus $YO = INT \sqrt[3]{N - x^3}$. X, Y und Z sind Lösungen der Gleichung, wenn $Z = \sqrt[3]{N - X^3 - Y^3}$ ganzzahlig ist, d.h., wenn INT Z = Z ist.

Das Programm sucht die Lösungen innerhalb der beiden Schleifen für X und Y in den Zeilen 160 bis 270. Um unnötige Doppelberechnungen zu vermeiden, werden die Schleifen durch Vergleiche in den Zeilen 170 und 240 verlassen, wenn X < Y bzw. Y < Z ist. Läßt man diese Zeilen weg, dann wird jedes Lösungstripel mehrfach ausgedruckt; lediglich die Namen der Variablen sind vertauscht.

Benutzungshinweise

Mit RUN ENTER wird das Programm gestartet. Daraufhin erscheint im Display "Zahl N =". Nach Eingabe der Zahl werden die Lösungstripel in einer Tabelle ausgedruckt. Ist das Programm abgelaufen, wird die Rechenzeit gedruckt, und im Display erscheint wieder "Zahl N =". Jetzt kann die nächste Zahl eingegeben werden. Die Eingabe einer Ø beendet die Programmausführung. Gibt es für eine Zahl keine Lösungen, dann werden "keine Loesung" und die Rechenzeit ausgegeben.

Das Programm erfordert 715 Bytes. Der größere Teil wird durch Kommentare und für die Druckersteuerung belegt; die eigentlichen Berechnungen erfolgen nur in den Zeilen 150 bis 270.

Je nach Größe der Lösungen und nach deren Anzahl ist die Rechenzeit unterschiedlich. Es können einige Minuten (bei N = 729 ØØØ sind es 1,84 min) oder mehr als eine Stunde (bei N = 369 262 ØØ1 fast 90 min) erforderlich sein.

Anweisungsliste und Ergebnisausdrucke

```
 10:REM     LOESUNG DER GLEICHUNG
 20:REM     N = X^3 + +Y^3 + Z^3
 30:REM     mit SHARP PC-150
 40:REM
 50:REM     DR.-ING. P. FISCHER
 60:REM     DDR-7304 ROSSWEIN
 70:REM
 80:LPRINT "N = X^3+Y^3+Z^3":LF 1
 90:INPUT "Zahl N = ";N
100:IF N=0THEN 530
110:LPRINT "fuer N =";N
120:T=DEG TIME
130:I=0:Y=0
140:REM
150:XO=INT (N^(1/3))
160:FOR X=XOTO 1STEP -1
170:IF X<YTHEN 280
180:N1=N-X*X*X
190:YO=INT (N1^(1/3))
200:IF YO<XTHEN 220
210:YO=X
220:FOR Y=YOTO 1STEP -1
230:Z=(N1-Y*Y*Y)^(1/3)
240:IF Z>YTHEN 270
250:IF INT Z=ZTHEN "PRINT"
260:NEXT Y
270:NEXT X
280:IF I>0THEN 300
290:LPRINT "keine Loesung"
300:LPRINT "ENDE"
310:LPRINT "nach";INT ((DEG TIME -T)
     *6000)/100;" min"
320:LF 1:GOTO 90
400:"PRINT":IF I>0THEN 450
410:TAB 7:LPRINT "X";
420:TAB 12:LPRINT "Y";
430:TAB 17:LPRINT "Z"
440:REM
450:I=I+1
460:TAB 0:LPRINT I;". ";
470:USING "####"
480:TAB 4:LPRINT X;
490:TAB 9:LPRINT Y;
500:TAB 14:LPRINT Z
510:REM
520:USING :GOTO 270
530:END
```

```
2. AUFGABE
LOESUNGEN

N = X^3+Y^3+Z^3

fuer N = 729000
        X     Y     Z
 1.    87    38    25
 2.    80    60    10
 3.    75    60    45
 4.    69    59    58
ENDE
nach 1.86 min

fuer N = 3091509
        X     Y     Z
 1.   144    38    37
 2.   102   101   100
ENDE
nach 4.31 min

fuer N = 134218248
        X     Y     Z
 1.   512     8     2
ENDE
nach 46.33 min

fuer N = 3000600
        X     Y     Z
 1.   124   102    32
 2.   101   100    99
ENDE
nach 4.11 min

fuer N = 369262001
keine Loesung
ENDE
nach 90 min

fuer N = 10951704
        X     Y     Z
 1.   222    22     2
ENDE
nach 9.2 min

fuer N = 343000000
        X     Y     Z
 1.   682   294    72
 2.   616   476   112
 3.   595   490   245
 4.   570   540    70
 5.   525   475   450
ENDE
nach 84.28 min
```

4.6 Taschencomputer PC-1500A (BASIC)

von Dipl.-Ing. Gerhard Frank

Gegeben sind 7 Zahlen N, die mit einem Rechenprogramm nach ganzen positiven Zahlen X, Y und Z ungleich Null zu untersuchen sind (vertauschbare Zahlentripel), und die der Gleichung

$$N = X^3 + Y^3 + Z^3$$

genügen.
Die Zahlen N sind:
729000, 3091509, 3000600, 10951704, 134218248, 343000000, 369262001.

Lösung

Die Gleichung

$$Z = \sqrt[3]{N - X^3 - Y^3}$$

wird für X := X + 1 und Y := Y + 1 programmiert untersucht. Die Untersuchung einer Zahl N wird abgebrochen, wenn

$$R = N - X^3 - Y^3 < 0$$

wird. Ergibt sich Z = INT Z, so liegen ganzzahlige Basen X, Y und Z vor.

BASIC-Programm

Das Programm KNOBELECKE 2 ist nachfolgend wiedergegeben. Mit der internen Uhr des PC 1500 A werden Startzeit A (vor READ N) und Stoppzeit B (nach R < 0) genommen und die Programmlaufzeit D berechnet und in der Form hh.min min s s ausgegeben. Mit der READ-DATA-Instruktion werden alle 7 Zahlen N nacheinander untersucht. Dazu sind mit dem PC-1500 A etwa 40 h notwendig. Mit DEF N ist der Programmablauf zu starten. Ergebnisse und Zeiten sind ausgedruckt.

Anweisungsliste

```
10:REM  KNOBELEK-
   KE 2 COPYRIGHT
   GERHARD FRANK
   DDR 8400 RIESA
   4.84
20:"N":LF 1:A=
   TIME :READ N:
   LPRINT "N=";N:
   X=0:IF N=0
   LPRINT "ENDE":
   END
30:X=X+1
40:FOR Y=1TO X:R=
   N-X*X*X-Y*Y*Y:
   IF R<0THEN 70
50:Z=R^(1/3):IF Z
   =INT ZLPRINT
   TAB 0;"X=";X;
   TAB 6;"Y=";Y;
   TAB 12;"Z=";Z
60:NEXT Y:GOTO 30
70:LPRINT "STARTZ
   EIT=",A:B=TIME
   :LPRINT "STOPP
   ZEIT=",B:A=A/1
   00:B=B/100
80:GOSUB 120:D=B-
   A:IF INT A>INT
   BLET D=D+24
90:GOSUB 120:IF
   INT A>INT BLET
   D=D-.4
100:GOSUB 120:IF
   INT A>INT BLET
   D=D-.004
110:LPRINT "LAUFZE
   IT=";D:GOTO 20
120:C=A:GOSUB 130:
   A=C:C=B:GOSUB
   130:B=C:RETURN
130:C=(C-INT C)*10
   0:RETURN
140:DATA 1009,7290
   00,3091509,300
   0600,10951704,
   134218248,3430
   00000,36926200
   1,0

STATUS 1
                527
```

Beispiele

```
N= 1009
X= 2   Y= 1   Z= 10
X= 6   Y= 4   Z= 9
STARTZEIT=
              41416.3223
STOPPZEIT=
               41416.325
LAUFZEIT= 0.0027

N= 729000
X= 38  Y= 25  Z= 87
X= 59  Y= 58  Z= 69
X= 60  Y= 10  Z= 80
X= 60  Y= 45  Z= 75
X= 69  Y= 58  Z= 59
X= 69  Y= 59  Z= 58
STARTZEIT=
              41416.3301
STOPPZEIT=
              41416.4748
LAUFZEIT= 0.1447

N= 3091509
X= 38  Y= 37  Z= 144
X= 101Y= 100Z= 102
X= 102Y= 100Z= 101
X= 102Y= 101Z= 100
STARTZEIT=
              41416.4759
STOPPZEIT=
              41417.2505
LAUFZEIT= 0.3706

N= 3000600
X= 100Y= 99  Z= 101
X= 101Y= 99  Z= 100
X= 101Y= 100Z= 99
X= 102Y= 32  Z= 124
STARTZEIT=
              41417.2517
STOPPZEIT=
              41418.0141
LAUFZEIT= 0.3624

N= 10951704
X= 22  Y= 2   Z= 222
STARTZEIT=
              41418.0152
STOPPZEIT=
              41419.2741
LAUFZEIT= 1.2549

N= 134218248
X= 8   Y= 2   Z= 512
STARTZEIT=
              41419.2753
STOPPZEIT=
              41502.5947
LAUFZEIT= 7.3154

N= 343000000
X= 267Y= 189Z= 682
X= 294Y= 72  Z= 682
X= 475Y= 450Z= 525
X= 476Y= 112Z= 616
X= 490Y= 245Z= 595
X= 525Y= 450Z= 475
X= 525Y= 475Z= 450
X= 540Y= 70  Z= 570
STARTZEIT=
              41502.5958
STOPPZEIT=
              41517.1121
LAUFZEIT= 14.1123

N= 369262001
STARTZEIT=
              41517.1132
STOPPZEIT=
              41608.0522
LAUFZEIT= 14.535

N= 0
ENDE
```

4.7 Commodore CBM 3032 (BASIC)

von Wilhelm-Rüdiger Haberditz

Beschreibung des Lösungsweges

Die Iteration erfolgt in zwei verschachtelten FOR-TO-NEXT-Schleifen. Konstante A = 1/3. Die innere Schleife für X läuft für jedes Z der äußeren Schleife von $X_1 = 1$ bis $X_{max} = (N-Z^3)^A$; Schrittweite $W_X = 1$.

Die äußere Schleife für Z läuft von $Z_1 = INT(N^A)$ bis $Z_{min} = INT((N/3)^A)$; Schrittweite $W_Z = -1$. Mit den ganzzahligen und positiven Werten von N, X und Z ergibt sich $Y = (N-(X^3+Z^3))^A$. Die Dezimalanteilprüfung von Y mittels Abfrage Y - INT(Y) = Ø? liefert entweder ein Lösungstripel oder den nächsten Schleifenschritt. Die Ausgabe von redundanten Lösungen wird mit der Summe der Quadrate $S = X^2 + Y^2 + Z^2$ und zugeordneter D-Flag überprüft und ggf. durch Schleifenwechsel weitgehend eliminiert.

BASIC-Programm für CBM 3032

Das Programm "DIOPHANTOS/1" ist bildschirmorientiert und kann allgemeingültig für N = 3 ... 999 999 999 angewandt werden. Speicherbedarf: 1,Ø28 Kbyte. Nach dem Eintippen der Befehle, s. Anweisungsliste, wird das Programm mit 'RUN' und 'RETURN' initialisiert. Weitere Hinweise erübrigen sich, da die Benutzerführung inkl. Fehler- und Lösungsmöglichkeit im Klartext und Dialog erfolgt.

Die erzielten Ergebnisse sind als "Hardcopy" mit dem CBM 4022 dargestellt. Die jeweils benötigte Rechen- und Ausgabezeit wird in zwei automatisch umschaltbaren Meßbereichen über den internen Zeitgeber ermittelt.

a) Ø ... < 6Ø Sekunden; Anzeige: Sekunden mit zwei Nachkommastellen nach DIN 1333 gerundet.

b) $\geq$ 1 Minute; Anzeige in Stunden: Minuten: Sekunden; Format: xxH:xxM:xxS

Zeilen 1ØØ ... 1Ø5: Allgemeine Dokumentationsdaten

Zeilen 11Ø ... 125: Strichroutinen; Bildschirmlöschung; "Cursorhomeposition"; Kopfausdruck; Eingabe der Analysenzahl N

Zeile 13Ø: Prüfung auf Eingabefehler; ggf. Sprung nach Zeile 185

Zeilen 135 ... 155: Internen Zeitgeber auf Null setzen; innere und äußere FOR-TO-NEXT-Schleife für X und Y etc.

Zeilen 16Ø ... 18Ø: GET-A$-Abfrage für neue Berechnung Fehlerroutine mit Rücksprunganweisung nach Zeile 1ØØ

Zeilen 19Ø ... 195: Redundanzprüfung

Zeilen 2ØØ ... 225: Zeitbestimmung und Ausgabe der Lösungstripel

Anweisungsliste

```
100 REM PROGRAMM "DIOPHANTOS/1"; 1.028KB; RECHNER:CBM3032
105 REM CR: W.-R. HABERDITZ; D-6374 STEINBACH/TS.; 20.11.1983
110 A=1/3:FOR C=1 TO 37:C$=C$+"=":NEXT:PRINT "□"C$
115 PRINT SPC(7)"DIOPHANTISCHE GLEICHUNG":PRINT SPC(9)"X↑3 + Y↑3 + Z↑3 = N"
120 PRINT C$:INPUT"■ANALYSEZAHL [3<=N<1E9] = ";N:PRINT SPC(24)"□";N;"▌▌  ■"
125 FOR F=0 TO 22:B$=B$+"_":NEXT
130 IF N<3 OR N=>1E9 OR N>INT(N) THEN PRINT"  "B$:GOTO185
135 TI$="000000":FOR Z=INT(N↑A) TO INT((N/3)↑A)STEP-1:B=Z*Z*Z:G=0
140 FOR X=1 TO (N-B)↑A:Y=N-B-X*X*X:IF Y<1 THEN155
145 Y=Y↑A:IF Y-INT(Y)<1E-7 THEN D=D+1:Y=INT(Y):GOTO190
150 NEXT X
155 NEXT Z:IF D=0 THEN PRINT "KEINE LOESUNG FUER   N =";N
160 PRINT C$:PRINT"■NEUE BERECHNUNG (J/N)?";
165 GET A$:IF A$="J" THEN PRINT"■■▌ JA ■■■■■□______■":FOR E=1 TO 1500:NEXT:RUN
170 IF A$<>"N" THEN165
175 PRINT"■■▌ NEIN ■■■■■■■□________■"
180 GOTO180
185 PRINT"  ■ FEHLER! NEUE EINGABE! ":FOR E=1 TO 3000:NEXT:RUN
190 IF X*X+Y*Y+Z*Z=S THEN D=D-1:GOTO155
195 S=X*X+Y*Y+Z*Z
200 T=INT(TI/.6+.5)/100:PRINT MID$(STR$(D),2)".LOESUNGSTRIPEL NACH";
205 IF T<60 THEN PRINT T;"SEKUNDEN":GOTO215
210 PRINT" "+LEFT$(TI$,2)+"H:"+MID$(TI$,3,2)+"M:"+RIGHT$(TI$,2)+"S"
215 PRINT SPC(2)"X =";X;TAB(13)"Y =";Y;TAB(24)"Z =";Z
220 IF G=0 AND Z=682 THEN G=1:GOTO150
225 GOTO155
```

Zusammenfassung für CBM 3032

Analysezahl N	Lösungstripel, nichtredundant Anzahl	Rechen- und Ausgabezeit für alle Lösungen
1ØØ9	2	ca. 1.Ø2 Sek.
729ØØØ	4	ca. 1 Min.:48 Sek.
3Ø915Ø9	2	ca. 6 Min.:32 Sek.
3ØØØ6ØØ	2	ca. 6 Min.:31 Sek.
1Ø9517Ø4	1	ca. 0,35 Sek.
369262ØØ1	Ø	
134218248	1	ca. 0,31 Sek.
343ØØØØØØ	6	ca. 2h:3 Min.:20 Sek.

Ergebnisse

```
=====================================
       DIOPHANTISCHE GLEICHUNG
         X↑3 + Y↑3 + Z↑3 = N
=====================================

ANALYSEZAHL [3<=N<1E9] = 1009

1.LOESUNGSTRIPEL NACH .3 SEKUNDEN
  X = 1        Y = 2        Z = 10
2.LOESUNGSTRIPEL NACH 1.02 SEKUNDEN
  X = 4        Y = 6        Z = 9
=====================================

=====================================
       DIOPHANTISCHE GLEICHUNG
         X↑3 + Y↑3 + Z↑3 = N
=====================================

ANALYSEZAHL [3<=N<1E9] = 729000

1.LOESUNGSTRIPEL NACH 8.85 SEKUNDEN
  X = 25       Y = 38       Z = 87
2.LOESUNGSTRIPEL NACH 39.88 SEKUNDEN
  X = 10       Y = 60       Z = 80
3.LOESUNGSTRIPEL NACH 00H:01M:08S
  X = 45       Y = 60       Z = 75
4.LOESUNGSTRIPEL NACH 00H:01M:48S
  X = 58       Y = 59       Z = 69
=====================================
```

```
=====================================
       DIOPHANTISCHE GLEICHUNG
         X↑3 + Y↑3 + Z↑3 = N
=====================================

ANALYSEZAHL [3<=N<1E9] = 3091509

1.LOESUNGSTRIPEL NACH 6.78 SEKUNDEN
  X = 37       Y = 38       Z = 144
2.LOESUNGSTRIPEL NACH 00H:06M:32S
  X = 100      Y = 101      Z = 102
=====================================


=====================================
       DIOPHANTISCHE GLEICHUNG
         X↑3 + Y↑3 + Z↑3 = N
=====================================

ANALYSEZAHL [3<=N<1E9] = 3000600

1.LOESUNGSTRIPEL NACH 00H:02M:30S
  X = 32       Y = 102      Z = 124
2.LOESUNGSTRIPEL NACH 00H:06M:31S
  X = 99       Y = 100      Z = 101
=====================================


=====================================
       DIOPHANTISCHE GLEICHUNG
         X↑3 + Y↑3 + Z↑3 = N
=====================================

ANALYSEZAHL [3<=N<1E9] = 134218248

1.LOESUNGSTRIPEL NACH .31 SEKUNDEN
  X = 2        Y = 8        Z = 512
=====================================


=====================================
       DIOPHANTISCHE GLEICHUNG
         X↑3 + Y↑3 + Z↑3 = N
=====================================

ANALYSEZAHL [3<=N<1E9] = 369262001

KEINE LOESUNG FUER   N = 369262001
=====================================

NEUE BERECHNUNG (J/N)?  NEIN
=====================================
```

```
========================================
       DIOPHANTISCHE GLEICHUNG
         X↑3 + Y↑3 + Z↑3 = N
========================================

ANALYSEZAHL [3<=N<1E9] = 10951704

1.LOESUNGSTRIPEL NACH .35 SEKUNDEN
  X = 2         Y = 22      Z = 222
========================================


========================================
       DIOPHANTISCHE GLEICHUNG
         X↑3 + Y↑3 + Z↑3 = N
========================================

ANALYSEZAHL [3<=N<1E9] = 343000000

1.LOESUNGSTRIPEL NACH 00H:06M:09S
  X = 72      Y = 294     Z = 682
2.LOESUNGSTRIPEL NACH 00H:06M:21S
  X = 189     Y = 267     Z = 682
3.LOESUNGSTRIPEL NACH 00H:48M:02S
  X = 112     Y = 476     Z = 616
4.LOESUNGSTRIPEL NACH 01H:04M:01S
  X = 245     Y = 490     Z = 595
5.LOESUNGSTRIPEL NACH 01H:24M:06S
  X = 70      Y = 540     Z = 570
6.LOESUNGSTRIPEL NACH 02H:03M:20S
  X = 450     Y = 475     Z = 525
========================================
```

5 Primzahlenanalyse

Eine ganze positive Zahl A ist daraufhin zu prüfen, ob sie eine Primzahl ist. Wenn ja, so ist sie als Primzahl gekennzeichnet auszugeben. Wenn nein, so sind die Primfaktoren, aus denen die Zahl A besteht, zu ermitteln. Zahlenbereich $2 \leqq \mathrm{INT}|A| \leqq 999\,999\,999$.

Definition: Eine von 1 verschiedene, natürliche Zahl nennt man Primzahl P, wenn sie ohne Rest nur durch 1 und sich selbst teilbar ist. Beispiele: Die Zahl 114Ø677 ist eine Primzahl. Dagegen ist die Zahl 123123123 keine Primzahl. Sie läßt sich in die Primfaktoren 3;3;41 und 333667 zerlegen.

Probe: $3 \cdot 3 \cdot 41 \cdot 333667 = 123123123$.

Welche Ergebnisse liefern die Zahlen A = 123456789;
A = 989898989; A = 4545454;
A = 152453Ø7Ø; A = 1Ø2357859; A = 429496729 und
A = 8ØØ418Ø22?

Folgende Rechner und Programmiersprachen wurden verwendet (Reihenfolge wie im Text):

TI-59	AOS
Apple II	Applesoft-BASIC und UCSD-Pascal
PC-1500	Sharp-BASIC
MZ-80K	BASIC
TI-99/4A	TI-BASIC
CBM 3032	BASIC
PUC 10	Rohde & Schwarz-BASIC
HP-85	HP-BASIC
AR86	Pascal-MT+86-Compiler unter CP/M-86

5.1 Taschenrechner TI-59 (AOS)

von Dr. Arved Fuhrmann

Allgemeines

Die Ausführungszeit hängt bei größeren Zahlen Z von dem Maximum M aus
- dem zweitgrößten Primfaktor von Z und
- der Quadratwurzel des größten Primfaktors von Z ab:

$$M = \text{Max}\left\{P_{n-1}, \sqrt{P_n}\right\} \qquad (Z = P_1 \cdot P_2 \cdot \;\ldots\; \cdot P_n;\; P_i \leqq P_{i+1})$$

Die Ausführungszeit ist dann etwa 0,82 · M Sekunden.

Für kleinere Z, etwa bis 10000, ist die bei oder unter einer Minute liegende Ablaufzeit wesentlich länger, als sie sich nach dieser Regel ergäbe.

Die Ausgabezeit ist im allgemeinen gegenüber der Ausführungszeit zu vernachlässigen.

Der Lösungsweg ist im Programmablaufplan und der Anweisungsliste beschrieben.

Speicherbedarf: 163 Befehlszeilen
5 Register für Variable und Konstante

Das Programm wird von einer auf einer Spur beschriebenen Magnetkarte eingelesen; die Speicherverteilung ist normal.

Nach dem Start mit "A" ist die zu zerlegende Zahl Z einzugeben.

Protokoll:
- Programm-Start: "PRIMFAKT"
- eingegebene Zahl Z mit "="-Zeichen
- abgespaltene Primfaktoren mit "X"-Zeichen in aufsteigender Reihenfolge
- letzter Primfaktor ohne Zusatz.

Ist die eingegebene Zahl Z eine Primzahl, so entfallen die abgespaltenen Primfaktoren mit dem "X"-Zeichen, und in der dritten Protokollzeile wird Z ohne Zusatz wiederholt.

Beispiele

```
                PRIMFAKT
          1001.        =
             7.        x
20 s        11.        x
            13.

862s            PRIMFAKT
       1140677.        =
       1140677.

1216s           PRIMFAKT
       4545454.        =
             2.        x
       2272727.

8316s           PRIMFAKT
     102357859.        =
     102357859.

                PRIMFAKT
     123123123.        =
             3.        x
472s         3.        x
            41.        x
        333667.

                PRIMFAKT
     123456789.        =
             3.        x
2935s        3.        x
          3607.        x
          3803.

                PRIMFAKT
     152453070.        =
             2.        x
88s          3.        x
             3.        x
             3.        x
             5.        x
             7.        x
            11.        x
          7333.

3867s           PRIMFAKT
     429496729.        =
            19.        x
      22605091.
```

```
16527s
                PRIMFAKT
     800418022.        =
             2.        x
     400209011.

25932s          PRIMFAKT
     989898989.        =
     989898989.

                PRIMFAKT
    7020936811.        =
             7.        x
            17.        x
67s         17.        x
            59.        x
            59.        x
           997.

                PRIMFAKT
    8938512000.        =
             2.        x
             2.        x
47s          2.        x
             2.        x
             2.        x
             2.        x
             2.        x
             3.        x
             3.        x
             3.        x
             3.        x
             3.        x
             5.        x
             5.        x
             5.        x
            11.        x
            11.        x
            19.
```

Hinweise zum Flußdiagramm

Der Hilfswert H = .191326615 liefert durch fortlaufende Multiplikation mit 7 und Abspaltung des ganzzahligen Teils die Inkremente zur Erzeugung aller Primzahlen bis P = 29.

Ist der ganzzahlige Teil von H * 7 gleich Null, so wird jedesmal der Hilfswert H = .9464327 regeneriert. Er liefert entsprechend alle nicht durch 2, 3 oder 5 teilbaren Zahlen (HR = Hilfswert-Reserve).

Unter diesen Zahlen P befinden sich auch solche, die keine Primzahlen sind, z.B. 49, 77, 91, 119, 121... . Die Prüfung auf Teilbarkeit durch diese Zahlen kostet zwar Programmlaufzeit, ist aber im übrigen bedeutungslos, weil die in ihnen enthaltenen Primfaktoren jeweils schon zuvor abgespalten worden sind.

Die Teilbarkeit von Z durch P prüft man zweckmäßigerweise nicht dadurch, daß man feststellt, ob Q = Z/P keinen gebrochenen Teil besitzt. Ist Z sehr groß, und ist $P > 10^3$, sowie Z nur um 1 größer als ein ganzes Vielfaches von P, so sind Fehlentscheidungen möglich.

Flußdiagramm

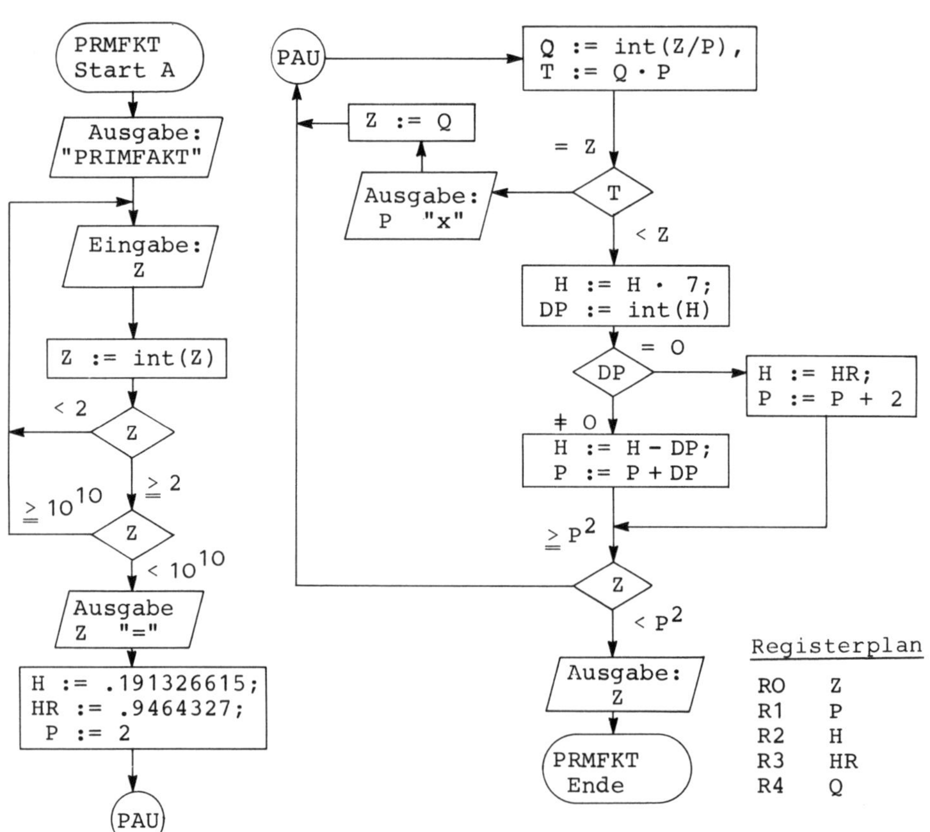

Anweisungsliste

000	76	LBL	017	03	3	034	75	-	051	04	4
001	11	A	018	02	2	035	02	2	052	22	INV
002	03	3	019	06	6	036	95	=	053	52	EE
003	03	3	020	03	3	037	22	INV	054	69	OP
004	03	3	021	07	7	038	77	GE	055	04	04
005	05	5	022	69	OP	039	36	PGM	056	43	RCL
006	02	2	023	04	04	040	43	RCL	057	00	00
007	04	4	024	69	OP	041	00	00	058	69	OP
008	22	INV	025	05	05	042	75	-	059	06	06
009	52	EE	026	00	0	043	01	1	060	93	.
010	69	OP	027	32	X:T	044	52	EE	061	01	1
011	03	03	028	76	LBL	045	01	1	062	09	9
012	03	3	029	36	PGM	046	00	0	063	01	1
013	00	0	030	91	R/S	047	95	=	064	03	3
014	02	2	031	59	INT	048	77	GE	065	02	2
015	01	1	032	42	STO	049	36	PGM	066	06	6
016	01	1	033	00	00	050	06	6	067	06	6

```
068  01  1
069  05  5
070  42  STO
071  02  02
072  93  .
073  09  9
074  04  4
075  06  6
076  04  4
077  03  3
078  02  2
079  07  7
080  42  STO
081  03  03
082  02  2
083  42  STO
084  01  01
085  06  6
086  06  6
087  69  OP
088  04  04
089  76  LBL
090  66  PAU
091  43  RCL
092  00  00
093  55  ÷
094  43  RCL
095  01  01
096  95  =
097  59  INT
098  42  STO
099  04  04
100  65  ×
101  43  RCL
102  01  01
103  75  -
104  43  RCL
105  00  00
106  95  =
107  22  INV
108  67  EQ
109  61  GTO
110  43  RCL
111  01  01
112  69  OP
113  06  06
114  43  RCL
115  04  04
116  42  STO
117  00  00
118  61  GTO
119  66  PAU
120  76  LBL
121  61  GTO
122  07  7
123  49  PRD
124  02  02
125  43  RCL
126  02  02
127  59  INT
128  67  EQ
129  76  LBL
130  22  INV
131  44  SUM
132  02  02
133  61  GTO
134  71  SBR
135  76  LBL
136  76  LBL
137  43  RCL
138  03  03
139  42  STO
140  02  02
141  02  2
142  76  LBL
143  71  SBR
144  44  SUM
145  01  01
146  43  RCL
147  00  00
148  75  -
149  43  RCL
150  01  01
151  33  X²
152  95  =
153  77  GE
154  66  PAU
155  69  OP
156  00  00
157  43  RCL
158  00  00
159  69  OP
160  06  06
161  98  ADV
162  91  R/S
163  00  0
```

5.2 TI-59 (AOS) und Apple II (Pascal und BASIC)

von Karl Achilles

Das Problem "Primfaktorzerlegung" wurde für die Rechner TI-59 (AOS) und Apple II bearbeitet. Für den letzteren sind zwei Programme geschrieben, eines in Applesoft-BASIC und ein zweites in UCSD-Pascal. Für alle drei Programme wurde der gleiche Algorithmus verwendet, der nachfolgend verbal dargestellt ist. Die Laufzeiten für die verschiedenen Programme sind in einer Tabelle angegeben.

Algorithmus Primfaktorzerlegung

```
Anfang     (* des Algorithmus *)
   Lies(a)
   Quotient <--- a
   Teiler <--- 2
   Erhöhe <--- 2
   Primzahl <--- wahr
   Wiederhole
      Falls Teiler Quotient teilt
         dann Anfang
                Quotient <--- Quotient DIV Teiler
                Primzahl <--- falsch
                Schreib(Teiler)
              Ende
         sonst
           Anfang
             Falls Teiler=2
               dann Teiler=3
               sonst
                 Anfang
                   Falls Teiler=3
                     dann Teiler=5
                     sonst Anfang
                             Teiler <--- Teiler+Erhöhe
                             Erhöhe <--- 6-Erhöhe
                           Ende
                 Ende
           Ende
   bis (Teiler * Teiler > Quotient)
   Falls Primzahl=wahr
      dann Schreib(a,'ist Primzahl')
      sonst Schreib(Quotient)
Ende     (* des Algorithmus *)
```

Erläuterungen

X DIV Y bedeutet ganzzahlige Division von X durch Y.

Für die Eigenschaft von a, Primzahl zu sein oder nicht, wird die BOOLEsche Variable Primzahl verwendet. Primzahl kann nur entweder wahr oder falsch sein.

Der Algorithmus betrachtet nur ungerade Teiler (außer 2). Ferner wird der mathematische Satz angewandt, daß jede Primzahl von der Form 6n+1 oder 6n-1 ist (wobei n eine nat. Zahl ist). Da man sich bei den Teilern auf Primteiler beschränken kann, werden folglich wegen des oben erwähnten Satzes nur solche Teiler untersucht, die die Form 2 oder 3 oder 6n-1 oder 6n+1 (n = 1,2,3, ...) haben.

Diesem Sachverhalt trägt die Variable Erhöhe Rechnung, die immer abwechselnd die Werte 2 und 4 annimmt.

Erhöhe gibt an, um wieviel die Variable Teiler nach jedem Schleifendurchlauf vergrößert wird.

Pascal-Programm

```
      { $C Karl Achilles 11/83 }
PROGRAM Primfaktorzerlegung;

VAR      A,Quotient,Teiler,Erhoehe,Hilf : INTEGER[9];
         Primzahl                       : BOOLEAN;

PROCEDURE Eingabe;
   BEGIN
     REPEAT
       PAGE(OUTPUT);
       WRITE('Geben Sie die natürliche Zahl a ein : ');
       READLN(A);
     UNTIL (A>=2) AND (A<=999999999);
   END;

PROCEDURE Initialisiere;
   BEGIN
     Quotient := A;
     Teiler := 2;
     Erhoehe := 2;
     Primzahl := TRUE;
     WRITELN;
   END;


BEGIN       { H a u p t p r o g r a m m }

   Eingabe;
   Initialisiere;
   REPEAT
      Hilf := Quotient DIV Teiler;
      IF Quotient - Teiler * Hilf = 0
          THEN BEGIN
                 Quotient := Hilf;
                 Primzahl := FALSE;
                 WRITE(Teiler,' * ');
               END
          ELSE BEGIN
                 IF Teiler = 2
                    THEN Teiler := 3
                    ELSE BEGIN
                           IF Teiler = 3
```

```
                        THEN Teiler := 5
                        ELSE BEGIN
                               Teiler := Teiler + Erhoehe;
                               Erhoehe := 6- Erhoehe;
                                      END;
                           END;
                END;
    UNTIL  (Teiler * Teiler > Quotient);

    IF Primzahl
         THEN WRITELN(A,' ist Primzahl')
         ELSE WRITELN(Quotient);
 END.
```

BASIC-Programm

```
50  REM  Primfaktorzerlegung
60  REM  (C) Karl Achilles 11/83
70 :
80 :
100  HOME : INPUT "Geben Sie die
     natürliche Zahl ein :      ";
     A
110  IF A <  >  INT (A) OR A < 2 OR
     A > 999999999 THEN 100
120 Q = A:T = 2:E = 2:PRIM = 1
130 HI =  INT (Q / T)
140  IF Q - T * HI = 0 THEN 160
150  GOTO 200
160 Q = HI
170 PRIM = 0
180  PRINT T"*";
190  GOTO 400
200  IF T = 2 THEN T = 3: GOTO 40
     0
210  IF T = 3 THEN T = 5: GOTO 40
     0
220 T = T + E:E = 6 - E
400  IF T * T <  = Q THEN 130
450  IF PRIM THEN  PRINT A" ist P
     rimzahl": END
460  PRINT Q
500  END
```

```
ÜRUN

Geben Sie die natürliche Zahl ein :      123456789
3*3*3607*3803


ÜRUN
Geben Sie die natürliche Zahl ein :      989898989
989898989 ist Primzahl

ÜRUN
Geben Sie die natürliche Zahl ein :      4545454
2*2272727

ÜRUN
Geben Sie die natürliche Zahl ein :      152453070
2*3*3*3*5*7*11*7333

ÜRUN
Geben Sie die natürliche Zahl ein :      102357859
102357859 ist Primzahl

ÜRUN
Geben Sie die natürliche Zahl ein :      429496729
19*22605091


Ü
ÜRUN
Geben Sie die natürliche Zahl ein :      800418022
2*400209011
```

TI-59-Programm

Programmlisting:

```
ADR  CODE TASTE
---------------
000   43   RCL
001   02    02
002   55    :
003   43   RCL
004   03    03
005   95    =
006   42   STO
007   05    05
008   75    -
009   59   INT
010   95    =
011   22   INV  Falls Teiler
012   67    EQ  Quotient nicht teilt,
013   11    A   so springe nach A
014   43   RCL
015   05    05
016   42   STO
017   02    02
018   22   INV  keinen Teiler
019   86   STF  gefunden
020   01    1
021   43   RCL
022   03    03
023   66   PAU  Ausgabe Teiler
024   61   GTO
025   12    B
026   76   LBL
027   11    A
028   43   RCL
029   03    03
030   75    -
031   02    2
032   95    =
033   22   INV  Falls Teiler
034   67    EQ  ungleich 2, so
035   13    C   springe nach C
036   69   OP   Setze
037   23    23  Teiler = 3
038   61   GTO
039   12    B
040   76   LBL
041   13    C
042   75    -
043   01    1
044   95    =
```

Speicherbelegung:

```
a          ---> R01

Quotient   ---> R02

Teiler     ---> R03

Erhöhe     ---> R04

Hilf       ---> R05
```

Flags:

```
Primzahl <---> Flag 1
```

Benutzeranleitung:

1. Zahl a eingeben .
2. Taste E drücken .

```
045   22   INV    Falls Teiler
046   67    EQ    ungleich 3, so
047   14    D     springe nach D
048   02    2
049   44   SUM
050   03    03
051   61   GTO
052   12    B
053   76   LBL
054   14    D
055   43   RCL
056   04    04
057   44   SUM    Teiler <---
058   03    03    Teiler + Erhöhe
059   75    -
060   06    6
061   95    =     Erhöhe <---
062   94   +/-    6 - Erhöhe
063   42   STO
064   04    04
065   76   LBL
066   12    B
067   43   RCL
068   02    02
069   75    -
070   43   RCL
071   03    03
072   33   x^2
073   95    =
074   22   INV
075   77    GE
076   16    A'
077   81   RST
078   76   LBL
079   16    A'
080   22   INV
081   87   IFF    Falls a keine
082   01    1     Primzahl, so
083   17    B'    springe nach B'
084   43   RCL    Ausgabe der
085   01    01    Primzahl
086   91   R/S
087   76   LBL
088   17    B'
089   43   RCL    Ausgabe von
090   02    02    Quotient
091   91   R/S
092   76   LBL    Eingabe
093   15    E     und
094   42   STO    Initialisierung
095   01    01
096   42   STO
097   02    02
```

```
098   02    2
099   42   STO
100   03    03
101   42   STO
102   04    04
103   86   STF
104   01    1
105   29   CP
106   81   RST
```

Laufzeiten (in min.)

Zu unter- suchende Zahl	TI59 (mit Labels)	APPLESOFT B A S I C	APPLE-Pascal (mit LONGINTEGER)
123456789		0:35	0:38
989898989		5:02	6:02
4545454	20:35	0:15	0:16
152453070	1:27	0:01	0:01
102357859		1:38	1:50
429496729		0:46	0:50
800418022		3:13	3:45

Bemerkungen

Bei TI59 wurden die hohen Laufzeiten nicht gestoppt. Hier ergeben sich bei Verwendung absoluter Adressen Geschwindigkeitsverbesserungen.

Gegenüber APPLESOFT-BASIC ist hier UCSD-Pascal deswegen relativ langsam, weil wegen des großen Definitionsbereichs der zu untersuchenden Zahlen der Datentyp LONGINTEGER verwendet werden muß.

5.3 Taschencomputer PC-1500 (BASIC)

von Dr.-Ing. Peter Fischer

Eine ganze positive Zahl A mit $2 \leq A \leq 999\,999\,999$ ist daraufhin zu prüfen, ob sie Primzahl ist. Wenn ja, so ist sie als Primzahl gekennzeichnet auszugeben. Wenn nein, so sind die Primfaktoren von A zu ermitteln.

Lösungsweg

Eine Zahl $A \leq 10^9$ kann höchstens 9 voneinander verschiedene Primfaktoren haben, die zwischen 2 und INT $\sqrt{A}$ liegen müssen. Eine Zahl N ist Primfaktor von A, wenn der Quotient Q = A/N ganzzahlig ist. Sobald ein Primfaktor gefunden ist, braucht nur noch der Quotient Q auf weitere Primfaktoren untersucht zu werden, die dann auch Primfaktoren von A sind. Es genügt also, zu testen, ob im Bereich von N bis INT $\sqrt{Q}$ weitere Primfaktoren liegen.

Im Unterprogramm in den Zeilen 400 bis 430 erfolgt der Test auf Primfaktoren. Primfaktoren und, da der gleiche Primfaktor mehrfach auftreten kann, ihre Exponenten werden in den beiden Zeilen des Feldes P(1, 9) abgelegt. Sobald ein Primfaktor bestimmt ist, werden die Grenzen GU und GO der Schleifenvariablen N neu festgelegt (Zeilen 440 und 450). N = 2 wird gesondert untersucht. Ab N = 3 kann die Schrittweite S = 2 gewählt werden, d.h., es werden nur noch ungerade Zahlen betrachtet. Möglichen Rundungsfehlern bei $\sqrt{Q}$ wird durch die Erhöhung der oberen Schranke um 1 begegnet.

Das Programm belegt 872 Bytes. Der kleinere Teil davon ist für die numerischen Rechnungen erforderlich. Um die Primfaktoren mit hochgestellten Exponenten drucken zu können und um Basis und Exponent zu speichern, wird der größere Teil beansprucht.

Benutzungshinweise

Mit RUN ENTER wird das Programm gestartet. Im Display erscheint "Zahl A =". Nach Eingabe einer Zahl A läuft das Programm ab, bis alle Primfaktoren ermittelt sind oder bis feststeht, daß A selbst Primzahl ist. Bei Primzahlen wird "ist eine Primzahl" ausgedruckt. Ist A keine Primzahl, dann werden die Primfaktoren von A gedruckt.

Das Display meldet sich wieder mit "Zahl A =". Jetzt kann die nächste Zahl eingegeben werden. Ist das die Zahl Ø, so wird das Programm beendet.

Die Rechenzeiten werden als "Laufzeit" in Minuten ausgedruckt. Sie hängen von der untersuchten Zahl ab; ist sie groß oder hat sie keine Primfaktoren, dann können Zeiten von über 16 Minuten erforderlich sein (Primzahl 989898989 benötigt 16,45 min). Bei kleinen Zahlen oder bei Zahlen, die kleine Primfaktoren haben, genügen einige Sekunden. z.B. für A = 152 453 Ø7Ø nur 18,6 Sekunden. In diesen Zeiten ist auch die Zeit für den Ausdruck enthalten.

Das Programm läuft auch bei zehnstelligen Zahlen.

Anweisungsliste

```
 10:REM      PRIMFAKTOREN VON A
 20:REM      mit  SHARP PC-1500
 30:REM
 40:REM      DR.-ING. P. FISCHER
 50:REM      DDR-7304 ROSSWEIN
 60:REM
 70:DIM P(1,9)
 80:INPUT "   Zahl A =  ";A
 90:IF A=0THEN 560
100:T=DEG TIME :Z=A:K=0
110:LPRINT "A =";A
120:FOR I=0TO 9:P(0,I)=0:P(1,I)=0:
    NEXT I
130:GU=2:GO=2:S=1:GOSUB 400
140:GU=3:GO=INT (√Z+1):S=2:GOSUB 400
150:IF P(0,1)>0THEN 200
160:LPRINT "ist eine Primzahl"
170:LPRINT "Laufzeit";
180:LPRINT INT ((DEG TIME -T)*6000)/
    100;" min"
190:GOSUB 350:LF 1:GOTO 80
200:K=1:GOSUB 350:LPRINT "  =";
210:TAB 5:GOSUB 500
220:FOR K=2TO 9
230:IF P(0,K)=0THEN 290
240:TAB 10:LPRINT "*";:GOSUB 500
250:K=K+1:LF 1:GOSUB 350
260:IF P(0,K)=0THEN 300
270:TAB 4:LPRINT "*";:GOSUB 500
280:NEXT K
290:LF 1:GOSUB 350
300:TAB 0:IF Z=1THEN 170
310:TAB 4:LPRINT "*";Z:GOTO 170
350:CSIZE 1:LF 1:CSIZE 2:RETURN
400:FOR N=GUTO GOSTEP S
410:Q=Z/N:IF INT Q=QTHEN 440
420:NEXT N
430:RETURN
440:Z=Q:GU=N:IF N=2THEN 460
450:GO=INT (√Z+1)
460:IF N=P(0,K)THEN 480
470:K=K+1:P(0,K)=N:P(1,K)=1:GOTO 400
480:P(1,K)=P(1,K)+1:GOTO 400
500:LPRINT P(0,K);
510:IF P(1,K)=1THEN 550
520:CSIZE 1:LF -1:CSIZE 2
530:LPRINT P(1,K);
540:GOSUB 350
550:RETURN
560:END

                    822  BYTES
```

Ergebnisausdrucke

```
3. AUFGABE

LOESUNGEN :

A = 123456789
  =   3 2 * 3607
    * 3803
Laufzeit 2.04 min

A = 989898989
ist eine Primzahl
Laufzeit 16.45 min

A = 4545454
  =   2
    * 2272727
Laufzeit 0.93 min

A = 152453070
  =   2   * 3 3
    * 5   * 7
    * 11
    * 7333
Laufzeit 0.31 min

A = 102357859
ist eine Primzahl
Laufzeit 5.38 min

A = 429496729
  =   19
    * 22605091
Laufzeit 2.61 min

A = 800418022
  =   2
    * 400209011
Laufzeit 10.51 min
```

5.4 Taschencomputer PC-1500 (BASIC)

von Alfred Falk

Lösungsweg

Um festzustellen, ob eine Zahl Primzahl ist, muß sie durch die Zahlen 2 bis n geteilt werden. n ist SQR a, a ist die zu prüfende Zahl. Ist eine Zahl keine Primzahl, wird sie zunächst so oft durch den Teiler geteilt, bis eine weitere Teilung ohne Rest nicht mehr möglich ist. Aus dem Rest wird erneut die Wurzel (SQR) ermittelt und weiter geteilt, ohne jedoch bei 2 zu beginnen. Ist SQR a kleiner als der letzte Teiler, ist die Rechnung beendet. Die letzte Zahl a ist Primzahl und somit letzter Primfaktor. Ist a dagegen 1, ist die zuletzt ermittelte Primfaktorreihe der letzte Teiler gewesen.

Das Programm arbeitet im Dialog-Betrieb. Die benötigte Zahl, die geprüft werden soll, wird abgefragt. Eine zu kleine Zahl führt zur Anzeige "A > 1" und fragt dann eine neue Zahl ab. Eine Zahl mit Dezimalteil führt zur Anzeige "A = Ganze Zahl" und fragt ebenfalls eine neue Zahl ab. Ein Ergebnis wird als n x Z ausgegeben, wobei Z der Teiler und n die Anzahl der Teilungen ist. Z.B. wird die 24 in 3 x 2 und 1 x 3 zerlegt. Das wäre dann: 2; 2; 2; 3.

Benutzung des Programms

Über DEF C wird alles gelöscht und angegeben, daß alles gelöscht ist. Über DEF A wird das Primfaktorprogramm gestartet. Dann geht es in eine endlose Schleife; dabei wird erst eine Zahl abgefragt, dann das Ergebnis angezeigt und anschließend eine neue Zahl abgefragt.

Speicherbelegung

A: zu prüfende Zahl und, wenn A keine Primzahl, nach der Teilung das Ergebnis als neue Zahl A

S: Zähler. Hier werden die Zahlen aufgezählt, die darauf hin geprüft werden, ob sie Teiler sind. Da es nur eine gerade Zahl gibt, die auch Primzahl ist, nämlich die 2, wird diese separat ausprobiert. S zählt somit immer n+2. n beginnt bei 1 und geht dann weiter mit 3, 5, ... Das halbiert die Testzeit.

D: SQR A. Bei Teilungen mit immer größeren Zahlen wird das Ergebnis immer kleiner.

F: Flag-Register. Ist A ungleich Prim, wird F = 1.

G: Anzahl der Teilungen, wenn A keine Primzahl ist.

Z: Benötigte Zeit.

Bei den Beispielen und Ergebnissen ist jeweils die benötigte Rechen- und Ausgabezeit mit ausgedruckt. Die folgende Aufstellung faßt alles zusammen:

A = 123456789	= 3; 3; 3607; 3803	3' 19"
A = 989898989	= Primzahl	27' 29"
A = 4545454	= 2; 2272727	1' 27"
A = 152453070	= 2; 3; 3; 3; 5; 7; 11; 7333	20"
A = 102357859	= Primzahl	8' 54"
A = 429496729	= 19; 22605091	4' 17"
A = 800418022	= 2; 400209011	17' 31"

Wird auf die Druckerausgabe verzichtet (PRINT statt LPRINT), reduzieren sich die Zeiten um jeweils etwa 10 Sekunden.

Anweisungsliste

```
10:"C":CLEAR :
   WAIT 42:PRINT
   "ALLES GELOESC
   HT":END
20:"A":PRINT "PRU
   EFEN, OB A PRI
   MZAHL"
30:INPUT "ZU PRUE
   FENDE ZAHL A =
   ";A:Z=-DEG
   TIME
40:IF A<=1PRINT "
   A>1":GOTO 30
50:IF A>INT A
   PRINT "A = GAN
   ZE ZAHL":GOTO
   30
60:IF A>5THEN 90
70:IF A=4PRINT "2
    X 2":GOTO 30
80:LPRINT ;"IST P
   RIM":GOTO 220
 90:S=1,D=SQR A,F=
    0,G=0
 93:LF 4
 95:LPRINT "A =";A
    :LF 1
100:IF A/2>INT (A/
    2)THEN 140
110:A=A/2,F=1,G=G+
    1
120:IF A/2=INT (A/
    2)THEN 110
130:LPRINT G;" X 2
    ":D=INT SQR A,
    G=0
140:S=S+2:IF S<=D
    THEN 180
150:IF F=1THEN 160
153:LPRINT A;:IF
    LEN STR$ A>8
    LPRINT
155:LPRINT " IST P
    RIM":GOTO 220
160:IF A=1THEN 220
170:LPRINT "UND 1
    X";A:GOTO 220
180:IF A/S>INT (A/
    S)THEN 140
190:A=A/S,F=1,G=G+
    1
200:IF A/S=INT (A/
    S)THEN 190
210:LPRINT G;" X";
    S:D=SQR A,G=0:
    GOTO 140
220:LF 1:Z=DMS (Z+
    DEG TIME )
230:Z=100*Z,X=INT
    (.5+100*(Z-INT
    Z)),Z=INT Z
240:LPRINT "ZEIT:"
    :LPRINT Z;" mi
    n, ";X;" sec":
    GOTO 30
```

Beispiele

```
A = 4545454

 1 X 2
UND 1 X 2272727

ZEIT:
 1 min,   27 sec


A = 152453070

 1 X 2
 3 X 3
 1 X 5
 1 X 7
 1 X 11
UND 1 X 7333

ZEIT:
 0 min,   19 sec


A = 102357859

 102357859
 IST PRIM

ZEIT:
 8 min,   57 sec


A = 429496729

 1 X 19
UND 1 X 22605091

ZEIT:
 4 min,   17 sec


A = 800418022

 1 X 2
UND 1 X 400209011

ZEIT:
 17 min,   34 sec


A = 123456789

 2 X 3
 1 X 3607
UND 1 X 3803

ZEIT:
 3 min,   18 sec


A = 989898989

 989898989
 IST PRIM

ZEIT:
 27 min,   32 sec
```

5.5 Tischcomputer MZ-80K (BASIC)

von Frank Bergmann

Lösungsweg der ersten Version

Der Rechner testet, wieviele Teiler die eingegebene Zahl besitzt. Dabei wird vorausgesetzt, daß die Zahl selbst schon der erste Teiler ist, da die Teilersuchschleife ja nur von 1 bis SQR(ZAHL) geht, er kann also diesen trivialen Teiler nicht testen, bzw. finden.

Nach dieser Voraussetzung darf also nur noch 1 Teiler von 1 - SQR(ZAHL) gefunden werden, da es sonst keine Primzahl ist, dieser 2. triviale Teiler wäre in diesem Fall die 1.

Es wird nur bis SQR(ZAHL) getestet, da die Zahlen, die nach SQR(ZAHL) als Teiler in Frage kommen, aus den vorangehenden (1-SQR(ZAHL)) hervorgehen. (Wenn z.B. 12 getestet wird, reicht es, z.B. 2 und 3 zu testen und nicht mehr 6, da 6 = 2*3). Ist also genau 1 Teiler, nämlich die 1, enthalten, und nur diese als einzige, ist die eingegebene Zahl eine Primzahl, und sie wird als solche erkannt.

Ist die eingegebene Zahl keine Primzahl, erkennt der Rechner dies in Zeile 70 (Programm II), er verzweigt nach 90 und sucht nach folgendem Schema die Primfaktoren der eingegebenen "Nichtprimzahl":

Der Rechner beginnt mit dem kleinsten Primfaktor (die Zahl 2), die "Teilfreudigkeit" der zu zerlegenden Zahl zu testen. Er teilt so lange durch 2 und gibt sie als identifizierten Primfaktor aus, bis die zu testende Zahl nicht mehr durch 2 teilbar ist, also hier bis INT(ZAHL/2) $\neq$ ZAHL/2.

Ist das der Fall, wird die Teilervariable inkrementiert, und die zu testende Zahl wird auf ihren alten Status gebracht, da ja schon durch sie geteilt worden ist.

Während dieser Vorgang läuft, wird eine andere Variable mit den Faktoren aufmultipliziert, also $\prod_{k=1}^{n} PF_K$ gebildet. Ist nun dieses Produkt gleich der ausgangs zu testenden Zahl, ist die Berechnung beendet.

Bedienungshinweise

Programm II eingeben und starten.
Zu testende Zahl eingeben und warten.
Den Rest macht der Rechner.

Programm I dient zur kontinuierlichen Ausgabe, es werden also alle Zahlen von 2 - 999 999 999 nach Start des Programms getestet und entweder als Primzahl erkannt, oder es werden die Faktoren ausgegeben.

Anmerkungen

PRINT"/" bedeutet: Bildschirm löschen.
Die Addition von 0,5 zu manchen Zahlen dient zur Rundung.

Programm I

```
Primzahlen und Faktoren von 2-999999999
=======================================

< KONTINUIERLICH >
==================

10 PRINT "/"
20 FOR X = 2 TO 999999999
30 FOR Y = 1 TO INT(SQR(X)+.5)
40 Z=X/Y:IF Z=INT(Z) THEN I=I+1
50 NEXTY:IF I=1 THEN PRINT "Primzahl : ";X
60 IF I>1 THEN GOSUB 80
70 I=0:NEXTX
80 PRINT TAB(16);"Zahl:";X;" =";:U=2:Q=X:N=1
90 Q=Q/U:IF Q=INT(Q) THEN N=N*U:PRINT U;:GOTO 90
100 Q=INT(Q*U+.5):U=U+1:IF N=X THEN PRINT:RETURN
110 GOTO 90


Speicherplatz : 310 Bytes

Rechnertyp : Sharp  MZ-80 K
```

Programm II

```
Primzahl oder nicht und deren Faktoren
======================================

Im Bereich von 2-999999999
==========================

< Einzeln >
===========


10 PRINT "/"
20 INPUT"Einagbe einer Zahl (2-999999999) ";X:PRINT "/"
30 IF X>999999999 THEN 10
40 FOR Y = 1 TO INT(SQR(X)+.5)
50 Z=X/Y:IF Z=INT(Z) THEN I=I+1
60 NEXTY:IF I=1 THEN PRINT X; " ist Primzahl"
70 IF I>1 THEN GOTO90
80 END
90 PRINT X; " ist keine Primzahl"
100 PRINT "/ ihre Primfaktoren lauten : ":PRINT
110 Q=X:U=2:N=1
120 Q=Q/U:IF Q=INT(Q) THEN N=N*U:PRINT U;:GOTO120
130 Q=INT(Q*U+.5):U=U+1:IF N=X THEN PRINT:END
140 GOTO120


Speicherplatz : 354 Bytes

Rechnertyp : Sharp  MZ-80 K
```

Zweite Version (sehr schnell)

Zeile 10: Eingabe der zu untersuchenden Zahl

Zeile 20: Liegt A im gültigen Bereich? $2 \leq \text{INT}(A) \leq 999\,999\,999$?

Zeile 40: Zerlegung in Primfaktoren, egal ob Primzahl oder nicht, anschließendes Zählen der Primfaktoren (für die spätere Entscheidung der Identität der Primzahl, falls es eine ist, notwendig). Die Primfaktoren werden aufmultipliziert, um ein rechtzeitiges Ende zu erkennen: Produkt der Primfaktoren = Ausgangszahl.

Zeile 60: Nur ein Faktor, nämlich die Zahl selbst ⇒ Zahl war eine Primzahl.

Zeile 80: Produkt der Primfaktoren = Ausgangszahl.

Flußdiagramm

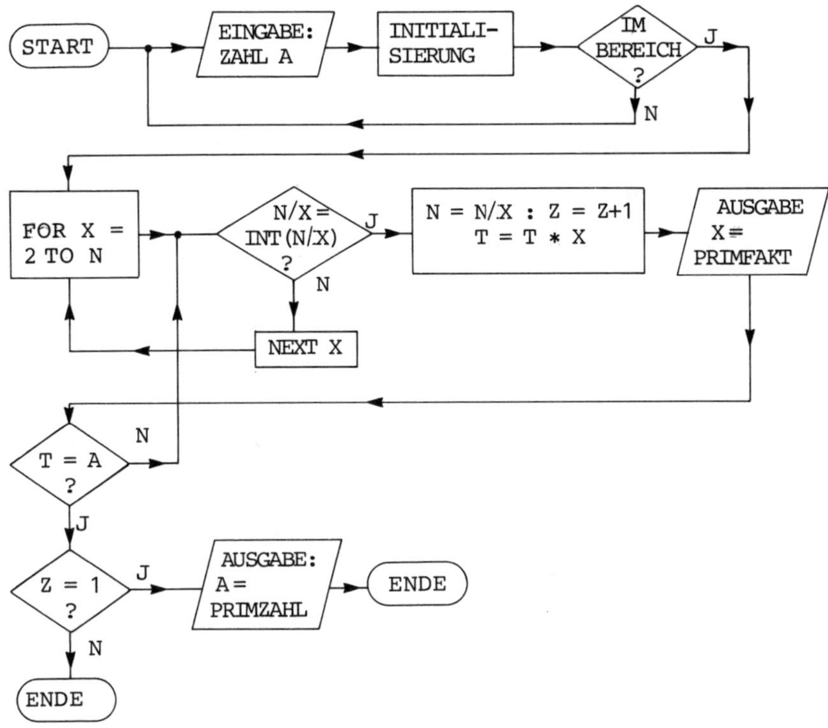

Anweisungsliste der zweiten Version

```
10 PRINT"■":INPUT"Zahl ";N:T=1:A=N:PRINT"■":PRINT" Primfaktoren von N :":PRINT
20 IF (SGN(N)<0)+(N>999999999) THEN 10
30 FOR X=2 TO N
40 IF (N/X)=INT(N/X) THEN PRINTX;:N=N/X:Z=Z+1:T=T*X:GOTO80
50 NEXT
60 IF Z=1 THEN PRINT"■";A;" ist Primzahl":END
70 PRINT:PRINT:END
80 IF T=A THEN 60
90 GOTO40
```

Programm wurde auf dem MZ-80K entwickelt

Einige Laufzeiten :

```
10:    2 5   000000 Sekunden
50:    2 5 5   000000 Sekunden
100:    2 2 5 5   000000 Sekunden
500:    2 2 5 5 5   000000 Sekunden
1000:    2 2 2 5 5 5   000000 Sekunden
5000:    2 2 2 5 5 5 5   000000 Sekunden
9999:    3 3 11 101   000001 Sekunden
15000:    2 2 2 3 5 5 5 5   000000 Sekunden
55555:    5 41 271   000004 Sekunden
99999:    3 3 41 271   000004 Sekunden
130000:    2 2 2 2 5 5 5 5 13   000000 Sekunden
251357:    157 1601   000025 Sekunden
777777:    3 7 7 11 13 37   000000 Sekunden
999999:    3 3 3 7 11 13 37   000000 Sekunden
99999999:    3 3 11 73 101 137   000002 Sekunden
27462:    2 3 23 199   000003 Sekunden
101:    101 ist Primzahl   000001 Sekunden
701:    701 ist Primzahl   000011 Sekunden
```

Wenn bei den Laufzeiten "OOOOOO" Sekunden ausgedruckt wurde, bedeutet dies, daß die Primfaktorzerlegung weniger als 1 Sekunde dauerte.

5.6 Videocomputer TI-99/4A (BASIC)

von Cordula Berger

Rechenzeit und Programmidee

Die Literatur (Hinweise siehe unten), die sich mit Programmen zur Primzahluntersuchung befaßt, gibt folgende Methoden zur Einsparung von Rechenzeit an:

1. Beschränkung auf die ungeraden Zahlen als mögliche Teiler der gegebenen Zahl
2. Der größte Teiler, der untersucht werden muß, ist die Wurzel der gegebenen Zahl.

Eine weitere Verbesserung bietet der folgende Satz:
$n \in \mathbb{N}$ ist höchstens dann Primzahl, wenn Rest $(n,6) \in \{1,5\}$. Man muß also als Teiler nur die Folge der Zahlen 6k+1 und 6k+5 verwenden. Das Anfangsglied dieser Folge ist 7. Dazu addiert man abwechselnd 4 und 2. Dieser Satz läßt sich sowohl bei der Untersuchung auf Primzahleigenschaft als auch bei der Zerlegung in Primfaktoren anwenden.

Die Rechenzeit läßt sich außerdem verkürzen, wenn man die Anzahl der Berechnungen möglichst klein hält. Das bedeutet, lieber einen Speicherplatz mehr dazu nehmen. Die Wurzel der Zahl wird daher zu Anfang berechnet. Ebenso wird versucht, die Anzahl der Divisionen möglichst klein zu halten.

Hat der Rechner festgestellt, daß N keine Primzahl ist, so wird mit diesem Teiler in das Unterprogramm gesprungen, denn mit diesem Teiler beginnt die Zerlegung in Primfaktoren.

Um den Rechner nicht für jede Zahl neu starten zu müssen, wird eine Schlußabfrage: "Möchten Sie eine weitere Zahl untersuchen?" eingebaut.

Beim TI-99/4A ergaben sich sehr unterschiedliche Zeiten für die einzelnen angegebenen Zahlen. Sie reichen von einer Minute bis zu 6 Minuten. Die Gesamtrechenzeit für alle angegebenen Zahlen beträgt ca. 20 Minuten.

Das angegebene Programm läßt sich auch für andere Rechner verwenden.

Literaturhinweise

Eine ausführliche Bearbeitung der Untersuchung auf Primzahleigenschaft findet man in
Ocker, Schöttle, Simon: Informatik. Oldenbourg 1979, 2. berichtigter Nachdruck

Den zitierten Satz findet man in
Informatik-Klett, bearbeitet von Leo Klingen u.a., 2. Auflage, S. 53

Variablentabelle zum Programm

Bezeichnung	Typ	Bedeutung
N	Integer	positive ganze Zahl, die untersucht werden soll
W	Real	Wurzel von N
T	Integer	möglicher Teiler von N
A	Integer	Zählvariable für Schleifendurchlauf
Q	Real	Q = N/T
A$	String	für Textausgabe (... ist Primzahl)
B$	String	Antwort auf die Frage nach weiteren Untersuchungen

Programmübersicht

100 - 180	Überschrift, Autor usw.
190	Eingabe der zu untersuchenden Zahl
197	S = SQR(N)
200 - 432	Schleife zur Untersuchung auf Primzahleneigenschaft
440 - 490	Schlußabfrage: "Möchten Sie eine weitere Zahl untersuchen?"
520	Programmende
1000-1400	Unterprogramm: Zerlegung der Zahl in Primfaktoren

Anweisungsliste und Programmlauf

erstellt mit dem Drucker Seikosha GP 100 A

```
90 OPEN #1:"PIO"
100 REM PRIMZAHLEN
110 REM *************
120 REM *CORDULA BERGER
130 REM *BERLIN 45
140 REM *************
150 REM
160 CALL CLEAR
170 PRINT "PRIMZAHL BZW. ZERLEGUNG IN PRIMFAKTOREN"
172 PRINT #1:"PRIMZAHL BZW. ZERLEGUNG IN PRIMFAKTOREN"
180 PRINT :: PRINT #1
190 INPUT "ZU UNTERSUCHENDE ZAHL? ":N
195 PRINT #1:N;"=";
197 W=SQR(N)
200 REM UNTERSUCHUNG DER ZAHL
210 A$="PRIMZAHL"
220 IF N<>1 THEN 260
230 PRINT "1 IST WEDER EINE PRIMZAHL NOCH ZUSAMMENGESETZT."
260 IF N=2 THEN 430
270 IF INT(N/2)<>N/2 THEN 300
280 A$="ZUSAMMENGESETZT"
290 GOTO 1000
300 T=3
301 A=1
310 IF N=T THEN 430
315 Q=N/T
320 IF INT(Q)<>Q THEN 345
330 A$="ZUSAMMENGESETZT"
335 ON A GOTO 1100,1170,1240
345 IF T=7 THEN 370
350 T=T+2
351 A=A+1
360 GOTO 310
370 T=T+4
375 Q=N/T
380 IF INT(Q)<>Q THEN 410
390 A$="ZUSAMMENGESETZT"
400 GOTO 1170
410 T=T+2
415 IF T>W THEN 430
417 Q=N/T
420 IF INT(Q)<>Q THEN 370
422 A$="ZUSAMMENGESETZT"
424 GOTO 1240
430 PRINT N;" IST ";A$
432 PRINT #1:N;" IST ";A$
433 INPUT "RECHENZEIT: ":R$
435 PRINT "RECHENZEIT: ";R$;" MINUTEN"
436 PRINT #1:"RECHENZEIT: ";R$;" MINUTEN"
438 PRINT :: PRINT #1
440 PRINT "MOECHTEN SIE EINE WEITERE ZAHL UNTERSUCHEN?  DRUECKEN SIE NUR J=JA, N
=NEIN"
450 CALL KEY(0,K,S)
460 IF S=0 THEN 450
470 X$=CHR$(K)
480 IF X$="N" THEN 510
482 IF X$<>"J" THEN 450
```

```
490 GOTO 190
510 CLOSE #1
520 STOP
1000 REM ZERLEGUNG IN PRIMFAKTOREN
1001 PRINT N;" IST ";A$
1005 PRINT N;"="
1010 IF N<>2*INT(N/2)THEN 1090
1020 PRINT "2 *";
1022 PRINT #1:"2 *";
1030 N=N/2
1040 GOTO 1010
1090 T=3
1100 IF N<>T*INT(N/T)THEN 1140
1110 PRINT T;" * ";
1120 N=N/T
1130 GOTO 1100
1140 IF N=1 THEN 1400
1150 T=T+2
1160 IF T*T>N THEN 1280
1170 IF N<>T*INT(N/T)THEN 1210
1180 PRINT T;" *";
1190 PRINT #1:T;" *";
1195 N=N/T
1200 GOTO 1170
1210 IF N=1 THEN 1400
1220 T=T+2
1230 IF T*T>N THEN 1280
1240 IF N<>T*INT(N/T)THEN 1250
1242 PRINT T;" * ";
1244 PRINT #1:T;" * ";
1246 N=N/T
1248 GOTO 1240
1250 IF N=1 THEN 1400
1260 T=T+4
1270 IF T*T<=N THEN 1170
1280 PRINT N;
1290 PRINT #1:N;
1310 INPUT " RECHENZEIT: ":R$
1320 PRINT "RECHENZEIT: ";R$;" MINUTEN"
1322 PRINT #1:"RECHENZEIT: ";R$;" MINUTEN"
1330 PRINT :: PRINT #1
1400 GOTO 440
```

Bemerkungen zur Ermittlung der freien Speicherplätze und der Rechenzeit:

Die Anzahl der freien Speicherplätze können Sie mit dem TI-99/4A mit dem Befehl SIZE erhalten. Wir vergleichen die Meldungen ohne und mit dem Programm:

```
BEI VERWENDUNG DER SPEICHERERWEITERUNGSKARTE UND DES EXTENDED BASIC
ERHALTEN SIE OHNE PROGRAMM FOLGENDE MELDUNG:


11840 BYTES OF STACK FREE
24488 BYTES OF PROGRAM SPACE FREE.


MIT DEM PROGRAMM FUER AUFGABE 3 AUS DEM JAHRBUCH 1984 -PRIMZAHLPROBLEM- ERHALTE
 SIE DIE MELDUNG
11688 BYTES OF STACK FREE
22583 BYTES OF PROGRAM FREE.


DER VERBRAUCH AN -STACK= SPEICHERPLAETZEN BETRAEGT ALSO
 152 .

DER VERBRAUCH AN PROGRAM BYTES BETRAEGT ALSO : 1905 .
```

Der TI-99/4A enthält keine Zeitfunktion. Die Rechenzeiten wurden mit der Stoppuhr ermittelt und nach jedem Rechenlauf eingegeben und mit dem Ergebnis ausgedruckt.

Ergebnisse des Programms:

```
PRIMZAHL BZW. ZERLEGUNG IN PRIMFAKTOREN

 123456789 = 3607  *  3803 RECHENZEIT: 1:04.37 MINUTEN

 989898989 = 989898989  IST PRIMZAHL
RECHENZEIT: 5:58.00 MINUTEN

 4545454 =2 * 2272727 RECHENZEIT: 0:23.63 MINUTEN

 152453070 =2 * 5  * 7  *  11  * 7333 RECHENZEIT: 0:03.65 MINUTEN

 102357859 = 102357859  IST PRIMZAHL
RECHENZEIT: 1:52.13 MINUTEN


PRIMZAHL BZW. ZERLEGUNG IN PRIMFAKTOREN

 429496729 = 19  *  22605091 RECHENZEIT: 1:08.45 MINUTEN

 800418022 =2 * 400209011 RECHENZEIT: 4:55.07 MINUTEN
```

5.7 CBM 3032 und PUC 10 (BASIC)

von Wilhelm-Rüdiger Haberditz

Beschreibung des Lösungsweges

Da es seit Euklid bis heute kein Verfahren gibt, Primzahleneigenschaften direkt festzustellen, muß die zu analysierende Zahl individuell daraufhin geprüft bzw. sukzessiv in Primfaktoren zerlegt werden. Aus der Zahlentheorie sind folgende Fakten schon seit langem bekannt:

- Hinsichtlich der Geradzahligkeit bilden die Primzahlen zwei Klassen; die 2 ist die einzige gerade Primzahl, alle anderen Primzahlen sind ungerade Zahlen. Alle geraden Zahlen größer 2 können folglich beim Test von vornherein ausgeschlossen werden.
- Eine natürliche Zahl A ist Primzahl P, wenn sie keine Primteiler $P_T \leq A^{1/2}$ enthält (oder $A \geq P_T^2$).

  Beispiel: Mit welchen Primzahlen kann man entscheiden, ob 3529 eine Primzahl ist? Die Primteiler $P_T \leq 3529^{1/2}$, also mit 2, 3, 5, 7, 11, 13, 17, 19, 23, 29, 31, 37, 41, 43, 47, 53 und 59, nicht jedoch 61, da $61^2 = 3721$, also größer 3529 ist.

Ausgehend von den Differenzen der Primzahlenreihe läßt sich im Bereich von 7...31623 anstelle der 2er-Folge eine unregelmäßige periodische Additionsfolge mit 4, 2, 4, 2, 4, 6, 2, 6 anwenden. Insbesondere für größere Zahlen reduziert sich dadurch die Anzahl der notwendigen Vergleiche um etwa 30...40 %.

Anmerkung: Die bislang größte Primzahl $2^{132049}-1$, sie hat 39751 Stellen!, wurde 1983 nach einer AP-Meldung an einem Institut in Chippewa Falls (US-Staat Wisconsin) errechnet. Eine absolut höchste Primzahl gibt es nicht. Schon Euklid hat den mathematischen Nachweis erbracht, daß die Primzahlenreihe nach oben unbegrenzt ist.

Programmbeschreibung für CBM 3032

Das Programm "PRIMANALYSE" belegt 975 Bytes, ist bildschirmorientiert und kann im Ganzzahlbereich von 2...999 999 999 angewandt werden. Da im wesentlichen nur die ANSI-Befehle benutzt werden, ist eine Übertragung auf andere BASIC-Dialekte leicht möglich.

Nach dem Eintippen der Befehle, s. Anweisungsliste, wird das Programm mit 'RUN' und 'RETURN' initialisiert. Weitere Hinweise erübrigen sich, da die Benutzerführung im Klartext und Dialog erfolgt. Die erzielten Lösungen einschließlich Rechen- und Ausgabezeit sind als Hardcopy mit dem CBM 4022 dargestellt.

Zeile 1ØØ...105: Allgemeine Dokumentationsdaten

Zeile 11Ø...125: Strichroutinen und Kopfausgabe

Zeile 13Ø...135: Bereitstellung eines eindimensionalen Feldes A(20) für Primfaktoren und Potenzen; Eingabe der Analysezahl A; Prüfung und Fehlerroutine

Zeile 14Ø...16Ø: Prüfung auf Primzahleigenschaften bzw. Zerlegung in Primfaktoren; Zahlenfolgen 2,3,5,7 bzw. 4,2,4,2,4,6,2,6

Zeile 165...2ØØ: Ausgabe der Lösungen einschließlich Analysezeit (Sekunden) s. auch Hardcopy.

Zeile 2Ø5...22Ø: Unterablauf für Zeile 14Ø...16Ø: Abfragen auf Teilbarkeit; indizierte Speicherung der Faktoren und deren Potenzen. Bei A(1) = 1 und A(2) = Ø handelt es sich bei A um eine Primzahl.

```
100 REM PROGRAMM "PRIMANALYSE";0.975KB,          RECHNER: CBM3032
105 REM CR: W.-R. HABERDITZ, D-6374 STEINBACH/TS.
110 FOR I=1 TO 33:B$=B$+"_":NEXT:PRINT""B$
115 PRINT"  ◆◆◆   PRIMZAHLENANALYSE   ◆◆◆  "
120 PRINT"BEREICH: 2 =< INT(A) =< 999999999"
125 FOR I=1 TO 33:C$=C$+"-":NEXT:PRINT:PRINT C$
130 DIM A(20):X=1:INPUT"ZAHL A = ";Y$:Z=TI:A=VAL(Y$)
135 IF A<2 OR A=>1E9 OR A>INT(A) THEN PRINT"UNZULAESSIG! NEUE EINGABE!":RUN125
140 B=2:GOSUB205:B=3:GOSUB205:B=5:GOSUB205:B=7:GOSUB205
145 IF B*B-A>=0 THEN160
150 B=B+4:GOSUB205:B=B+2:GOSUB205:B=B+4:GOSUB205:B=B+2:GOSUB205:B=B+4:GOSUB205
155 GOSUB205:B=B+6:GOSUB205:B=B+2:GOSUB205:B=B+6:GOSUB205:GOTO145
160 IF A-1>0 THEN B=A:GOSUB205
165 IF A(1)=1 AND A(2)=0 THEN PRINT""Y$" IST EINE PRIMZAHL!":GOTO190
170 PRINT"ZERLEGUNG IN PRIMFAKTOREN :":A$="A = "
175 FOR I=1 TO C:A$=A$+MID$(STR$(A(I+10)),2)
180 IF A(I)>1 THEN A$=A$+"↑"+MID$(STR$(A(I)),2)
185 A$=A$+"*":NEXT:PRINT ""LEFT$(A$,LEN(A$)-1)
190 T=INT((TI-Z)/.6+.5)/100
195 PRINT "ANALYSEZEIT :";T;:IF T=1 THEN PRINT "SEKUNDE":RUN125
200 PRINT "SEKUNDEN":RUN125
205 IF A/B>INT(A/B) THEN X=1:D=0:RETURN
210 IF X=0 THEN220
215 C=C+1:A(C+10)=B:X=0
220 D=D+1:A(C)=D:A=A/B:GOTO205
```

```
 ◆◆◆   PRIMZAHLENANALYSE   ◆◆◆ 
BEREICH: 2 =< INT(A) =< 999999999
---------------------------------
ZAHL A = ? 1140677
1140677 IST EINE PRIMZAHL!
ANALYSEZEIT : 7.55 SEKUNDEN
---------------------------------
ZAHL A = ? 123123123
ZERLEGUNG IN PRIMFAKTOREN :
A = 3↑2*41*333667
ANALYSEZEIT : 4.53 SEKUNDEN
---------------------------------
ZAHL A = ? 123456789
ZERLEGUNG IN PRIMFAKTOREN :
A = 3↑2*3607*3803
ANALYSEZEIT : 24.33 SEKUNDEN
---------------------------------
ZAHL A = ? 989898989
989898989 IST EINE PRIMZAHL!
ANALYSEZEIT : 208.6 SEKUNDEN
---------------------------------
```

```
ZAHL A = ? 4545454
ZERLEGUNG IN PRIMFAKTOREN :
A = 2*2272727
ANALYSEZEIT : 10.63 SEKUNDEN
--------------------------------
ZAHL A = ? 152453070
ZERLEGUNG IN PRIMFAKTOREN :
A = 2*3↑3*5*7*11*7333
ANALYSEZEIT : 1.43 SEKUNDEN
--------------------------------
ZAHL A = ? 102357859
102357859 IST EINE PRIMZAHL!
ANALYSEZEIT : 67.17 SEKUNDEN
--------------------------------
ZAHL A = ? 429496729
ZERLEGUNG IN PRIMFAKTOREN :
A = 19*22605091
ANALYSEZEIT : 31.92 SEKUNDEN
--------------------------------
ZAHL A = ? 800418022
ZERLEGUNG IN PRIMFAKTOREN :
A = 2*400209011
ANALYSEZEIT : 132.8 SEKUNDEN
--------------------------------
ZAHL A = ?
```

PUC-10-Programm

Der Tischrechner PUC 10 wurde von der Firma Rohde & Schwarz aus dem Commodore (CBM) weiterentwickelt und für meßtechnische Aufgaben optimiert. Das Programm belegt inklusive Kopf nur 808 Bytes. Verwendet wurden nur Standard-ANSI-Befehle, so daß es leicht auf andere PCs übertragen werden kann. Der Algorithmus ist sehr einfach, liefert aber gute Ergebnisse. Interessant sind die im Vergleich mit dem Commodore-Programm erheblich verkürzten Analysezeiten (hier zwischen ca. 0,58 und 90,03 Sekunden).

```
10 REM PGM "PRIMANA";0.808KB; RECHNER:PUC10/R&S
12 REM CR: W.-R. HABERDITZ
14 FOR I=1 TO 33:B$=B$+"_":NEXT:PRINT"CH↓"B$
16 PRINT"↰  ♦♦♦♦  PRIMZAHLENANALYSE  ♦♦♦♦  "
18 PRINT"↓BEREICH: 2 =< INT(A) =< 999999999"
20 FOR I=1 TO 33:C$=C$+"=":NEXT:PRINT:PRINT C$:A$="A = "
22 DIM A(30):INPUT"↓ZAHL A =";Y$:A=VAL(Y$)
24 IF A<2 OR A=>1E9 OR A>INT(A) THEN PRINT"UNZULAESSIG! NEUE EINGABE!":RUN20
26 TI$="000000":B=2:GOSUB48:B=3:GOSUB48:B=5:GOSUB48:B=7:GOSUB48
28 IF B*B-A>=0 THEN34
30 B=B+4:GOSUB48:B=B+2:GOSUB48:B=B+4:GOSUB48:B=B+2:GOSUB48:B=B+4:GOSUB48
32 B=B+6:GOSUB48:B=B+2:GOSUB48:B=B+6:GOSUB48:GOTO28
34 IF A-1>0 THEN B=A:GOSUB48
36 IF A(1)=VAL(Y$) THEN PRINT"↓"Y$" IST EINE PRIMZAHL!":GOTO42
38 PRINT"↓ZERLEGUNG IN PRIMFAKTOREN :"
40 FOR I=1 TO C:A$=A$+MID$(STR$(A(I)),2)+"*":NEXT:PRINT"↓"LEFT$(A$,LEN(A$)-1)
42 T=INT(TI/.6+.5)/100
44 PRINT"↓ANALYSEZEIT :"T;:IF T=1 THEN PRINT "SEKUNDE":RUN20
46 PRINT"SEKUNDEN":RUN20
48 IF A/B>INT(A/B) THEN RETURN
50 C=C+1:A(C)=B:A=A/B:GOTO48
```

```
_________________________________
  ♦♦♦♦  PRIMZAHLENANALYSE  ♦♦♦♦
_________________________________
BEREICH: 2 =< INT(A) =< 999999999

=================================

ZAHL A =? 1140677

1140677 IST EINE PRIMZAHL!

ANALYSEZEIT : 3.23 SEKUNDEN

=================================

ZAHL A =? 123123123

ZERLEGUNG IN PRIMFAKTOREN :

A = 3*3*41*333667

ANALYSEZEIT : 1.95 SEKUNDEN

=================================

ZAHL A =? 123456789

ZERLEGUNG IN PRIMFAKTOREN :

A = 3*3*3607*3803

ANALYSEZEIT : 10.58 SEKUNDEN

=================================
```

```
ZAHL A =? 989898989

989898989 IST EINE PRIMZAHL!

ANALYSEZEIT : 90.03 SEKUNDEN

=================================

ZAHL A =? 4545454

ZERLEGUNG IN PRIMFAKTOREN :

A = 2*2272727

ANALYSEZEIT : 4.58 SEKUNDEN

=================================
```

```
♦♦♦♦ PRIMZAHLENANALYSE ♦♦♦♦

BEREICH: 2 =< INT(A) =< 999999999

================================

ZAHL A =? 152453070

ZERLEGUNG IN PRIMFAKTOREN :

A = 2*3*3*3*5*7*11*7333

ANALYSEZEIT : .58 SEKUNDEN

================================

ZAHL A =? 102357859

102357859 IST EINE PRIMZAHL!

ANALYSEZEIT : 29.33 SEKUNDEN

================================

ZAHL A =? 429496729

ZERLEGUNG IN PRIMFAKTOREN :

A = 19*22605091

ANALYSEZEIT : 13.72 SEKUNDEN

================================

ZAHL A =? 800418022

ZERLEGUNG IN PRIMFAKTOREN :

A = 2*400209011

ANALYSEZEIT : 57.38 SEKUNDEN

================================

ZAHL A =?
```

5.8 Pascal-Programm für den Apple IIe

von Achim Stößer

Das Problem wurde rekursiv gelöst: Ist ein Primfaktor p der Zahl z gefunden, so wird der Quotient z':=z/p untersucht.

Die Prozedur "zerlege" unterscheidet drei Fälle:

- o Ist trivialerweise z<=3, so muß, falls z nicht eins ist, nur noch z ausgedruckt werden, dann ist die Prozedur beendet.
- o Ist z gerade (leider kann bei "long integers", also großen ganzen Zahlen die Pascal-Funktion ODD(i) nicht verwendet werden), so ist 2 Primfaktor und z'=z/2.
- o Sonst werden alle ungeraden Zahlen von 3 bis $\sqrt{z}$ auf Teilbarkeit überprüft.

Folgende Unteralgorithmen werden verwendet:
"teilt(a,b)" liefert den Wert "true", falls b durch a teilbar ist, sonst den Wert "false". Wieder kann wegen der Verwendung von "long integers" eine Funktion - MOD - nicht benutzt werden.

"faktor(primfaktor)" druckt den Wert von "primfaktor" und, falls dieser gleich dem Wert der eingegebenen Zahl ist, den Text "ist Primzahl." aus.

Im Hauptprogramm kann eine beliebige positive, höchstens zehnstellige Zahl eingegeben werden. Eine Abbruchbedingung wurde nicht implementiert, d.h. das Programm hört erst auf, neue Zahlen zu fordern, wenn es "gewaltsam" beendet wird (beim Apple etwa durch Drücken von <ctrl>-<§> bzw. <ctrl>-<Klammeraffe>).
Die Tabelle zeigt die (handgestoppten) Rechenzeiten der einzelnen Werte.

Tabelle 1: Rechenzeiten

A =	min	sec
123456789		38
989898989	6 :	13
4545454		16
152453070		1.8
102357859	1 :	52
429496729		50
800418022	3 :	51

]

```
(**********************************************************************)
(*                                                                    *)
(*     This is an UCSD-Pascal program,  copyright (c) 1984 by        *)
(*                                                                    *)
(*                  A c h i m   S t o e s s e r                       *)
(*                                                                    *)
(**********************************************************************)


program longprim;


type int=integer[10];

var zahl: int;

procedure zerlege (z:int);
var teiler: int;

  function teilt(a,b:int):boolean;
    begin
      teilt:=(b div a)*a=b
    end;
```

```
  procedure faktor(primfaktor:int);
    begin
      write(primfaktor,' ');
      if primfaktor=zahl then write(' ist Primzahl.')
    end;

begin
  if z<4
    then begin if z<>1 then faktor(z) end
    else begin
           if teilt(2,z)
             then begin faktor(2); zerlege(z div 2) end
             else begin
                    teiler:=3;
                    while not teilt(teiler,z) do
                      begin
                        teiler:=teiler+2;
                        if teiler*teiler>z then teiler:=z
                      end;
                    faktor(teiler); zerlege(z div teiler)
                  end
         end
end;

{Hauptprgrm}

BEGIN
  write('Zahl: '); repeat readln(zahl) until (zahl>1) and (zahl<=9999999999);
  writeln; write('Primfaktoren von ',zahl,': ');
  zerlege(zahl)
END.
```

```
Primfaktoren von 123456789: 3 3 3607 3803

Primfaktoren von 989898989: 989898989  ist Primzahl.

Primfaktoren von 4545454: 2 2272727

Primfaktoren von 152453070: 2 3 3 3 5 7 11 7333

Primfaktoren von 102357859: 102357859  ist Primzahl.

Primfaktoren von 429496729: 19 22605091

Primfaktoren von 800418022: 2 400209011
```

5.9 Tischcomputer HP-85 (BASIC)

von Alain von Allmen

Programmbeschreibung

Das BASIC-Programm belegt 872 Bytes und läuft auf dem HP-85. Die Lösung erfolgt durch eine Prüfschleife, wo die Zahl (A) auf den Teiler (X) geprüft wird. Ist der Test erfolglos, wird (X) um (C) erhöht. Ist er dagegen erfolgreich, wird (X) ausgegeben, (A) durch (X) geteilt und nochmals auf (X) geprüft. Die Prüfschleife wird unterbrochen, wenn (X)) > SQR(A) ist.

Definierung von (C)

Die schnellste Methode, die natürliche Zahl < 1ØØØØØØØØØ vollständig durch Division in ihre Primfaktoren zu zerlegen, besteht darin, daß man versucht, die Zahl durch alle Primzahlen, die kleiner oder gleich der Wurzel der Zahl sind, zu teilen. Alle Primzahlen in diesem Bereich im Computer abzuspeichern wäre aber viel zu aufwendig. Z.B. für eine 12stellige Zahl einige 1ØØØØ Zahlen. Dieses Programm beschränkt sich darauf, die Teiler wegzulassen, die die Vielfachen von 2,3,5,7 sind. Damit erreicht man eine Zeitersparnis von ca. 50 %.

Benutzungshinweis

Die Anweisung "DISP" heißt bei anderen Computern "PRINT".

Primfaktorzerlegung - Programm

```
 10 REM PROGRAMM"KNOB/3"872BYTE
 20 REM COMPUTER <HP-85>
 30 RESTORE
 40 CLEAR
 50 DISP "GEBEN SIE DIE ZU PROFE
    NDE ZAHL  EIN"
 60 INPUT A
 70 SETTIME 0,0
 80 A=IP(A)
 90 CLEAR
100 IF A<2 OR A>999999999 THEN 5
    0
110 S=0 @ W=A @ X=3
120 IF A=2 THEN 310
```

```
130 IF FP(A/2)=.5 THEN 190
140 IF S=0 THEN DISP "Die Zahl";
    W;"zerlegt sich in:"
150 S=1
160 DISP 2;"*";
170 A=A/2
180 GOTO 120
190 IF X>SQR(A) THEN 310
200 IF FP(A/X)#0 THEN 210 ELSE 2
    50
210 READ C4
220 IF C4=100 THEN RESTORE 360 @
     READ C4
230 X=X+C4
240 GOTO 190
250 A=A/X
260 IF S=1 THEN 290
270 S=1
280 DISP "Die Zahl";W;"zerlegt s
    ich in:"
290 DISP X;"*";
300 GOTO 190
310 IF S=0 THEN DISP "Die Zahl";
    W;"ist eine Primzahl"
320 IF S=1 THEN DISP A
330 H=TIME @ DISP "Zeit in s:";H
340 END
350 DATA 2,2,4
360 DATA 2,4,2,4,6,2,6,4,2,4,6,6
    ,2,6,4,2,6,4,6,8,4,2,4,2,4,8
    ,6
370 DATA 4,6,2,4,6,2,6,6,4,2,4,6
    ,2,6,4,2,4,2,10,2,10,100
```

Aufgaben mit Lösungen

```
Die Zahl 123123123
zerlegt sich in:
 3 * 3 * 41 * 333667
Zeit in s: 4.061

Die Zahl 123456789
zerlegt sich in:
 3 * 3 * 3607 * 3803
Zeit in s: 23.165

Die Zahl 989898989
ist eine Primzahl
Zeit in s: 194.556

Die Zahl 4545454
zerlegt sich in:
 2 * 2272727
Zeit in s: 9.662

Die Zahl 152453070
zerlegt sich in:
 2 * 3 * 3 * 3 * 5 * 7 * 11 *
 7333
Zeit in s: 1.229

Die Zahl 102357859
ist eine Primzahl
Zeit in s: 62.505

Die Zahl 429496729
zerlegt sich in:
 19 * 22605091
Zeit in s: 29.116

Die Zahl 800418022
zerlegt sich in:
 2 * 400209011
Zeit in s: 121.928
```

5.10 Arbeitsplatzrechner AR86 (Pascal)

von Michael Elbel

Allgemeines

Der Spezialrechner AR86 ist in 2.4 vorgestellt. Auch die Knobelaufgabe 3 wurde mit dem unter CP/M-86 laufenden Pascal-MT+ 86-Compiler bearbeitet. Der Speicherbedarf für das kompilierte und "gelinkte" Programm beträgt ca. 40 Kbyte.

Rechen- und Ausgabezeiten:

Initiierung (Sieb des Erathostenes) ohne Anzeige 12,8 Sekunden; Rechen- und Anzeigezeit zwischen 2 und 11,5 Sekunden.

Lösungsweg

Zunächst werden durch ein "Sieb des Erathostenes" alle Primzahlen bis 32000 berechnet und auf einem File abgespeichert. Das benötigt zwar 32 Kbyte an Speicher, dafür dauert das Ganze ohne Anzeige nur 12,8s,[*)] und der eigentliche Primzahltest verkürzt sich erheblich.

Es wird zuerst die Wurzel der zu prüfenden Zahl berechnet. Dafür mußte eine geeignete Routine geschrieben werden, um "Longintegerzahlen" in "Reals" umzuwandeln. Eine direkte Übergabe ist nur mit normalen Integers möglich, die wiederum mit der Funktion "short" aus Longintegers gewonnen werden.

N_{real} = short(N_{int} div 32768)*32768 + short(N_{int} mod 32768).

Bis zur Wurzel wird dann geprüft, ob die Zahl ganzzahlig durch die Primzahlen auf dem File teilbar ist. Falls das keinmal geht, ist die Zahl eine Primzahl.

[*)] Die Zeit mit Anzeige hängt so stark von der Bit-Rate des Terminals ab, als daß sie zu Vergleichszwecken herangezogen werden könnte.

```
A>type prim.pas

(**$S+*)                { Anweisungen }
(**$T+*)                { fuer den }
(**$R+*)                { Compiler }

PROGRAM prim(input,output,fil);


LABEL
     10,20;


TYPE era=ARRAY[1..32500]OF boolean;
     prim=FILE OF integer;


VAR  fil:prim;
     test:boolean;
     zal:real;
     feld:era;
     zahl,d,ioresult,a,b,c:integer;
     zl:longint;


BEGIN

assign(fil,'a:prim.dat');
reset(fil);


IF   eof(fil)
THEN BEGIN                 { Erzeugung der Primzahlen zwischen 2 und 32000 }

     writeln(chr(27),chr(28),            Sieb des Erathostenes:');
     rewrite(fil);
     fil^:=2;
     put(fil);
     write('        2');
     FOR a:=1 TO 16000 DO
          feld[(2*a)]:=true;
     FOR a:=1 TO 16000 DO
          BEGIN
          c:=(2*a+1);
          IF   NOT(feld[c])
          THEN BEGIN
               FOR b:=1 TO(32000 DIV c)DO
                    feld[(b*c)]:=true;
               fil^:=c;
               put(fil);
               write(c:8)
               END;
          END;
     END;


write(chr(27),chr(28));      { clear home }

10:
test:=false;
close(fil,ioresult);
if ioresult=255 then write('Fehler');
reset(fil);

write('                   eine Zahl bitte ');
read(zl);
IF   zl=#0
THEN GOTO 20;
zal:=short(zl div #32768)*3.2768E4+short(zl mod #32768);
{ Konvertierungsroutine longint - real, da die Typen nicht direkt uebergeben
                                                              werden koennen }
```

```
zahl:=trunc(sqrt(zal))+1;
writeln;
writeln;
write(' ');

REPEAT                              { Ueberpruefungsroutine }
     d:=fil^;
     WHILE(((zl MOD long(d))=#0) and (zl<>#0)) DO
           BEGIN
           zl:=zl div (long(d));
           IF   test
           THEN write(' * ');
           test:=true;
           write(d)
           END;
     get(fil)
UNTIL d>zahl;

IF   NOT test
THEN write(zl,' ist Primzahl')
else if zl > #1 then write(' * ',zl);
writeln;
writeln;
GOTO 10;
20:
close(fil,ioresult);
IF   ioresult=255
THEN write('Fehler beim Schliessen')

END.

A>prim
              eine Zahl bitte 123456789

   3 * 3 * 3607 * 3803                    4.5 s


              eine Zahl bitte 989898989

   989898989 ist Primzahl                11.4 s


              eine Zahl bitte 4545454

   2 * 2272727                            2.1 s


              eine Zahl bitte 152453070

   2 * 3 * 3 * 3 * 5 * 7 * 11 * 7333      5.3 s


              eine Zahl bitte 102357859

   102357859 ist Primzahl                 4.7 s


              eine Zahl bitte 429496729

   19 * 22605091                          7.7 s


              eine Zahl bitte 800418022

   2 * 400209011                         10.5 s


              eine Zahl bitte 0     (* Programmabbruch)
```

6 Ein Schachproblem

von Joachim Schwarte

Wieviele Schachfiguren (ausgenommen Bauern) lassen sich auf einem einem Schachbrett unterbringen, ohne daß sich zwei Figuren gegenseitig bedrohen? Es dürfen nur die 16 Schachfiguren (Könige, Damen, Läufer, Springer und Türme) verwendet werden.

Diese Aufgabe ist eine Abwandlung des 8-Damen-Problems, an dem mich geärgert hat, daß mein Schachspiel keine 8 Damen enthält.

Folgende Rechner und Programmiersprachen wurden verwendet (Reihenfolge wie im Text):

HX-20	BASIC S
HP-85	HP-BASIC

6.1 BASIC S-Programm für HX-20

von Prof. Dr. Hartmut Ring

Lösungsweg

Sicher ist es nicht möglich, alle 16 Figuren ohne Bedrohungen auf das Schachbrett zu stellen. Wir wollen dem Computer möglichst keine unlösbare Aufgabe stellen. Lieber machen wir uns vorher ein paar Gedanken:

Zur vorläufigen Vereinfachung des Problems tauschen wir zunächst die zwei Damen gegen Türme aus. Wir haben also jetzt 6 Türme und 10 weitere Figuren. Nun nehmen wir an, wir könnten 15 der 16 Figuren vorschriftsgemäß aufstellen. Da nur eine Figur fehlt, stehen also entweder 5 oder 6 Türme auf dem Brett.

Wir nehmen zuerst an, es seien 5 Türme. Die 5 Türme müssen in 5 verschiedenen Spalten des Bretts stehen. In diesen 5 Spalten sind alle Felder bedroht. Es bleiben 3 Spalten, in denen kein Turm steht. In jeder dieser 3 Spalten sind 5 Felder bedroht, da die Türme auch in 5 verschiedenen Zeilen stehen. Es bleiben 3 * 3 = 9 unbedrohte Felder, also nicht genug Platz für die übrigen 15 - 5 = 10 Figuren. Ebenso sieht man daß im Falle von 6 Türmen nur 2 * 2 = 4 Felder unbedroht bleiben, also ebenfalls zu wenig für die übrigen 15 - 6 = 9 Figuren.

Die Annahme, man könnte 15 Figuren vorschriftsgemäß aufstellen, war also falsch. Dies gilt erst recht, wenn wir die zwei zusätzlichen Türme wieder gegen Damen tauschen, denn Damen vereinigen ja die Fähigkeiten von Türmen und Läufern.

Wir wissen demnach: Es ist unmöglich, mehr als 14 der 16 Schachfiguren ohne Bedrohung aufzustellen. Das theoretische Optimum von 14 Figuren wird durch das im folgenden dargestellte Programm gefunden.

Programm

Das Programm wurde in BASIC S geschrieben. BASIC S ist eine vom Verfasser entwickelte BASIC-Erweiterung für den Computer Epson HX-20 in Verbindung mit dem Matrixdrucker Epson FX-80, die insbesondere die Strukturierte Programmierung unterstützt. Die wichtigsten Erweiterungen sind: WHILE, REPEAT, Prozeduren wie in Pascal mit Wertparametern (Standard) bzw. Variablenparametern (durch Doppelpunkt vor dem Variablennamen); Prozeduraufruf (auch rekursiv) mit CALL.

Um die Komplexität des Algorithmus einzuschränken, sucht das Programm nach einer punktsymmetrischen Lösung. Als zusätzliche heuristische Vorgabe werden die 14 Figuren (bzw. 7 Paare wegen der Symmetrie), und ihre Reihenfolge vorgegeben. Es ist naheliegend, daß die zwei mächtigsten Figuren, nämlich die Damen, weggelassen werden.

Das Programm ist weitgehend selbstdokumentierend geschrieben. Allerdings sollte man zunächst eine Lösung des 8-Damen-Problems verstanden haben. Die wesentliche zusätzliche Schwierigkeit besteht darin, daß die Bedrohungen nicht mehr wechselseitig auftreten müssen. Dies schlägt sich in den aufwendigeren Datenstrukturen nieder.

Speicherbedarf und Rechenzeit

Das Programm belegt 4615 Bytes. Dieser große Platzbedarf ist allerdings hauptsächlich auf die großzügige Vergabe von langen, verständlichen Namen, Leerzeichen, Kommentaren und Druckersteuerzeichen (Graphiksymbolen) zurückzuführen. Eine ohne Rücksicht auf Lesbarkeit "optimierte" Version würde nur einen Bruchteil benötigen.

Zum Auffinden der ersten Lösung braucht das Programm 118 Sekunden, zum Drucken der Lösung im exakteren Unidirektionaldruck 26 Sekunden.

Lösungsausdruck

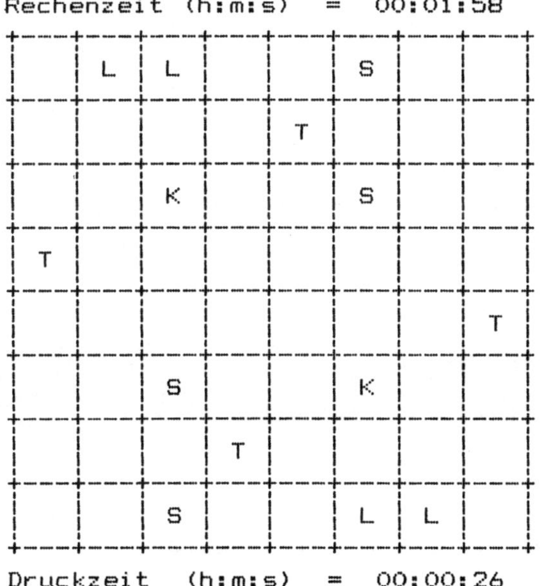

```
Rechenzeit (h:m:s) = 00:01:58
+---+---+---+---+---+---+---+---+
|   | L | L |   |   | S |   |   |
+---+---+---+---+---+---+---+---+
|   |   |   |   | T |   |   |   |
+---+---+---+---+---+---+---+---+
|   |   | K |   |   | S |   |   |
+---+---+---+---+---+---+---+---+
| T |   |   |   |   |   |   |   |
+---+---+---+---+---+---+---+---+
|   |   |   |   |   |   |   | T |
+---+---+---+---+---+---+---+---+
|   |   | S |   |   | K |   |   |
+---+---+---+---+---+---+---+---+
|   |   |   | T |   |   |   |   |
+---+---+---+---+---+---+---+---+
|   |   | S |   |   | L | L |   |
+---+---+---+---+---+---+---+---+
Druckzeit (h:m:s) = 00:00:26
```

Programmauflistung

```
1010 '*****************************************************
1020 '*    Schachproblem aus Mikrocomputer-Jahrbuch '84     *
1030 '*    Symmetrische Lösung in BASIC S (Epson HX-20)      *
1040 '*    Prof. Dr. H. Ring, Universität - GH - Siegen      *
1050 '*****************************************************

1060 PROC VERSUCHEN (K,FELD,:ERFOLG)
1070 : CALL FIGURWAHL (VERSUCHEN,ERFOLG)
1080 PEND'

1090 PROC SETZEN (K,FELD), LCL DUMMY
1100 : FIGUR(FELD)=K
1110 : CALL FIGURWAHL (SETZEN,DUMMY)
1120 : FELD=63-FELD: FIGUR(FELD)=K
1130 : CALL FIGURWAHL (SETZEN,DUMMY)
1140 PEND'

1150 PROC ENTFERNEN (K,FELD), LCL DUMMY
1160 : FIGUR(FELD)=0
1170 : CALL FIGURWAHL (ENTFERNEN,DUMMY)
1180 : FELD=63-FELD: FIGUR(FELD)=0
1190 : CALL FIGURWAHL (ENTFERNEN,DUMMY)
1200 PEND'

1210 PROC FIGURWAHL (ART,:ERFOLG), LCL TYP,BIT
1220 : TYP=TYP(K): BIT=2^K
1230 : ON TYP GOTO 1240,1250,1260,1270
1240 : : CALL TURM    (K,FELD,ART,ERFOLG): PEND
1250 : : CALL LAEUFER (K,FELD,ART,ERFOLG): PEND
1260 : : CALL SPRINGER(K,FELD,ART,ERFOLG): PEND
1270 : : CALL KOENIG  (K,FELD,ART,ERFOLG)
1280 PEND'

1290 PROC TURM (K,FELD,ART,:ERFOLG), LCL I,X,Y,N
1300 : ERFOLG=JA
1310 : X=FELD MOD 8: Y=8*(FELD\8)
1320 : FOR I=0 TO 7
1330 : : N=X+8*I: CALL EINTRAGEN   '(* senkrecht *)
1340 : : N=Y+I:   CALL EINTRAGEN   '(* waagerecht *)
1350 : NEXT I
1360 PEND'

1370 PROC LAEUFER (K,FELD,ART,:ERFOLG), LCL X,Y,M,N,L,I
1380 : ERFOLG=(FELD MOD 9)*(FELD MOD 7)
1390 : X=FELD MOD 8: Y=FELD\8
1400 : M=X: IF Y<X THEN M=Y
1410 : N=X-M+8*(Y-M): L=8-ABS(X-Y)
1420 : FOR I=1 TO L   '(* links oben nach rechts unten *)
1430 : : CALL EINTRAGEN: N=N+9
1440 : NEXT I
1450 : M=7-X: IF Y<M THEN M=Y
1460 : N=X+M+8*(Y-M): L=8-ABS(7-X-Y)
1470 : FOR I=1 TO L   '(* rechts oben nach links unten *)
1480 : : CALL EINTRAGEN: N=N+7
```

```
1490 : NEXT I
1500 PEND'

1510 PROC SPRINGER (K,FELD,ART,:ERFOLG), LCL I,X,Y,XN,YN,N
1520 : ERFOLG=JA
1530 : X=FELD MOD 8: Y=FELD\8
1540 : FOR I=1 TO 9
1550 : : XN=X+SPRINGERX(I): YN=Y+SPRINGERY(I)
1560 : : IF XN>=0 AND XN<8 AND YN>=0 AND YN<8 THEN
     : : : N=XN+8*YN: CALL EINTRAGEN
1570 : NEXT I
1580 PEND'

1590 PROC KOENIG (K,FELD,ART,:ERFOLG), LCL I,X,Y,XN,YN,N
1600 : ERFOLG=JA
1610 : IF FELD=27 OR FELD=28 THEN ERFOLG=NEIN
1620 : X=FELD MOD 8: Y=FELD\8
1630 : FOR I=1 TO 9
1640 : : XN=X+KOENIGX(I): YN=Y+KOENIGY(I)
1650 : : IF XN>=0 AND XN<8 AND YN>=0 AND YN<8 THEN
     : : : N=XN+8*YN: CALL EINTRAGEN
1660 : NEXT I
1670 PEND'

1680 PROC EINTRAGEN
1690 : ON ART GOTO 1700,1720,1730
1700 : : IF FIGUR(N) THEN ERFOLG=NEIN          '(* versuchen *)
1710 : : GOTO 1740
1720 : : BEDROHT(N)=BEDROHT(N) OR BIT: PEND '(* setzen *)
1730 : : BEDROHT(N)=BEDROHT(N) AND NOT BIT   '(* entfernen *)
1740 PEND'

1750 PROC LOESUNGDRUCKEN
1760 : FIGUR(FELD(K))=K
1770 : FIGUR(63-FELD(K))=K     '(* letzte Figur *)
1780 : OPEN"O",#1,"COMO:(68E1B)"
1790 : PRINT#1,CHR$(27);"A";CHR$(7) '(* Zeilenabst. 7/72" *)
1800 : PRINT#1,"Rechenzeit (h:m:s)  =  "; TIME$: PRINT#1,""
1810 : TIME$="00.00.00": N=0
1820 : K1$="+---+---+---+---+---+---+---+---+"
1830 : K2$="¦   ¦   ¦   ¦   ¦   ¦   ¦   ¦   ¦"
1840 : FOR I=0 TO 7
1850 : : PRINT#1,K1$: PRINT#1,K2$
1860 : : FOR J=0 TO 7
1870 : : : PRINT#1,"¦ ";MID$(" TLSK",TYP(FIGUR(N))+1,1);" ";
1880 : : : N=N+1
1890 : : NEXT J
1900 : : PRINT#1,"¦": PRINT#1,K2$
1910 : NEXT I
1920 : PRINT#1,K1$: PRINT#1
1930 : PRINT#1,"Druckzeit  (h:m:s)  =  "; TIME$
1940 PEND'
```

```
1950 '*****************  Datenstrukturen:  *****************
1960 DIM BEDROHT(63)
1970 '    (* für jedes Feld des Schachbretts: Bitmuster für
1980 '    bedrohende Figuren *)
1990 DIM FIGUR(63)
2000 '    (* Nummer der Figur auf dem betr. Feld bzw. Null *)
2010 DIM TYP(7)
2020 '    (* bestimmt die Reihenfolge, in der die Figurpaare
2030 '    ins Spiel gebracht werden *)
2040 DIM FELD(7)
2050 '    (* gibt die Plätze der Figuren an *)

2060 FOR I=1 TO 7
2070 : READ TYP(I)
2080 NEXT I
2090 DATA 2,2,1,1,3,3,4
2100 FOR I=1 TO 9
2110 : READ SPRINGERX(I)
2120 NEXT I
2130 DATA -1,1,-2,2,0,-2,2,-1,1
2140 FOR I=1 TO 9
2150 : READ SPRINGERY(I)
2160 NEXT I
2170 DATA -2,-2,-1,-1,0,1,1,2,2
2180 FOR I=1 TO 9
2190 : READ KOENIGX(I)
2200 NEXT I
2210 DATA -1,0,1,-1,0,1,-1,0,1
2220 FOR I=1 TO 9
2230 : READ KOENIGY(I)
2240 NEXT I
2250 DATA -1,-1,-1,0,0,0,1,1,1
2260 JA=-1: NEIN=0: VERSUCHEN=1: SETZEN=2: ENTFERNEN=3
2270 MAX=7   '(* Anzahl der Figurenpaare *)


2280 '*****************  Hauptprogramm:  *****************
2290 TIME$="00.00.00": CLS: K=1: FELD(1)=-1
2300 WHILE K>0   '(* solange Figuren im Spiel *)
2310 : LOCATE 0,0: PRINT 2*K-2   '(* gesetzte Figuren *)
2320 : REPEAT   '(* Platz für nächstes Figurenpaar suchen *)
2330 : : FELD(K)=FELD(K)+1
2340 : : WHILE BEDROHT(FELD(K))
2350 : : : FELD(K)=FELD(K)+1
2360 : : WEND
2370 : : IF FELD(K)<32 THEN CALL VERSUCHEN(K,FELD(K),ERFOLG)
2380 : UNTIL ERFOLG OR FELD(K)>31
2390 : IF FELD(K)<32 THEN
     : : IF K=MAX THEN CALL LOESUNGDRUCKEN: END
     : : ELSE CALL SETZEN (K,FELD(K)): K=K+1: FELD(K)=-1
     : ELSE K=K-1: CALL ENTFERNEN (K,FELD(K))
2400 WEND
2410 END
```

6.2 Tischcomputer HP-85 (BASIC)

von Joachim Schwarte

Lösungsweg

Zunächst stellt sich die Frage, ob es möglich ist, alle 16 Figuren auf dem Brett unterzubringen. Die Antwort lautet offensichtlich "Nein", da nach dem Setzen der zwei Damen und der vier Türme jeweils sechs Spalten und sechs Zeilen des Schachbretts direkt bedroht sind, also nur noch die vier Kreuzungspunkte der zwei verbleibenden Zeilen und Spalten für die restlichen 10 Figuren zur Verfügung stehen.

Analog hierzu kann man entscheiden, wie es sich mit 15 Figuren verhält: vier Türme und eine Dame (oder drei Türme und beide Damen) bedrohen fünf Zeilen und fünf Spalten, verbleiben 3 X 3 = 9 unbedrohte Felder, also noch immer zu wenig für die restlichen 10 Figuren.

Die Antwort auf die gestellte Frage lautet also: höchstens 14!

Fragt man sich jetzt, welche 14 Figuren im folgenden betrachtet werden sollen, so wird man sich am besten für den Fall ohne Damen entscheiden, da diese schlagkräftige Figur natürlich besonders schwer auf dem Brett unterzubringen ist.

Das nachfolgend beschriebene Programm ermittelt sämtliche der Aufgabenstellung genügende Stellungen mit 14 Figuren unter Vernachlässigung der Damen, also mit vier Türmen, vier Läufern, vier Springern und den beiden Königen.

Es wurde auf einem Hewlett-Packard 85 entwickelt und hat einen Umfang von 7878 Bytes.

Beschreibung der Programmteile

1000-1140:

Ausgabe der Überschriften auf dem integrierten Drucker.

1150-1390:

Aufbreitung der in der Ausdruckroutine erforderlichen graphischen Symbole für die verwendeten Schachfiguren.

1400-1490:

Dimensionierung des Schachfeldes.

Abspeichern der Reihenfolge, in der der Rechner auf die Figuren zugreifen soll (Zeile 1470).

Rücksetzen des Lösungszählers und der internen Uhr.

1500-1610:

Hauptprogramm.

Bestimmt die Nummer (den Index) der aktuellen Figur. Sucht ein Feld, das weder besetzt noch bedroht ist, und verzweigt in alle erforderlichen Unterprogramme.

1620-1690:

Bestimmt das Feld, an dem die Suche des Hauptprogramms beginnen soll, und zwar als das Feld, das auf das Feld folgt, das von der zuletzt gesetzten, gleichartigen Figur besetzt ist. (Erforderlich um Doppelerzeugung einer Lösung zu verhindern.)

1700-2180:

Unterprogramme zur Prüfung, ob das Setzen der aktuellen Figur auf das vom Hauptprogramm gefundene Feld zu einer Bedrohung bereits gesetzter Steine führen würde.

2190-2510:

Unterprogramme zur Ausführung der Züge.

Das Feld, auf das die Figur gesetzt wird, erhält als Wert den negierten Index der Figur.

Zu dem Wert aller bedrohten Felder wird die Zweierpotenz des Index hinzuaddiert.

2520-2580:

Unterprogramm zur Rücknahme eines Zuges, wenn für die folgende Figur kein Platz gefunden werden konnte.

2590-2810:

Ausgabe der Lösungsnummer sowie der Rechenzeit in Sekunden (ohne Druckzeit). Aufbereitung und Ausgabe der Graphik.

2820-2960:

Dokumentation.

Abschließend bleibt zu sagen, daß es auch Stellungen mit 14 Figuren gibt, die Damen (oder zumindest eine Dame) enthalten. So könnte zum Beispiel in der Lösungsstellung Nr. 13 der Turm in der untersten Zeile durch eine Dame ersetzt werden.

Es ist sicher möglich, das beschriebene Programm derart zu erweitern, daß es auch diese Lösungen erzeugt, jedoch wäre dann mit erheblich längerer Ausführungszeit zu rechnen.

Lösungen

```
********************************
*                              *
*  KNOBELECKE 1984             *
*      AUFGABE 4               *
*          EIN SCHACHPROBLEM   *
*                              *
*  14 FIGUREN (KEINE DAMEN)    *
*                              *
*  (C)                         *
*      JOACHIM SCHWARTE        *
*      ALICENSTR. 8            *
*      6100 DARMSTADT          *
*                              *
********************************
```

LOESUNG NR 1
ZEIT IN SEC: 15.69

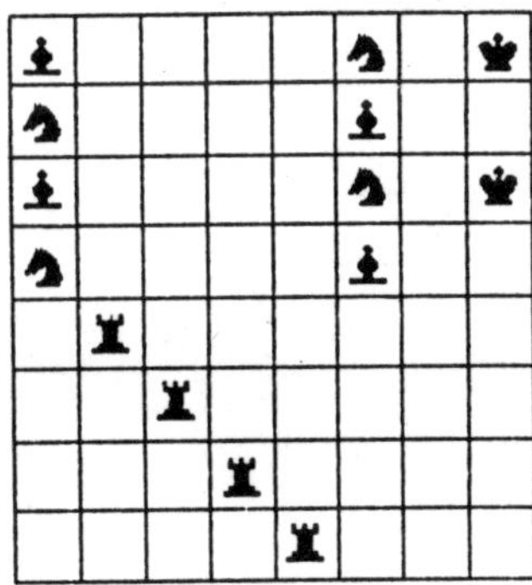

LOESUNG NR 2
ZEIT IN SEC: 632.136

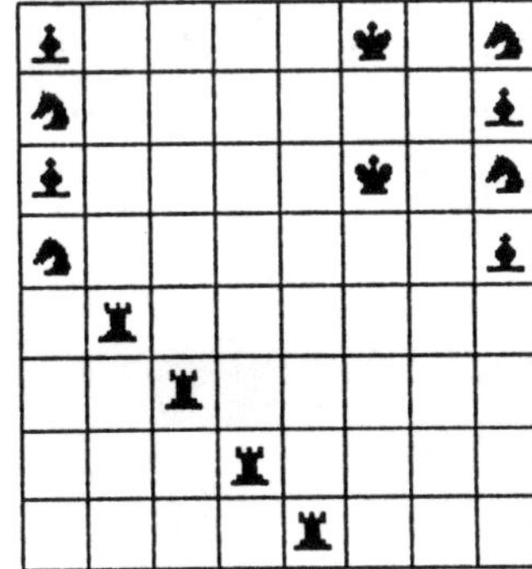

LOESUNG NR 3
ZEIT IN SEC: 904 887

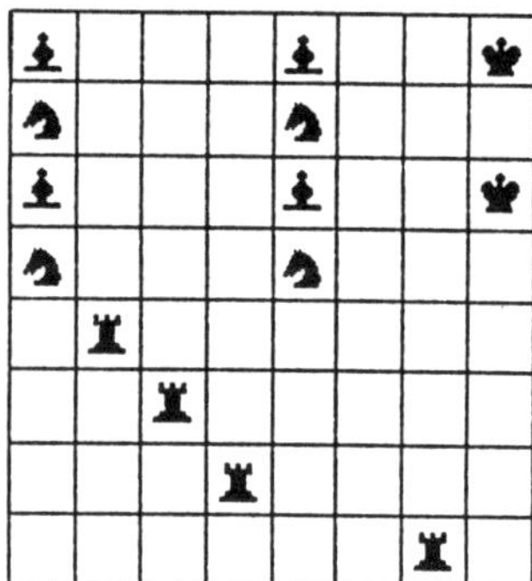

LOESUNG NR 4
ZEIT IN SEC: 1344.408

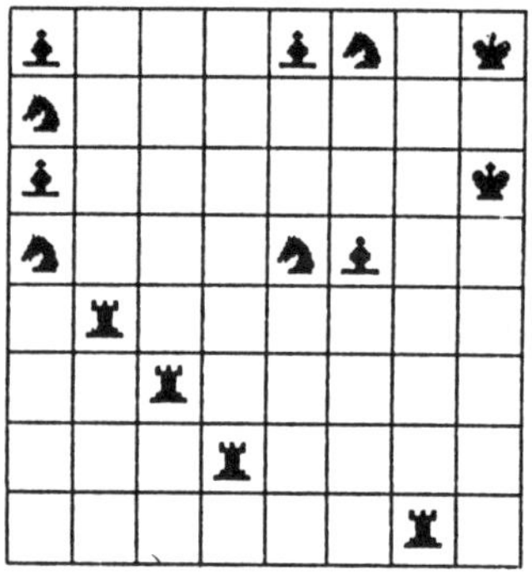

LOESUNG NR 5
ZEIT IN SEC: 1444.445

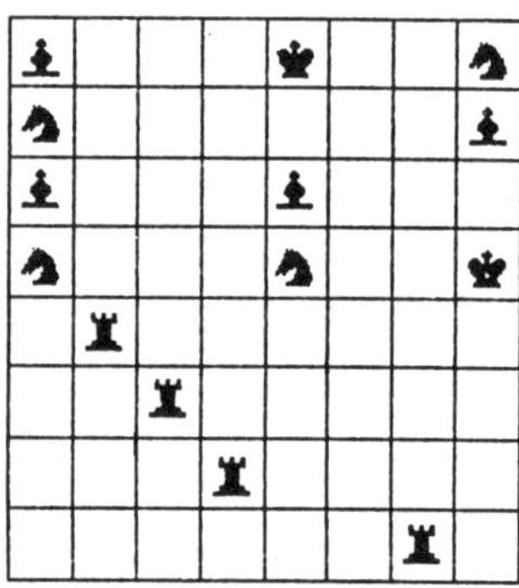

LOESUNG NR 6
ZEIT IN SEC: 1453.196

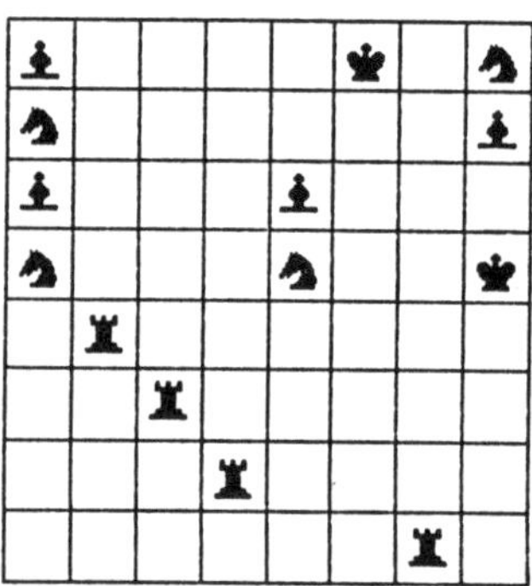

LOESUNG NR 7
ZEIT IN SEC: 1510.138

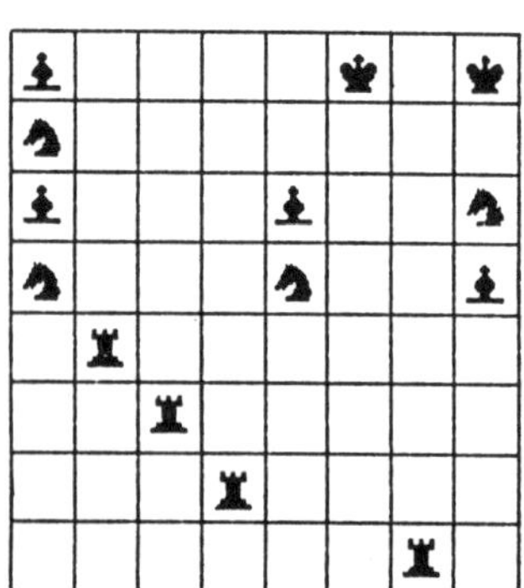

LOESUNG NR 8
ZEIT IN SEC: 1708.655

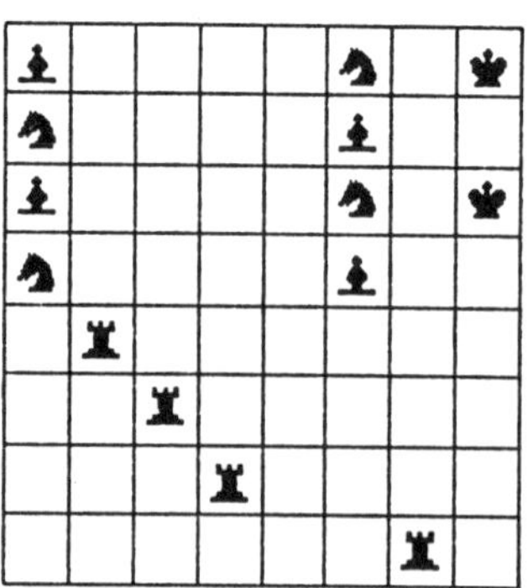

LOESUNG NR 9
ZEIT IN SEC: 2019.506

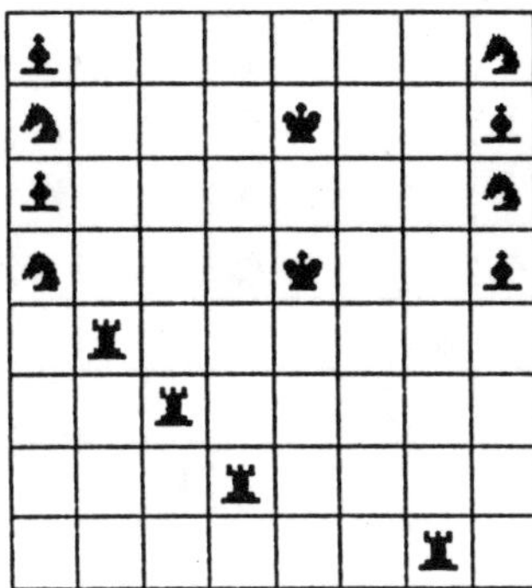

LOESUNG NR 10
ZEIT IN SEC: 2028.561

LOESUNG NR 11
ZEIT IN SEC: 2037.487

LOESUNG NR 12
ZEIT IN SEC: 2046.219

LOESUNG NR 13
ZEIT IN SEC: 2691.306

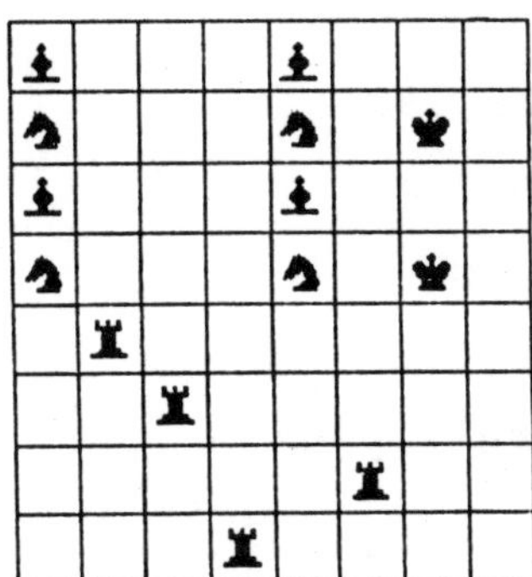

LOESUNG NR 14
ZEIT IN SEC: 2700.153

```
LOESUNG NR 15
ZEIT IN SEC: 2704.32
```

♝				♝			
♞				♞			♚
♝				♝			
♞				♞		♚	
	♜						
		♜					
					♜		
			♜				

```
LOESUNG NR 16
ZEIT IN SEC: 2712.633
```

♝				♝			♚
♞				♞			
♝				♝			♚
♞				♞			
	♜						
		♜					
					♜		
			♜				

```
LOESUNG NR 17
ZEIT IN SEC: 2779.431
```

♝				♝			♞
♞				♞			♝
♝							
♞				♚		♚	
	♜						
		♜					
					♜		
			♜				

Anweisungsliste

```
1000 PRINT "********************
     ************"
1010 PRINT "*
                    *"
1020 PRINT "*  KNOBELECKE 1984
                    *"
1030 PRINT "*      AUFGABE 4
                    *"
1040 PRINT "*            EIN SCHAC
     HPROBLEM       *"
1050 PRINT "*
                    *"
1060 PRINT "*  14 FIGUREN (KEINE
      DAMEN)        *"
1070 PRINT "*
                    *"
```

```
1080 PRINT "*   (C)
                *"
1090 PRINT "*       JOACHIM SCHWA
     RTE        *"
1100 PRINT "*       ALICENSTR. 8
                *"
1110 PRINT "*       6100 DARMSTAD
     T          *"
1120 PRINT "*
                *"
1130 PRINT "*******************
     ***********"
1140 PRINT @ PRINT
1150 DIM T$[28],K$[28],L$[28],S$
     [28]
1160 DATA 0,3,0,3,60,15,60,15,15
     ,255,15,255,63,255
1170 DATA 63,255,15,255,15,255,6
     0,15,60,15,0,3,0,3
1180 DATA 3,128,7,224,7,243,7,25
     5,3,255,25,255,63,255
1190 DATA 63,255,25,255,3,255,7,
     255,7,243,7,224,3,128
1200 DATA 0,3,0,3,0,3,0,227,1,24
     3,27,255,63,255
1210 DATA 63,255,27,255,1,243,0,
     227,0,3,0,3,0,3
1220 DATA 0,28,0,255,3,255,7,255
     ,15,255,31,255,31,159,63,19
     9
1230 DATA 31,195,63,227,15,240,3
     ,224,0,240,0,48
1240 FOR I=1 TO 28
1250 READ M1
1260 T$[I,I]=CHR$(M1)
1270 NEXT I
1280 FOR I=1 TO 28
1290 READ M1
1300 K$[I,I]=CHR$(M1)
1310 NEXT I
1320 FOR I=1 TO 28
1330 READ M1
1340 L$[I,I]=CHR$(M1)
1350 NEXT I
1360 FOR I=1 TO 28
1370 READ M1
1380 S$[I,I]=CHR$(M1)
1390 NEXT I
1400 DIM F(9,9),E(14)
1410 T=0
1420 FOR X1=0 TO 9 @ FOR Y1=0 TO
      9
1430 F(X1,Y1)=0
1440 NEXT Y1 @ NEXT X1
1450 SETTIME 0,0
1460 C=0
1470 DATA 2,3,2,3,1,1,1,1,3,2,3,
     2,4,4
```

```
1480 FOR N=1 TO 14 @ READ E(N)@
     NEXT N
1490 N=0
1500 N=N+1 @ X=0 @ Y=1
1510 IF N>14 THEN GOSUB 2590 @ G
     OTO 1530
1520 GOSUB 1620
1530 X=X+1
1540 IF X=9 THEN X=1 @ Y=Y+1
1550 IF Y=9 THEN 1590
1560 R=0 @ IF F(X,Y)=0 THEN GOSU
     B 1700
1570 IF R=1 THEN GOSUB 2190 @ GO
     TO 1500
1580 GOTO 1530
1590 N=N-1 @ IF N=0 THEN END
1600 GOSUB 2520
1610 COTO 1530
1620 IF N=1 THEN RETURN
1630 H2=0 @ FOR H=1 TO N-1
1640 IF E(H)=E(N) THEN H2=H
1650 NEXT H @ IF H2=0 THEN RETUR
     N
1660 FOR X2=1 TO 8 @ FOR Y2=1 TO
      8
1670 IF F(X2,Y2)=H2*-1 THEN X=X2
      @ Y=Y2 @ RETURN
1680 NEXT Y2 @ NEXT X2
1690 GOSUB 2590 @ END
1700 IF N=15 THEN R=0 @ RETURN
1710 ON E(N) GOSUB 1730,1790,191
     0,2090
1720 RETURN
1730 R=1
1740 FOR X1=1 TO 8 @ IF F(X1,Y)<
     0 THEN R=0
1750 NEXT X1
1760 FOR Y1=1 TO 8 @ IF F(X,Y1)<
     0 THEN R=0
1770 NEXT Y1
1780 RETURN
1790 R=1
1800 FOR X1=1 TO 7
1810 IF X+X1>8 OR Y+X1>8 THEN 18
     30
1820 IF F(X+X1,Y+X1)<0 THEN R=0
1830 IF X+X1>8 OR Y-X1<1 THEN 18
     50
1840 IF F(X+X1,Y-X1)<0 THEN R=0
1850 IF X-X1<1 OR Y+X1>8 THEN 18
     70
1860 IF F(X-X1,Y+X1)<0 THEN R=0
1870 IF X-X1<1 OR Y-X1<1 THEN 18
     90
1880 IF F(X-X1,Y-X1)<0 THEN R=0
1890 NEXT X1
1900 RETURN
1910 R=1
```

```
1920 IF X+2>8 OR Y+1>8 THEN 1940
1930 IF F(X+2,Y+1)<0 THEN R=0
1940 IF X+1>8 OR Y+2>8 THEN 1960
1950 IF F(X+1,Y+2)<0 THEN R=0
1960 IF X-2<1 OR Y+1>8 THEN 1980
1970 IF F(X-2,Y+1)<0 THEN R=0
1980 IF X-1<1 OR Y+2>8 THEN 2000
1990 IF F(X-1,Y+2)<0 THEN R=0
2000 IF X+2>8 OR Y-1<1 THEN 2020
2010 IF F(X+2,Y-1)<0 THEN R=0
2020 IF X+1>8 OR Y-2<1 THEN 2040
2030 IF F(X+1,Y-2)<0 THEN R=0
2040 IF X-2<1 OR Y-1<1 THEN 2060
2050 IF F(X-2,Y-1)<0 THEN R=0
2060 IF X-1<1 OR Y-2<1 THEN 2080
2070 IF F(X-1,Y-2)<0 THEN R=0
2080 RETURN
2090 R=1
2100 IF X+1<9 AND Y+1<9 AND F(X+
     1,Y+1)<0 THEN R=0
2110 IF X+1<9 AND F(X+1,Y)<0 THE
     N R=0
2120 IF X+1<9 AND Y-1>0 AND F(X+
     1,Y-1)<0 THEN R=0
2130 IF Y+1<9 AND F(X,Y+1)<0 THE
     N R=0
2140 IF Y-1>0 AND F(X,Y-1)<0 THE
     N R=0
2150 IF X-1>0 AND Y-1>0 AND F(X-
     1,Y-1)<0 THEN R=0
2160 IF X-1>0 AND F(X-1,Y)<0 THE
     N R=0
2170 IF X-1>0 AND Y+1<9 AND F(X-
     1,Y+1)<0 THEN R=0
2180 RETURN
2190 ON E(N) GOSUB 2210,2240,232
     0,2420
2200 RETURN
2210 FOR X1=1 TO 8 @ F(X1,Y)=F(X
     1,Y)+2^N @ NEXT X1
2220 FOR Y1=1 TO 8 @ F(X,Y1)=F(X
     ,Y1)+2^N @ NEXT Y1
2230 F(X,Y)=N*-1 @ RETURN
2240 FOR X1=1 TO 7
2250 IF X+X1<9 AND Y+X1<9 THEN F
     (X+X1,Y+X1)=F(X+X1,Y+X1)+2^
     N
2260 IF X+X1<9 AND Y-X1>0 THEN F
     (X+X1,Y-X1)=F(X+X1,Y-X1)+2^
     N
2270 IF X-X1>0 AND Y+X1<9 THEN F
     (X-X1,Y+X1)=F(X-X1,Y+X1)+2^
     N
2280 IF X-X1>0 AND Y-X1>0 THEN F
     (X-X1,Y-X1)=F(X-X1,Y-X1)+2^
     N
2290 NEXT X1
2300 F(X,Y)=N*-1
```

```
2310 RETURN
2320 F(X,Y)=N*-1
2330 IF X+2<9 AND Y+1<9 THEN F(X
     +2,Y+1)=F(X+2,Y+1)+2^N
2340 IF X+1<9 AND Y+2<9 THEN F(X
     +1,Y+2)=F(X+1,Y+2)+2^N
2350 IF X-2>0 AND Y+1<9 THEN F(X
     -2,Y+1)=F(X-2,Y+1)+2^N
2360 IF X-1>0 AND Y+2<9 THEN F(X
     -1,Y+2)=F(X-1,Y+2)+2^N
2370 IF X+2<9 AND Y-1>0 THEN F(X
     +2,Y-1)=F(X+2,Y-1)+2^N
2380 IF X+1<9 AND Y-2>0 THEN F(X
     +1,Y-2)=F(X+1,Y-2)+2^N
2390 IF X-2>0 AND Y-1>0 THEN F(X
     -2,Y-1)=F(X-2,Y-1)+2^N
2400 IF X-1>0 AND Y-2>0 THEN F(X
     -1,Y-2)=F(X-1,Y-2)+2^N
2410 RETURN
2420 F(X,Y)=N*-1
2430 IF X+1<9 AND Y+1<9 THEN F(X
     +1,Y+1)=F(X+1,Y+1)+2^N
2440 IF X+1<9 THEN F(X+1,Y)=F(X+
     1,Y)+2^N
2450 IF X+1<9 AND Y-1>0 THEN F(X
     +1,Y-1)=F(X+1,Y-1)+2^N
2460 IF Y+1<9 THEN F(X,Y+1)=F(X,
     Y+1)+2^N
2470 IF Y-1>0 THEN F(X,Y-1)=F(X,
     Y-1)+2^N
2480 IF X-1>0 AND Y-1>0 THEN F(X
     -1,Y-1)=F(X-1,Y-1)+2^N
2490 IF X-1>0 THEN F(X-1,Y)=F(X-
     1,Y)+2^N
2500 IF X-1>0 AND Y+1<9 THEN F(X
     -1,Y+1)=F(X-1,Y+1)+2^N
2510 RETURN
2520 FOR X1=1 TO 8
2530 FOR Y1=1 TO 8
2540 IF F(X1,Y1)<2^N THEN 2560
2550 F(X1,Y1)=F(X1,Y1)-2^N
2560 IF F(X1,Y1)=N*-1 THEN X=X1
     @ Y=Y1 @ F(X1,Y1)=0
2570 NEXT Y1 @ NEXT X1
2580 RETURN
2590 PRINT
2600 T=T+TIME
2610 C=C+1
2620 PRINT "      LOESUNG NR";C
2630 PRINT "      ZEIT IN SEC:";T
2640 GCLEAR
2650 SCALE 0,10,0,8
2660 FOR I=1 TO 9
2670 YAXIS I @ NEXT I
2680 FOR I=0 TO 8 @ PLOT 1,I @ P
     LOT 9,I
2690 PENUP @ NEXT I
2700 FOR X2=1 TO 8
```

```
2710 FOR Y2=1 TO 8
2720 IF F(X2,Y2)<0 THEN 2780
2730 NEXT Y2
2740 NEXT X2
2750 COPY
2760 SETTIME 0,0
2770 RETURN
2780 IF E(-(1*F(X2,Y2)))=1 THEN
     MOVE X2+.25,Y2-.25 @ BPLOT
     T$,2 @ GOTO 2730
2790 IF E(-(1*F(X2,Y2)))=2 THEN
     MOVE X2+.25,Y2-.25 @ BPLOT
     L$,2 @ GOTO 2730
2800 IF E(-(1*F(X2,Y2)))=3 THEN
     MOVE X2+.25,Y2-.25 @ BPLOT
     S$,2 @ GOTO 2730
2810 IF E(-(1*F(X2,Y2)))=4 THEN
     MOVE X2+.25,Y2-.25 @ BPLOT
     K$,2 @ GOTO 2730
2820 REM *********************
2830 REM *                   *
2840 REM * KNOBELECKE 1984   *
2850 REM * AUFGABE 4         *
2860 REM * EIN SCHACHPROBLEM *
2870 REM *                   *
2880 REM * 14 FIGUREN        *
2890 REM * (KEINE DAMEN)     *
2900 REM *                   *
2910 REM * (C)    19.01.1984 *
2920 REM * JOACHIM SCHWARTE  *
2930 REM * ALICENSTR. 8      *
2940 REM * 6100 DARMSTADT    *
2950 REM *                   *
2960 REM *********************
```

7 Zwei Kreise mit Schnittpunkten

von Dr. Kurt Hain

Für zwei Kreise sind nach Bild 7.1 die Koordinaten von je drei Punkten A_1, A_2, A_3, sowie B_1, B_2, B_3 gegeben. Es sind die Koordinaten der beiden Schnittpunkte C_1 und C_2 dieser beiden Kreise zu berechnen.

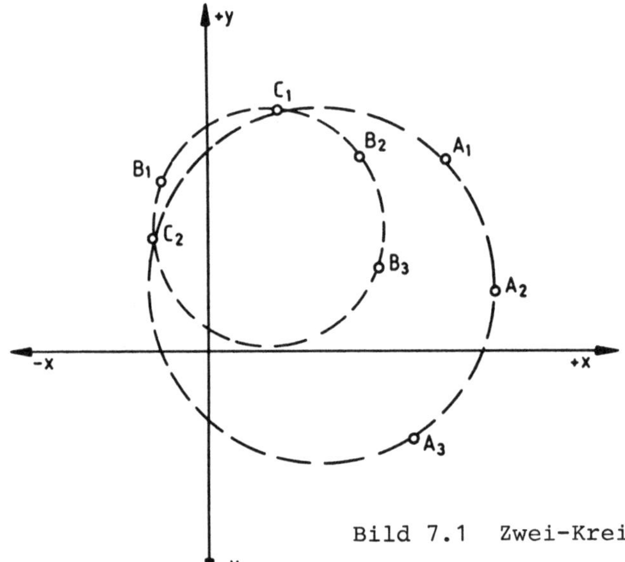

Bild 7.1 Zwei-Kreise Schnittpunkte

Punkt	x	y
A_1	41	32,5
A_2	50	10,5
A_3	35,5	- 15
B_1	- 8	28,5
B_2	26,5	32,5
B_3	29,5	14

Alle Angaben in mm; Ergebnisse auf 3 Dezimalstellen gerundet.

Folgende Rechner und Programmiersprachen wurden verwendet (Reihenfolge wie im Text):

TI-59	AOS	TI-99/4A	TI-BASIC
HP-41C	UPN	CBM 3032	BASIC
HP-75	HP-BASIC	HP-85	HP-BASIC
FX-702P	Casio-BASIC		

7.1 Taschenrechner TI-59 (AOS)

von Dr. Arved Fuhrmann

Beschreibung

Die Ausführungszeit beträgt etwa 1/2 Minute, die sich zwischen der Eingabe von zwölf Koordinatenwerten und der Ausgabe von vier Koordinatenwerten verteilt. Nach der Eingabe der Koordinaten je eines Kreises ergeben sich reine Rechenzeiten von etwa 10 bzw. 13 Sekunden.

Der Lösungsweg ist in den beiliegenden Programmablaufplänen beschrieben. Der Mittelpunkt und der Radius je eines Kreises werden entsprechend der üblichen geometrischen Konstruktion (Schnitt zweier Mittelsenkrechter) ermittelt.

Die beiden Schnittpunkte werden errechnet über den Fußpunkt F, in dem sich ihre Verbindungsgerade mit der Verbindungsgerade der beiden Kreismittelpunkte schneidet.

Bemerkenswerterweise gehen die beiden Kreisradien und der Abstand der beiden Kreismittelpunkte nur als Quadrate in die Rechnung ein. Erst zur Berechnung der beiden Kreis-Schnittpunkte selbst muß einmal die Quadratwurzel gezogen werden.

Berücksichtigt werden die Sonderfälle:

- Entartung eines Kreises zur Geraden bzw. Zusammenfallen zweier Kreispunkte.
- Konzentrische Kreise mit gleichem oder verschiedenem Radius.
- Kreise ohne reelle Schnittpunkte.
- Kreise, die sich in einem Punkt berühren.

Speicherbedarf: 433 Befehlszeilen.
16 Register für Variable und Konstante.

Das Programm wird von einer auf zwei Spuren beschriebenen Magnetkarte eingelesen; Speichereinteilung normal.

Nach dem Start mit A sind die je drei Punkte für die beiden Kreise durch ihre x- und y-Koordinate einzugeben: A1X, A1Y, A2X, A2Y, A3X, A3Y, B1X usw. bis B3Y. Dabei ist jedesmal das Anhalten des Rechners mit Aufleuchten der Anzeige abzuwarten.

Programm-Protokoll:
- Start-Anzeige: "SN2KR"
- Quittierung der Koordinaten mit eingegebenem Wert und Bezeichnung.
- Ausgabe von Ergebnissen mit Bezeichnungen oder Kommentaren zu Sonderfällen.

Beispiel 1: Siehe Aufgabenstellung.
Beispiel 2: Abweisung eines entarteten Kreises, dann konzentrische Kreise mit gleichem Radius.
Beispiel 3: Konzentrische Kreise mit verschiedenem Radius.
Beispiel 4: Kreise ohne reelle Schnittpunkte.
Beispiel 5: Kreise, die sich in einem Punkt berühren.
Beispiel 6: Kreise, die bereits durch ihre Schnittpunkte definiert sind.

Beispiele

Beispiel 1

```
        SN2KR
  41.     =A1X
 32.5     =A1Y
  50.     =A2X
 10.5     =A2Y
 35.5     =A3X
 -15.     =A3Y
  -8.     =B1X
 28.5     =B1Y
 26.5     =B2X
 32.5     =B2Y
 29.5     =B3X
  14.     =B3Y
12.374    =C1X
40.428    =C1Y
 -9.66    =C2X
19.097    =C2Y
```

Beispiel 2

```
        SN2KR
  5.      =A1X
  8.      =A1Y
  6.      =A2X
 10.      =A2Y
  8.      =A3X
 14.      =A3Y
        NO KR
  4.      =A1X
 -3.      =A1Y
  0.      =A2X
  5.      =A2Y
 -4.      =A3X
 -3.      =A3Y
  4.      =B1X
  3.      =B1Y
 -4.      =B2X
  3.      =B2Y
  0.      =B3X
 -5.      =B3Y
        IDENT
```

Beispiel 3

```
        SN2KR
  4.      =A1X
  0.      =A1Y
  1.      =A2X
  3.      =A2Y
 -2.      =A3X
  0.      =A3Y
  1.      =B1X
  4.      =B1Y
  1.      =B2X
 -4.      =B2Y
  5.      =B3X
  0.      =B3Y
        FREMD
```

Beispiel 4

```
        SN2KR
 11.     =A1X
 10.     =A1Y
 10.     =A2X
 11.     =A2Y
  9.     =A3X
 10.     =A3Y
  8.     =B1X
 -6.     =B1Y
 10.     =B2X
 -8.     =B2Y
  8.     =B3X
-10.     =B3Y
        FREMD
```

Beispiel 5

```
        SN2KR
 0.      =A1X
 2.      =A1Y
-2.      =A2X
 0.      =A2Y
 0.      =A3X
-2.      =A3Y
 5.      =B1X
-3.      =B1Y
 8.      =B2X
 0.      =B2Y
 5.      =B3X
 3.      =B3Y
 2.      =C1X
 0.      =C1Y
```

Beispiel 6

```
               SN2KR
   4.38        =A1X
  -5.79        =A1Y
  -3.604       =A2X
  12.57        =A2Y
  -6.158       =A3X
  34.859       =A3Y
   4.38        =B1X
  -5.79        =B1Y
 -33.456       =B2X
  15.067       =B2Y
  -3.604       =B3X
  12.57        =B3Y
  -3.604       =C1X
  12.57        =C1Y
   4.38        =C2X
  -5.79        =C2Y
```

Programmablauf

Das Hauptprogramm erhält durch zweimaligen Aufruf des Unterprogramms KREIS für je einen Kreis die Koordinaten des Mittelpunktes sowie das Quadrat des Radius. Um Rechenoperationen zu sparen, wird im Hauptprogramm und im Unterprogramm nicht nur mit Längen, sondern auch mit Quadraten oder Verhältnissen von Längen operiert. Der Fußpunkt F mit den Koordinaten FX und FY ist der Schnittpunkt der Verbindungsgeraden der beiden Mittelpunkte mit der Verbindungsgeraden der beiden gesuchten Schnittpunkte (vgl. Flußdiagramm).

Registerbelegung des Hauptprogramms:

R0	txt			
R1	adr			
R2				
R3				
R4				
R5				
R6				
R7				
R8				
R9	M2X	DMX	DY	C1Y
R10	M2Y	DMY	DX	C1X
R11	R2	R2-R1	(R2-R1)/DM	T
R12	M1X	FX	C2X	
R13	M1Y	FY	C2Y	
R14	R1	R1/DM		
R15	10^{-7}			

Die Prüfung auf U = 0 wird tatsächlich als Prüfung auf $-10^{-7} \leqq U < +10^{-7}$ ausgeführt.

Zur Rundung der auszugebenden Ergebnisse mit Organisation des begleitenden Kommentars dient ein hier nicht dargestelltes Unterprogramm (LBL A').

Flußdiagramm des Hauptprogramms (LBL A)

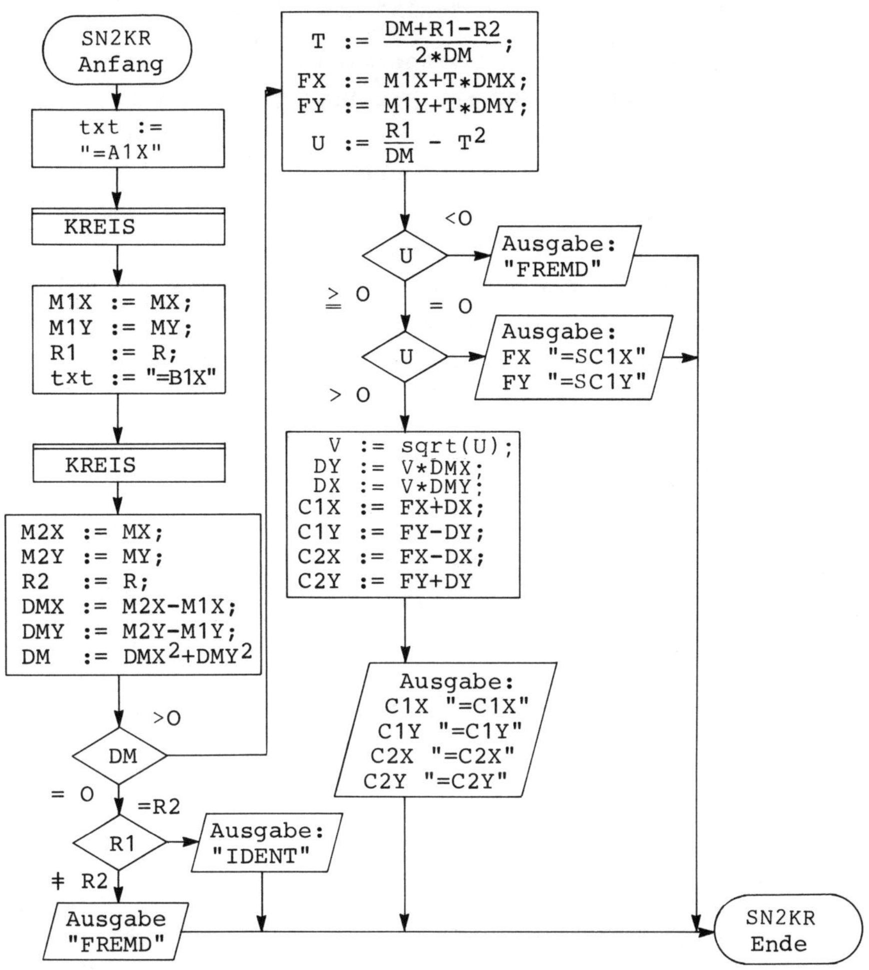

Unterprogramm KREIS

Eingangsvariable: Text = txt = "=A1X" bzw. "=B1X"

Aufgaben:
- Eingabe der x- und y-Koordinaten (k) der drei Punkte P1, P2, P3 zur Bestimmung eines Kreises mit Protokoll.
- Prüfung, ob die drei Punkte voneinander verschieden sind und nicht auf einer Geraden liegen; ggf. Möglichkeit zur erneuten Eingabe.
- Bestimmung der x- und y-Koordinate des Kreismittelpunktes (Schnittpunkt der Mittelsenkrechten von je zwei Punkten) und des Quadrats des Kreisradius.

Aktivierte Texte:

A1X	B1X
A1Y	B1Y
A2X	B2X
A2Y	B2Y
A3X	B3X
A3Y	B3Y

MX, MY: Koordinaten des Kreismittelpunkts
R: Quadrat des Kreisradius.

Registerbelegung:

RO	txt	
R1	adr	D1
R2	zlr	D2
R3	P1X	D1X
R4	P1Y	D1Y
R5	P2X	D2X
R6	P2Y	D2Y
R7	P3X	
R8	P3Y	
R9	MX	
R10	MY	
R11	R	

Zur Organisation der Eingabe mit Speicherung und Organisation des begleitenden Kommentars dient ein hier nicht dargestelltes Unterprogramm (LBL B').

Flußdiagramm des Unterprogramms KREIS (LBL B)

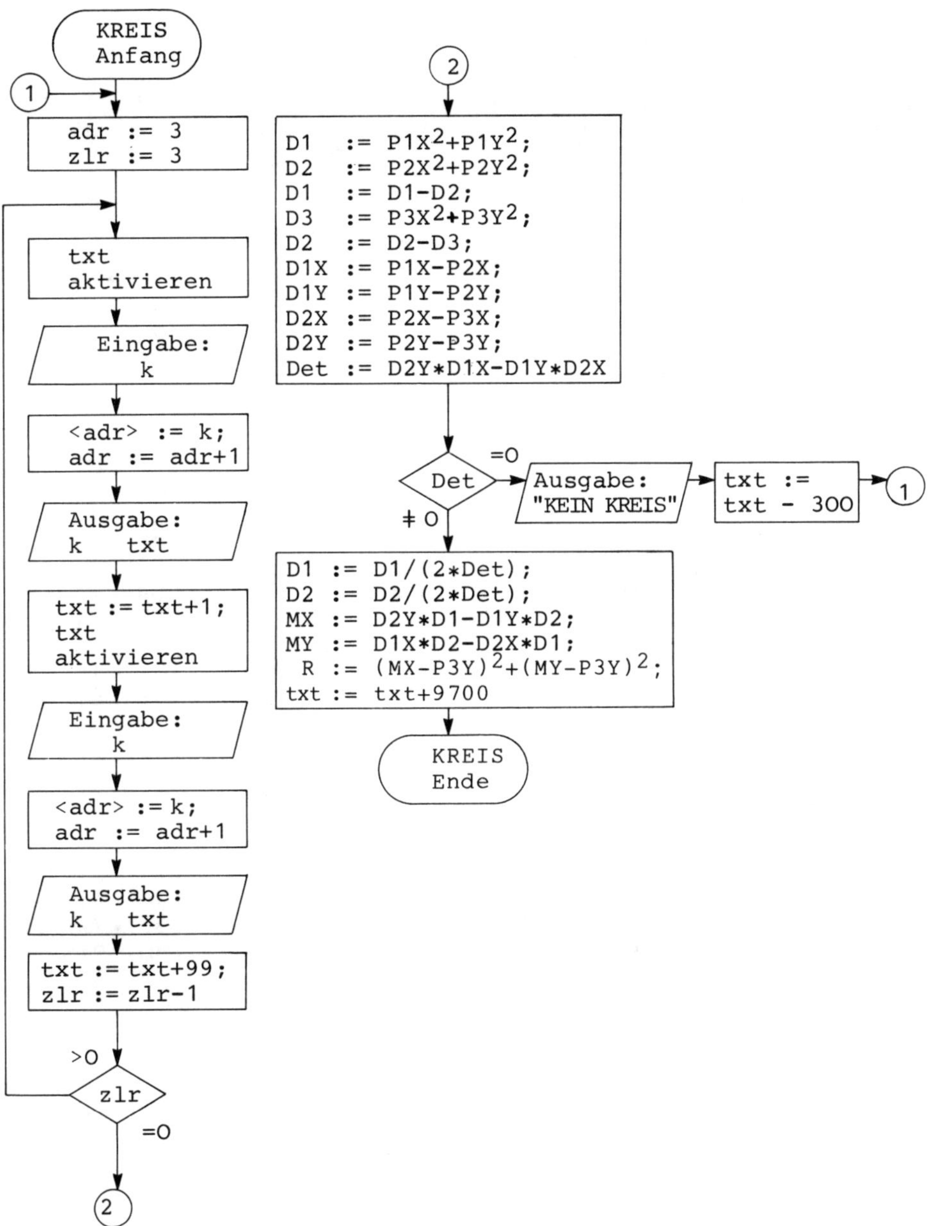

Anweisungsliste

```
000  76 LBL
001  11  A
002  01  1
003  52 EE
004  07  7
005  94 +/-
006  42 STO
007  15  15
008  22 INV
009  52 EE
010  03  3
011  06  6
012  03  3
013  01  1
014  00  0
015  03  3
016  02  2
017  06  6
018  03  3
019  05  5
020  69 OP
021  04  04
022  69 OP
023  05  05
024  06  6
025  04  4
026  01  1
027  03  3
028  00  0
029  02  2
030  04  4
031  04  4
032  42 STO
033  00  00
034  12  B
035  43 RCL
036  09  09
037  42 STO
038  12  12
039  43 RCL
040  10  10
041  42 STO
042  13  13
043  43 RCL
044  11  11
045  42 STO
046  14  14
047  12  B
048  43 RCL
049  12  12
050  22 INV
051  44 SUM
052  09  09
053  43 RCL
054  13  13
055  22 INV
056  44 SUM
057  10  10
058  43 RCL
059  14  14
060  22 INV
061  44 SUM
062  11  11
063  43 RCL
064  09  09
065  33 X²
066  85  +
067  43 RCL
068  10  10
069  33 X²
070  95  =
071  67  EQ
072  81 RST
073  35 1/X
074  49 PRD
075  11  11
076  49 PRD
077  14  14
078  01  1
079  75  -
080  43 RCL
081  11  11
082  95  =
083  55  ÷
084  02  2
085  65  ×
086  42 STO
087  11  11
088  43 RCL
089  09  09
090  95  =
091  44 SUM
092  12  12
093  43 RCL
094  11  11
095  65  ×
096  43 RCL
097  10  10
098  95  =
099  44 SUM
100  13  13
101  43 RCL
102  14  14
103  75  -
104  43 RCL
105  11  11
106  33 X²
107  75  -
108  43 RCL
109  15  15
110  85  +
111  77  GE
112  61 GTO
113  02  2
114  65  ×
115  43 RCL
116  15  15
117  95  =
118  77  GE
119  71 SBR
120  76 LBL
121  36 PGM
122  02  2
123  01  1
124  03  3
125  05  5
126  01  1
127  07  7
128  03  3
129  00  0
130  01  1
131  06  6
132  76 LBL
133  66 PAU
134  69 OP
135  04  04
136  69 OP
137  05  05
138  98 ADV
139  91 R/S
140  61 GTO
141  11  A
142  76 LBL
143  61 GTO
144  43 RCL
145  15  15
146  95  =
147  34 ΓX
148  49 PRD
149  09  09
150  49 PRD
151  10  10
152  43 RCL
153  12  12
154  75  -
155  43 RCL
156  10  10
157  95  =
158  48 EXC
159  12  12
160  44 SUM
161  10  10
162  43 RCL
163  13  13
164  75  -
165  43 RCL
166  09  09
167  95  =
168  48 EXC
169  09  09
170  44 SUM
171  13  13
172  01  1
173  00  0
174  16  A'
175  69 OP
176  20  20
177  09  9
178  16  A'
179  09  9
180  09  9
181  44 SUM
182  00  00
183  76 LBL
184  71 SBR
185  01  1
186  02  2
187  16  A'
188  69 OP
189  20  20
190  01  1
191  03  3
192  16  A'
193  98 ADV
194  91 R/S
195  61 GTO
196  11  A
197  76 LBL
198  81 RST
199  43 RCL
200  11  11
201  22 INV
202  67  EQ
203  36 PGM
204  02  2
205  04  4
206  01  1
207  06  6
208  01  1
209  07  7
210  03  3
211  01  1
212  03  3
213  07  7
214  61 GTO
215  66 PAU
```

```
216  76 LBL
217  16 A'
218  42 STO
219  01  01
220  43 RCL
221  00  00
222  69 OP
223  04  04
224  73 RC*
225  01  01
226  65  ×
227  01  1
228  00  0
229  00  0
230  00  0
231  95  =
232  77  GE
233  22 INV
234  75  -
235  01  1
236  76 LBL
237  22 INV
238  85  +
239  93  .
240  05  5
241  95  =
242  59 INT
243  55  ÷
244  01  1
245  00  0
246  00  0
247  00  0
248  95  =
249  69 OP
250  06  06
251  92 RTN
252  76 LBL
253  12  B
254  03  3
255  42 STO
256  01  01
257  42 STO
258  02  02
259  76 LBL
260  32 X:T
261  17 B'
262  69 OP
263  20  20
264  17 B'
265  09  9
266  09  9
267  44 SUM
268  00  00
269  97 DSZ
270  02  02
271  32 X:T
272  43 RCL
273  03  03
274  33 X²
275  85  +
276  43 RCL
277  04  04
278  33 X²
279  95  =
280  42 STO
281  01  01
282  43 RCL
283  05  05
284  33 X²
285  85  +
286  43 RCL
287  06  06
288  33 X²
289  95  =
290  42 STO
291  02  02
292  22 INV
293  44 SUM
294  01  01
295  43 RCL
296  07  07
297  33 X²
298  85  +
299  43 RCL
300  08  08
301  33 X²
302  95  =
303  22 INV
304  44 SUM
305  02  02
306  43 RCL
307  05  05
308  22 INV
309  44 SUM
310  03  03
311  43 RCL
312  06  06
313  22 INV
314  44 SUM
315  04  04
316  43 RCL
317  07  07
318  22 INV
319  44 SUM
320  05  05
321  43 RCL
322  08  08
323  22 INV
324  44 SUM
325  06  06
326  43 RCL
327  06  06
328  65  ×
329  43 RCL
330  03  03
331  75  -
332  43 RCL
333  04  04
334  65  ×
335  43 RCL
336  05  05
337  95  =
338  67  EQ
339  42 STO
340  65  ×
341  02  2
342  95  =
343  35 1/X
344  49 PRD
345  01  01
346  49 PRD
347  02  02
348  43 RCL
349  06  06
350  65  ×
351  43 RCL
352  01  01
353  75  -
354  43 RCL
355  04  04
356  65  ×
357  43 RCL
358  02  02
359  75  -
360  42 STO
361  09  09
362  43 RCL
363  07  07
364  95  =
365  33 X²
366  42 STO
367  11  11
368  43 RCL
369  03  03
370  65  ×
371  43 RCL
372  02  02
373  75  -
374  43 RCL
375  05  05
376  65  ×
377  43 RCL
378  01  01
379  75  -
380  42 STO
381  10  10
382  43 RCL
383  08  08
384  95  =
385  33 X²
386  44 SUM
387  11  11
388  09  9
389  07  7
390  00  0
391  00  0
392  44 SUM
393  00  00
394  92 RTN
395  76 LBL
396  42 STO
397  03  3
398  01  1
399  03  3
400  02  2
401  00  0
402  00  0
403  02  2
404  06  6
405  03  3
406  05  5
407  69 OP
408  04  04
409  69 OP
410  05  05
411  03  3
412  00  0
413  00  0
414  22 INV
415  44 SUM
416  00  00
417  61 GTO
418  12  B
419  76 LBL
420  17 B'
421  43 RCL
422  00  00
423  69 OP
424  04  04
425  91 R/S
426  72 ST*
427  01  01
428  69 OP
429  21  21
430  69 OP
431  06  06
432  92 RTN
433  00  0
```

7.2 Taschenrechner TI-59 (AOS)

von Dipl.-Ing. Wolf-Eberh. Romberg

Mathem. Aufbereitung für die Programmierung:

Ermittlung der Kreismittelpunkte nach der Richtungsschnittformel

$$X_M = \frac{Y_2 - Y_1 + (\tan \vartheta_2 (X_1 - X_2))}{(\tan \vartheta_1 - \tan \vartheta_2)} + X_1$$

$$Y_M = \frac{Y_2 - Y_1 + (\tan \vartheta_2 (X_1 - X_2))}{(\tan \vartheta_1 - \tan \vartheta_2)} \cdot \tan \vartheta_1 + Y_1$$

$$r = \sqrt{(X_M - X_{A1})^2 + (Y_M - Y_{A1})^2}$$

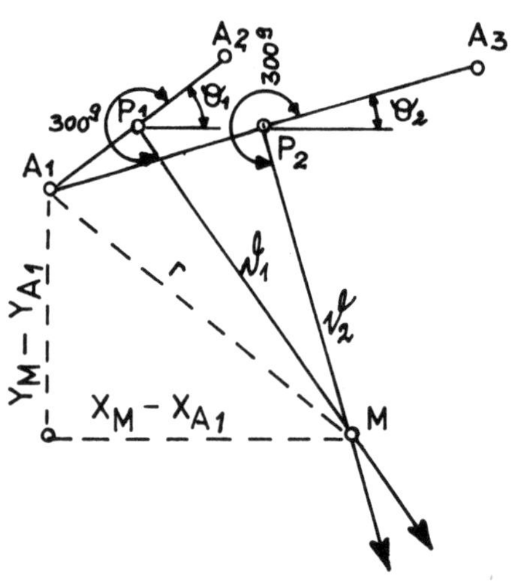

Die Richtung für den Strahl ϑ_1 von $P_{1\,(X_1;Y_1)}$ aus

Mit A_1 als Koordinatenursprung u. den Koordinaten $X = X_{A1} - X_{A2}$

u. $Y = Y_{A1} - Y_{A2}$

Wird durch Umformung in Polarkoordinaten | INV | P → R |
der Richtungs ∢ θ_1 für $\overline{A_1\, A_2}$ bestimmt.
Der Richtungs ∢ $\vartheta_1 = \theta_1 + 300^g$

Die Koordinaten von P_1: $X_1 = X_{A1} + \frac{X_{A2} - X_{A1}}{2}$

$$Y_1 = Y_{A1} + \frac{Y_{A2} - Y_{A1}}{2}$$

Die Berechnung von ϑ_2 u. $P_{2(X_2,Y_2)}$ erfolgt wie oben.

Durch Einsetzen der so errechneten Werte in die Richtungsschnittformel werden die Kreismittelpunktskoordinaten bestimmt und danach die Kreisradien.

Ermittlung der Kreisschnittpunkte C_1 und C_2

Die eben ermittelten Werte der Kreise A und B werden in die allgemeine Kreisgleichung $(x-a)^2 + (y-b)^2 = r^2$ eingesetzt. Zur Vereinfachung der Berechnung wird das Koordinatensystem mit dem Ursprung in $M_A = M_1'$ transformiert. $M_B \rightarrow M_2'$.

Die im folgenden eingeführten umkreisten Buchstaben werden zur Erleichterung der allgemeinen Lösung und Abspeicherung von Zwischenwerten eingeführt.

$$\text{I} \quad x^2 + y^2 \qquad - r_1^2 = 0 \quad | \cdot (-1)$$

$$\text{II} \quad x^2 + y^2 - 2a_2x - 2b_2y + a_2^2 + b_2^2 - r_2^2 = 0$$

$$\text{II-I} \quad - 2a_2x - 2b_2y + \underbrace{a_2^2 + b_2^2 - r_2^2 + r_1^2}_{\textcircled{D}} = 0$$

$$\rightarrow y = \frac{-a_2 \cdot x}{b_2} + \frac{D}{2b_2}$$

y in I ergibt $\underbrace{x^2(1 + (\frac{a_2}{b_2})^2)}_{\textcircled{A}} + x \underbrace{\frac{-a_2 \cdot D}{b_2^2}}_{\textcircled{B}} + \underbrace{(\frac{D}{2b_2})^2 - r_1^2}_{\textcircled{C}} = 0$

$$\begin{matrix} x'_{C1} \\ x'_{C2} \end{matrix} = \frac{-B}{2A} \pm \sqrt{(\frac{B}{2A})^2 - \frac{C}{A}}$$

mit x_i' wird $y_i' = x_i' \frac{-a_2}{b_2} + \frac{D}{2b_2}$

Vor dem Ausdruck müssen alle x_i' und y_i' rücktransformiert werden.

Beispiel

```
KREIS:A
   41.000
   32.500

   50.000
   10.500

   35.500
  -15.000

KREIS:B
   -8.000
   28.500

   26.500
   32.500

   29.500
   14.000



   12.374      C1
   40.428

   -9.660      C2
   19.097
```

Speicherinhalt

nach Eingabe		nach Ergebnisausdruck	
13.	00	13.	00
41.	01	693.3028033	01
32.5	02	1.937234811	02
50.	03	70.71900535	03
10.5	04	410.2687431	04
35.5	05	-18.25256416	05
-15.	06	11.01705506	06
-8.	07	12.37388015	07
28.5	08	-9.660229974	08
26.5	09	36.52430348	09
32.5	10	40.42792935	10
29.5	11	19.0965116	11
14.	12	14.	12
0.	13	4.	13
0.	14	34.5	14
0.	15	-14.5	15
0.	16	37.5	16
0.	17	30.5	17
0.	18	9.25	18
0.	19	21.25	19
0.	20	10.75	20
		-8.625000001	21
		-2.586206896	22
		1.171088043	23
		19.60938924	24
		10.90838651	25
		30.39335456	26
		-9.188301201	27
		9.490979119	28
		20.12353751	29
		1724366214.	30
		0.	31
		0.	32
		0.	33
		0.	34
		0.	35

belegte Lbl

004	15	E
013	11	A
079	12	B
285	13	C

Pgm-Ablauf [TI-59, Verteilung normal]

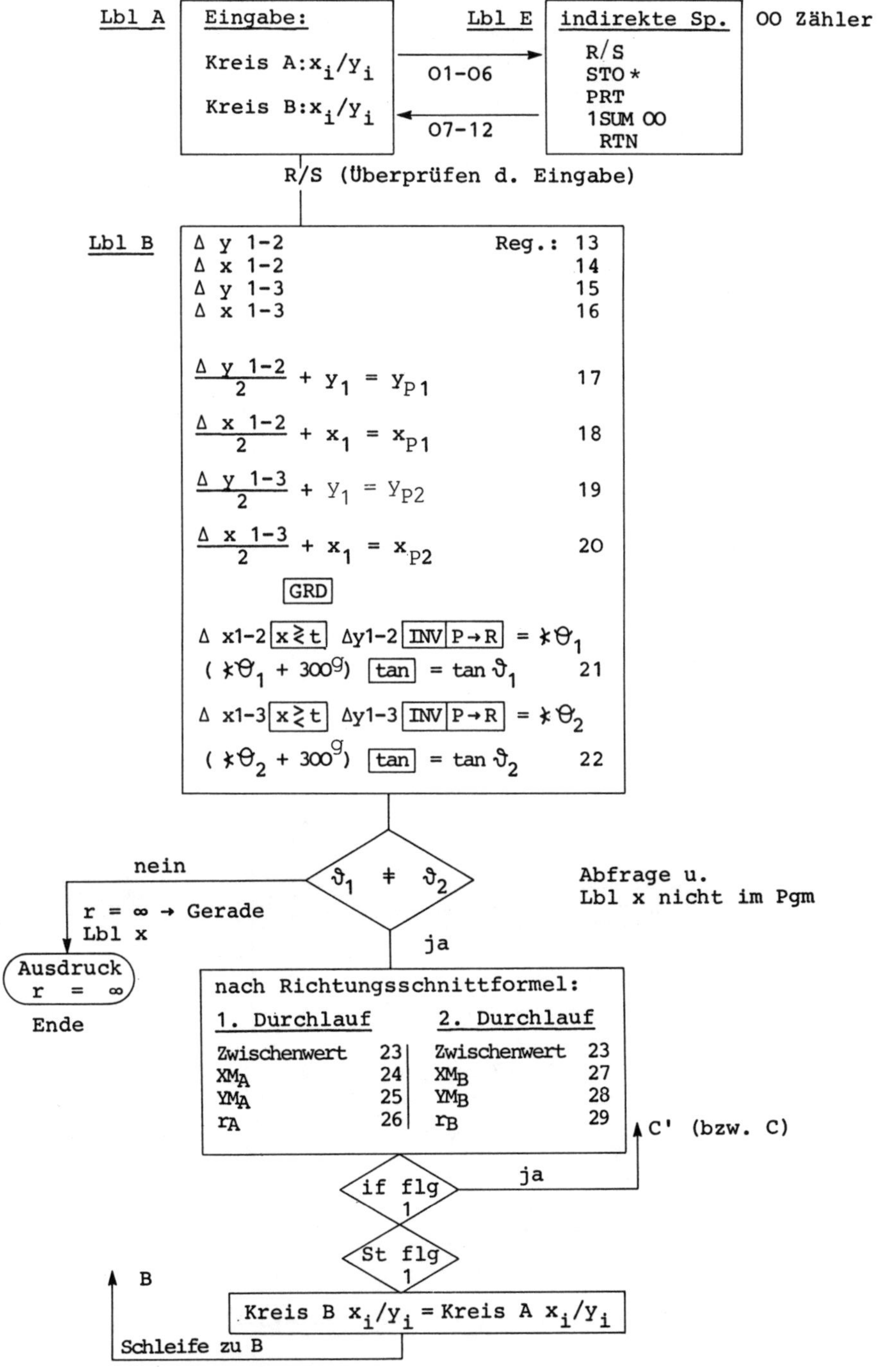

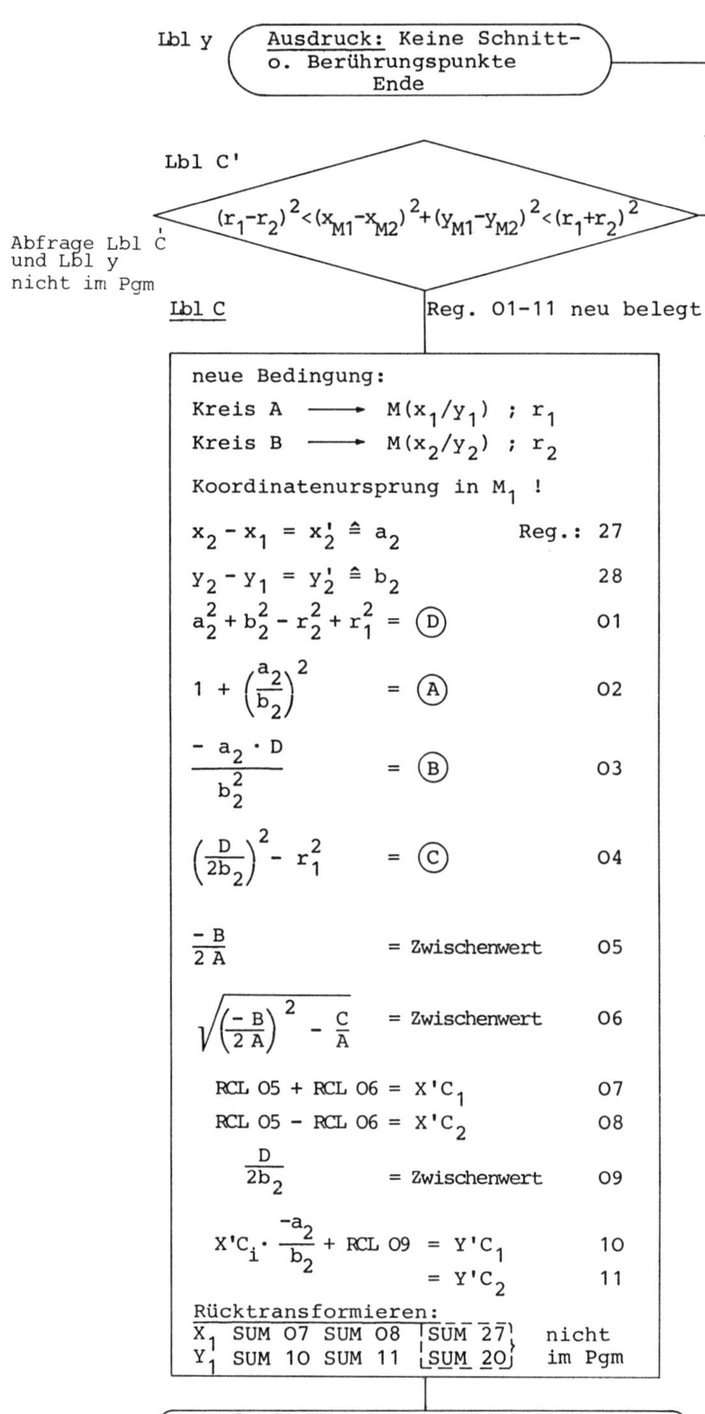
Lbl y
Ausdruck: Keine Schnitt- o. Berührungspunkte Ende
nein
Lbl C'
$(r_1-r_2)^2<(x_{M1}-x_{M2})^2+(y_{M1}-y_{M2})^2<(r_1+r_2)^2$
Abfrage Lbl C' und Lbl y nicht im Pgm
Lbl C
Reg. 01-11 neu belegt
neue Bedingung:
Kreis A → $M(x_1/y_1)$; r_1
Kreis B → $M(x_2/y_2)$; r_2
Koordinatenursprung in M_1 !
$x_2 - x_1 = x_2' \hat{=} a_2$ Reg.: 27
$y_2 - y_1 = y_2' \hat{=} b_2$ 28
$a_2^2 + b_2^2 - r_2^2 + r_1^2 = (D)$ 01
$1 + \left(\frac{a_2}{b_2}\right)^2 = (A)$ 02
$\frac{-a_2 \cdot D}{b_2^2} = (B)$ 03
$\left(\frac{D}{2b_2}\right)^2 - r_1^2 = (C)$ 04
$\frac{-B}{2A}$ = Zwischenwert 05
$\sqrt{\left(\frac{-B}{2A}\right)^2 - \frac{C}{A}}$ = Zwischenwert 06
RCL 05 + RCL 06 = $X'C_1$ 07
RCL 05 - RCL 06 = $X'C_2$ 08
$\frac{D}{2b_2}$ = Zwischenwert 09
$X'C_i \cdot \frac{-a_2}{b_2}$ + RCL 09 = $Y'C_1$ 10
= $Y'C_2$ 11
Rücktransformieren:
X_1 SUM 07 SUM 08 SUM 27
Y_1 SUM 10 SUM 11 SUM 20
nicht im Pgm
Ausdruck: C_1x/y; C_2x/y (Kreis A u. B. mögl.)

Anweisungsliste TI-59

Verteilung: normal

```
000  61 GTO
001  00  00
002  15  15
003  76 LBL
004  15  E
005  91 R/S
006  72 ST*
007  00  00
008  99 PRT
009  69 OP
010  20  20
011  92 RTN
012  76 LBL
013  11  A
014  81 RST
015  47 CMS
016  22 INV
017  58 FIX
018  69 OP
019  00  00
020  02  2
021  06  6
022  03  3
023  05  5
024  69 OP
025  01  01
026  01  1
027  07  7
028  02  2
029  04  4
030  03  3
031  06  6
032  06  6
033  02  2
034  01  1
035  03  3
036  42 STO
037  30  30
038  69 OP
039  02  02
040  69 OP
041  05  05
042  01  1
043  42 STO
044  00  00
045  44 SUM
046  30  30
047  58 FIX
048  03  03
049  15  E
050  15  E
051  98 ADV
052  15  E
053  15  E
054  98 ADV
055  15  E
056  15  E
057  98 ADV
058  22 INV
059  58 FIX
060  43 RCL
061  30  30
062  69 OP
063  02  02
064  69 OP
065  05  05
066  58 FIX
067  03  03
068  15  E
069  15  E
070  98 ADV
071  15  E
072  15  E
073  98 ADV
074  15  E
075  15  E
076  98 ADV
077  91 R/S
078  76 LBL
079  12  B
080  43 RCL
081  04  04
082  75  -
083  43 RCL
084  02  02
085  95  =
086  42 STO
087  13  13
088  55  ÷
089  02  2
090  85  +
091  43 RCL
092  02  02
093  95  =
094  42 STO
095  17  17
096  43 RCL
097  03  03
098  75  -
099  43 RCL
100  01  01
101  95  =
102  42 STO
103  14  14
104  55  ÷
105  02  2
106  85  +
107  43 RCL
108  01  01
109  95  =
110  42 STO
111  18  18
112  43 RCL
113  06  06
114  75  -
115  43 RCL
116  02  02
117  95  =
118  42 STO
119  15  15
120  55  ÷
121  02  2
122  85  +
123  43 RCL
124  02  02
125  95  =
126  42 STO
127  19  19
128  43 RCL
129  05  05
130  75  -
131  43 RCL
132  01  01
133  95  =
134  42 STO
135  16  16
136  55  ÷
137  02  2
138  85  +
139  43 RCL
140  01  01
141  95  =
142  42 STO
143  20  20
144  80 GRD
145  43 RCL
146  14  14
147  32 X:T
148  43 RCL
149  13  13
150  22 INV
151  37 P/R
152  85  +
153  03  3
154  00  0
155  00  0
156  95  =
157  30 TAN
158  42 STO
159  21  21
160  43 RCL
161  16  16
162  32 X:T
163  43 RCL
164  15  15
165  22 INV
166  37 P/R
167  85  +
168  03  3
169  00  0
170  00  0
171  95  =
172  30 TAN
173  42 STO
174  22  22
175  43 RCL
176  19  19
177  75  -
178  43 RCL
179  17  17
180  85  +
181  53  (
182  43 RCL
183  22  22
184  65  ×
185  53  (
186  43 RCL
187  18  18
188  75  -
189  43 RCL
190  20  20
191  54  )
192  54  )
193  95  =
194  55  ÷
195  53  (
196  43 RCL
197  21  21
198  75  -
199  43 RCL
200  22  22
201  54  )
202  95  =
203  42 STO
204  23  23
205  65  ×
206  43 RCL
207  21  21
208  85  +
209  43 RCL
210  17  17
211  95  =
```

212	42	STO
213	28	28
214	43	RCL
215	23	23
216	85	+
217	43	RCL
218	18	18
219	95	=
220	42	STO
221	27	27
222	43	RCL
223	01	01
224	75	-
225	43	RCL
226	27	27
227	54	)
228	33	X^2
229	85	+
230	53	(
231	43	RCL
232	02	02
233	75	-
234	43	RCL
235	28	28
236	54	)
237	33	X^2
238	95	=
239	34	$\sqrt{X}$
240	42	STO
241	29	29
242	87	IFF
243	01	01
244	13	C
245	86	STF
246	01	01
247	43	RCL
248	07	07
249	42	STO
250	01	01
251	43	RCL
252	08	08
253	42	STO
254	02	02
255	43	RCL
256	09	09
257	42	STO
258	03	03
259	43	RCL
260	10	10
261	42	STO
262	04	04
263	43	RCL
264	11	11
265	42	STO
266	05	05
267	43	RCL
268	12	12
269	42	STO
270	06	06
271	43	RCL
272	27	27
273	42	STO
274	24	24
275	43	RCL
276	28	28
277	42	STO
278	25	25
279	43	RCL
280	29	29
281	42	STO
282	26	26
283	12	B
284	76	LBL
285	13	C
286	43	RCL
287	24	24
288	94	+/-
289	44	SUM
290	27	27
291	43	RCL
292	25	25
293	94	+/-
294	44	SUM
295	28	28
296	43	RCL
297	27	27
298	33	X^2
299	85	+
300	43	RCL
301	28	28
302	33	X^2
303	75	-
304	43	RCL
305	29	29
306	33	X^2
307	85	+
308	43	RCL
309	26	26
310	33	X^2
311	95	=
312	42	STO
313	01	01
314	43	RCL
315	27	27
316	55	÷
317	43	RCL
318	28	28
319	95	=
320	33	X^2
321	85	+
322	01	1
323	95	=
324	42	STO
325	02	02
326	43	RCL
327	27	27
328	94	+/-
329	65	×
330	43	RCL
331	01	01
332	55	÷
333	43	RCL
334	28	28
335	33	X^2
336	95	=
337	42	STO
338	03	03
339	43	RCL
340	01	01
341	55	÷
342	43	RCL
343	28	28
344	55	÷
345	02	2
346	95	=
347	33	X^2
348	75	-
349	43	RCL
350	26	26
351	33	X^2
352	95	=
353	42	STO
354	04	04
355	43	RCL
356	03	03
357	94	+/-
358	55	÷
359	02	2
360	55	÷
361	43	RCL
362	02	02
363	95	=
364	42	STO
365	05	05
366	33	X^2
367	75	-
368	43	RCL
369	04	04
370	55	÷
371	43	RCL
372	02	02
373	95	=
374	34	$\sqrt{X}$
375	42	STO
376	06	06
377	85	+
378	43	RCL
379	05	05
380	95	=
381	42	STO
382	07	07
383	43	RCL
384	05	05
385	75	-
386	43	RCL
387	06	06
388	95	=
389	42	STO
390	08	08
391	43	RCL
392	01	01
393	55	÷
394	02	2
395	55	÷
396	43	RCL
397	28	28
398	95	=
399	42	STO
400	09	09
401	85	+
402	43	RCL
403	27	27
404	94	+/-
405	55	÷
406	43	RCL
407	28	28
408	65	×
409	43	RCL
410	07	07
411	95	=
412	42	STO
413	10	10
414	43	RCL
415	09	09
416	85	+
417	43	RCL
418	27	27
419	94	+/-
420	55	÷
421	43	RCL
422	28	28
423	65	×
424	43	RCL
425	08	08
426	95	=
427	42	STO
428	11	11
429	43	RCL
430	24	24
431	44	SUM
432	07	07
433	44	SUM
434	08	08
435	43	RCL
436	25	25
437	44	SUM
438	10	10
439	44	SUM

440	11	11	450	69	OP	460	99	PRT	470	58	FIX
441	98	ADV	451	04	04	461	98	ADV	471	03	03
442	22	INV	452	58	FIX	462	22	INV	472	43	RCL
443	58	FIX	453	03	03	463	58	FIX	473	08	08
444	69	OP	454	43	RCL	464	01	1	474	69	OP
445	00	00	455	07	07	465	05	5	475	06	06
446	01	1	456	69	OP	466	00	0	476	43	RCL
447	05	5	457	06	06	467	03	3	477	11	11
448	00	0	458	43	RCL	468	69	OP	478	99	PRT
449	02	2	459	10	10	469	04	04	479	91	R/S

7.3 Taschenrechner TI-59 (AOS)

von Dipl.-Ing. Gerhard Frank

Grundlagen

Gegeben sind

3 Punkte des Kreises A im x-y-Koordinatensystem

$A_1(41 ; 32{,}5)$, $A_2(50 ; 10{,}5)$, $A_3(35{,}5 ; -15)$

3 Punkte des Kreises B

$B_1(-8 ; 28{,}5)$, $B_2(26{,}5 ; 32{,}5)$, $B_3(29{,}5 ; 14)$

Gesucht: Koordinaten der Schnittpunkte C_1 und C_2

1. Berechnen der Mittelpunktskoordinaten c, d und des Radius r der Kreise A und B mit Programm KREIS (Alt-Schumny: Vieweg Programmbibliothek Taschenrechner, Band 3, S. 65):

Kreis A	$c_A = 19{,}609$	Kreis B	$c_B = 10{,}421$
	$d_A = 10{,}908$		$d_B = 20{,}399$
	$r_A = 30{,}393$		$r_B = 20{,}124$

Druckstreifen 1 zeigt diese Berechnungen.

2. Berechnen der Gleichung der Potenzlinie, die die beiden Schnittpunkte C_1, C_2 als gemeinsame Punkte der Kreise A und B verbindet:

Von der Funktionsgleichung der Potenzlinie,

$$y = m\,x + b, \tag{1}$$

sind der Anstieg m und die Ordinate b zu berechnen.

$$b = \frac{(c_B^2 - c_A^2) + (d_B^2 - d_A^2) + (r_A^2 - r_B^2)}{2\,(d_B - d_A)} = 28{,}447, \quad d_A \neq d_B \tag{2}$$

$$m = \frac{c_A - c_B}{d_B - d_A} = 0{,}968 \tag{3}$$

Die Gleichung der Potenzlinie für dieses Beispiel lautet somit:

$$y = 0{,}968\,x + 28{,}447. \tag{4}$$

3. Berechnen der Schnittpunkte $C_1(x_1\ ;\ y_1)$ und $C_2(x_2\ ;\ y_2)$ als Schnittpunkte der Potenzlinie (1) mit einem der beiden Kreise, z.B. Kreis A:

$$x_{1/2} = \frac{c_A - m\,(b - d_A)}{1 + m^2} \pm \frac{\sqrt{(r_A^2 - c_A^2)\,(1 + m^2) + c_A^2 - (b - d_A)\,(2\,m\,c_A + b - d_A)}}{1 + m^2} \tag{5}$$

$x_1 = 1{,}358 + 11{,}019 = 12{,}376$
$x_2 = 1{,}358 - 11{,}019 = -9{,}661$

$y_1 = m\,x_1 + b = 40{,}428$
$y_2 = m\,x_2 + b = 19{,}095$

Die beiden Schnittpunkte haben demnach die Koordinaten:

$C_1(12{,}376\ ;\ 40{,}428)$ $\qquad$ $C_2(-9{,}661\ ;\ 19{,}095)$

TI-59-Programm KNOBELECKE 5

Die Formeln (2) bis (5) und (1) sind zum Programm KNOBELECKE 5 verarbeitet. Voraussetzung zur Anwendung dieses Programms sind bekannte Mittelpunktskoordinaten und Radien der sich schneidenden, berührenden oder sich meidenden Kreise, die mit Programm KREIS berechnet werden können, wenn mindestens je 3 Punkte dieser beiden Kreise wie bei der Aufgabenstellung ein

Dreieck bilden. Die Programmlaufzeit ab Eingabe r_B bis zur Ausgabe y_2 beträgt etwa 13 s. Druckstreifen 2 zeigt die Koordinaten der Schnittpunkte. Meiden sich 2 Kreise, z.B.

$c_A = 4$	$c_B = -7$
$d_A = -6$	$d_B = 8$
$r_A = 5$	$r_B = 2$,

so wird der Radikand in Formel (5) negativ, und der Programmablauf wird durch Flag 8 unterbrochen. Berühren sich 2 Kreise, z.B.

$c_A = 4$	$c_B = -2{,}4$
$d_A = 3$	$d_B = -1{,}8$
$r_A = 7$	$r_B = 1$,

so ergibt sich ein Bild entsprechend Druckstreifen 3. Der Berührungspunkt hat die Koordinaten:

$x_1 = -1{,}6 \qquad y_1 = -1{,}2$.

Belegte Datenspeicher und Marken

00	c_A	A	10	$\frac{c_A - m(b - d_A)}{1 + m^2}$
01	d_A	B	11	$\frac{\sqrt{(r_A^2 - c_A^2)(1 + m^2) + c_A^2 - (b - d_A)(2\,m\,c_A + b - d_A)}}{1 + m^2}$
02	r_A	C	12	x_1
03	c_B	A'	13	x_2
04	d_B	B'	14	y_1
05	r_B	C'	15	y_2
06	b			
07	$d_B - d_A$			
08	m			
09	$1 + m^2$			

D', E' Formelzeichendruck

Benutzeranleitung

1. Einlesen Magnetkarte, Bahnen 1 und 2
2. Eingaben c_A Taste A
   - d_A " B
   - r_A " C
   - c_B Taste A'
   - d_B " B'
   - r_B " C' und Programmstart

   oder Programmstart über Taste E

3. Ausgaben x_1, y_1, x_2, y_2

Anwendung des Programms ohne Drucker:

R/S auf den Programmspeicherplätzen 277, 286, 295, 304 anstelle D' programmieren, beim Stoppen des Programmablaufs an diesen Stellen weiter mit R/S.

Anmerkungen:

- Blinkstopp, wenn $d_A = d_B$, CE drücken und $d_A \neq d_B$ wählen und eingeben,
- Blinkstopp durch Flag 8, wenn Radikand in Formel (5) negativ, die Kreise meiden sich.

Druckstreifen 1

```
    41.      X1
   32.5      Y1
    50.      X2
   10.5      Y2
   35.5      X3
   -15.      Y3

 -548.5
      .
  -63.5
  -626.

 19.609      C
 10.908      D
 30.393      R

    -8.      X1
   28.5      Y1
   26.5      X2
   32.5      Y2
   29.5      X3
    14.      Y3

-650.25

441.125
    95.

 10.421      C
 20.399      D
 20.124      R
```

Druckstreifen 2

```
 19.609      CA
 10.908      DA
 30.393      RA
 10.421      CB
 20.399      DB
 20.124      RB

 12.376      X1
 40.428      Y1
 -9.661      X2
 19.095      Y2
```

Druckstreifen 3

```
     4.      CA
     3.      DA
     7.      RA
   -2.4      CB
   -1.8      DB
     1.      RB

 -1.600      X1
 -1.200      Y1
 -1.600      X2
 -1.200      Y2
```

Anweisungsliste

000	76	LBL
001	19	D'
002	58	FIX
003	03	03
004	76	LBL
005	10	E'
006	69	OP
007	06	06
008	22	INV
009	58	FIX
010	92	RTN
011	76	LBL
012	11	A
013	42	STO
014	00	00
015	01	1
016	05	5
017	01	1
018	03	3
019	69	OP
020	04	04
021	43	RCL
022	00	00
023	10	E'
024	91	R/S
025	76	LBL
026	12	B
027	42	STO
028	01	01
029	01	1
030	06	6
031	01	1
032	03	3
033	69	OP
034	04	04
035	43	RCL
036	01	01
037	10	E'
038	91	R/S
039	76	LBL
040	13	C
041	42	STO
042	02	02
043	03	3
044	05	5
045	01	1
046	03	3
047	69	OP
048	04	04
049	43	RCL
050	02	02
051	10	E'
052	91	R/S
053	76	LBL
054	16	A'
055	42	STO
056	03	03
057	01	1
058	05	5
059	01	1
060	04	4
061	69	OP
062	04	04
063	43	RCL
064	03	03
065	10	E'
066	91	R/S
067	76	LBL
068	17	B'
069	42	STO
070	04	04
071	01	1
072	06	6
073	01	1
074	04	4
075	69	OP
076	04	04
077	43	RCL
078	04	04
079	10	E'
080	91	R/S
081	76	LBL
082	18	C'
083	42	STO
084	05	05
085	03	3
086	05	5
087	01	1
088	04	4
089	69	OP
090	04	04
091	43	RCL
092	05	05
093	10	E'
094	76	LBL
095	15	E
096	86	STF
097	08	08
098	43	RCL
099	01	01
100	32	X:T
101	43	RCL
102	04	04
103	67	EQ
104	91	R/S
105	98	ADV
106	43	RCL
107	03	03
108	33	X^2
109	75	-
110	43	RCL
111	00	00
112	33	X^2
113	85	+
114	43	RCL
115	04	04
116	33	X^2
117	75	-
118	43	RCL
119	01	01
120	33	X^2
121	85	+
122	43	RCL
123	02	02
124	33	X^2
125	75	-
126	43	RCL
127	05	05
128	33	X^2
129	95	=
130	55	÷
131	02	2
132	55	÷
133	53	(
134	43	RCL
135	04	04
136	75	-
137	43	RCL
138	01	01
139	54	)
140	42	STO
141	07	07
142	95	=
143	42	STO
144	06	06
145	53	(
146	43	RCL
147	00	00
148	75	-
149	43	RCL
150	03	03
151	54	)
152	55	÷
153	43	RCL
154	07	07
155	95	=
156	42	STO
157	08	08
158	53	(
159	43	RCL
160	00	00
161	75	-
162	43	RCL
163	08	08
164	65	×
165	53	(
166	43	RCL
167	06	06
168	75	-
169	43	RCL
170	01	01
171	54	)
172	54	)
173	55	÷
174	53	(
175	01	1
176	85	+
177	43	RCL
178	08	08
179	33	X^2
180	54	)
181	42	STO
182	09	09
183	95	=
184	42	STO
185	10	10
186	53	(
187	53	(
188	43	RCL
189	02	02
190	33	X^2
191	75	-
192	43	RCL
193	00	00
194	33	X^2
195	54	)
196	65	×
197	43	RCL
198	09	09
199	85	+
200	43	RCL
201	00	00
202	33	X^2
203	75	-
204	53	(
205	43	RCL
206	06	06
207	75	-
208	43	RCL
209	01	01
210	54	)
211	65	×
212	53	(
213	02	2
214	65	×
215	43	RCL

```
216  08  08
217  65  ×
218  43  RCL
219  00  00
220  85  +
221  43  RCL
222  06  06
223  75  -
224  43  RCL
225  01  01
226  54  )
227  54  )
228  34  ΓX
229  55  ÷
230  43  RCL
231  09  09
232  95  =
233  42  STO
234  11  11
235  85  +
236  43  RCL
237  10  10
238  95  =
239  42  STO
240  12  12
241  75  -
242  02  2
243  65  ×
244  43  RCL
245  11  11
246  95  =
247  42  STO
248  13  13
249  65  ×
250  43  RCL
251  08  08
252  85  +
253  43  RCL
254  06  06
255  95  =
256  42  STO
257  15  15
258  43  RCL
259  12  12
260  65  ×
261  43  RCL
262  08  08
263  85  +
264  43  RCL
265  06  06
266  95  =
267  42  STO
268  14  14
269  04  4
270  04  4
271  00  0
272  02  2
273  69  OP
274  04  04
275  43  RCL
276  12  12
277  19  D'
278  04  4
279  05  5
280  00  0
281  02  2
282  69  OP
283  04  04
284  43  RCL
285  14  14
286  19  D'
287  04  4
288  04  4
289  00  0
290  03  3
291  69  OP
292  04  04
293  43  RCL
294  13  13
295  19  D'
296  04  4
297  05  5
298  00  0
299  03  3
300  69  OP
301  04  04
302  43  RCL
303  15  15
304  19  D'
305  98  ADV
306  25  CLR
307  91  R/S
308  00  0
```

7.4 Taschenrechner TI-59 (AOS)

von Wilhelm-Rüdiger Haberditz

Das Programm "DUOCIRC" ist auf 2 Magnetkarten (Block 1, 2, 3, 4) untergebracht und belegt 469 Programmspeicherstellen (PSS). Es kann ohne Umstellung wahlweise mit oder ohne Drucker verwendet werden. Der jeweilige Status (Display oder angeschlossener Drucker) wird per Programm automatisch ermittelt. Bei Displaybetrieb erfolgt die serielle Datenausgabe mittels "R/S", wobei allerdings die Datenbezeichnungen entfallen, da diese bekanntlich mit dem TI-59 leider nicht dargestellt werden können.

Bedienungshinweise: Nach Eingabe der Befehle und Daten gemäß Anweisungsliste erfolgt die Programminitialisierung mit der Taste "A". Nach dem Kopfausdruck "DATEN Kreis A bzw. B" werden die X/Y-Daten der Paare einzeln eingetastet und jeweils mit "R/S" eingegeben. Bis die Ergebnisse für die Schnittpunktkoordinaten (C1 X/Y und C2 X/Y) der beiden Kreise vorliegen, muß man sich ein wenig gedulden. Die Rechen- und Ausgabezeit mit Drucker beträgt etwa 35 Sekunden. Die ggf. für weitere Berechnungen interessierenden Daten sind nach jedem Ablauf ungerundet wie folgt gespeichert: R 33:AX; R 34:AY; R 35:RA; R 36:BX; R 37:BY; R 38:RB; R 39:C1X; R 40:C1Y; R 41:C2X; R 42:C2Y.

Die Aufbereitung des Problems, Bezeichnungen und Algorithmen sind in 7.10 detailliert dargestellt, wo derselbe Autor eine Lösung für CBM 3032 vorstellt.

Anweisungsliste

PSS	Code	Befehl	PSS	Code	Befehl	PSS	Code	Befehl	PSS	Code	Befehl	PSS	Code	Befehl
000	76	LBL	060	17	17	120	43	RCL	180	12	B	240	42	STO
001	16	A'	061	43	RCL	121	15	15	181	87	IFF	241	01	01
002	43	RCL	062	11	11	122	65	×	182	07	07	242	09	9
003	59	59	063	94	+/-	123	43	RCL	183	01	01	243	42	STO
004	82	HIR	064	44	SUM	124	17	17	184	86	86	244	02	02
005	05	05	065	15	15	125	95	=	185	91	R/S	245	10	E'
006	82	HIR	066	44	SUM	126	67	EQ	186	99	PRT	246	19	D'
007	06	06	067	19	19	127	14	D	187	92	RTN	247	43	RCL
008	82	HIR	068	43	RCL	128	22	INV	188	76	LBL	248	35	35
009	07	07	069	10	10	129	49	PRD	189	11	A	249	33	X²
010	82	HIR	070	94	+/-	130	36	36	190	25	CLR	250	75	-
011	08	08	071	75	-	131	43	RCL	191	98	ADV	251	43	RCL
012	69	OP	072	43	RCL	132	36	36	192	02	2	252	33	33
013	05	05	073	12	12	133	22	INV	193	42	STO	253	42	STO
014	69	OP	074	95	=	134	44	SUM	194	00	00	254	02	02
015	00	00	075	42	STO	135	07	07	195	04	4	255	33	X²
016	92	RTN	076	08	08	136	65	×	196	03	3	256	95	=
017	76	LBL	077	85	+	137	43	RCL	197	42	STO	257	42	STO
018	17	B'	078	43	RCL	138	13	13	198	06	06	258	04	04
019	42	STO	079	14	14	139	95	=	199	09	9	259	85	+
020	05	05	080	85	+	140	22	INV	200	42	STO	260	43	RCL
021	73	RC*	081	43	RCL	141	44	SUM	201	08	08	261	36	36
022	06	06	082	16	16	142	37	37	202	16	A'	262	22	INV
023	84	OP*	083	95	=	143	43	RCL	203	03	3	263	44	SUM
024	05	05	084	55	÷	144	15	15	204	42	STO	264	02	02
025	69	OP	085	02	2	145	22	INV	205	01	01	265	33	X²
026	26	26	086	95	=	146	49	PRD	206	17	B'	266	75	-
027	97	DSZ	087	42	STO	147	37	37	207	16	A'	267	43	RCL
028	05	05	088	36	36	148	43	RCL	208	01	1	268	38	38
029	00	00	089	42	STO	149	11	11	209	17	B'	269	33	X²
030	21	21	090	37	37	150	75	-	210	18	C'	270	95	=
031	71	SBR	091	43	RCL	151	43	RCL	211	18	C'	271	42	STO
032	00	00	092	19	19	152	37	37	212	97	DSZ	272	03	03
033	12	12	093	49	PRD	153	95	=	213	01	01	273	43	RCL
034	92	RTN	094	36	36	154	33	X²	214	02	02	274	37	37
035	76	LBL	095	43	RCL	155	85	+	215	08	08	275	42	STO
036	18	C'	096	08	08	156	43	RCL	216	97	DSZ	276	40	40
037	25	CLR	097	85	+	157	07	07	217	00	00	277	42	STO
038	91	R/S	098	43	RCL	158	33	X²	218	02	02	278	42	42
039	99	PRT	099	18	18	159	95	=	219	02	02	279	75	-
040	72	ST*	100	85	+	160	34	ΓX	220	16	A'	280	43	RCL
041	08	08	101	43	RCL	161	42	STO	221	19	D'	281	34	34
042	69	OP	102	20	20	162	38	38	222	03	3	282	95	=
043	28	28	103	95	=	163	92	RTN	223	42	STO	283	42	STO
044	33	X²	104	55	÷	164	76	LBL	224	00	00	284	01	01
045	72	ST*	105	02	2	165	10	E'	225	03	3	285	67	EQ
046	08	08	106	95	=	166	73	RC*	226	06	6	286	03	03
047	69	OP	107	65	×	167	01	01	227	42	STO	287	62	62
048	28	28	108	43	RCL	168	72	ST*	228	01	01	288	43	RCL
049	92	RTN	109	15	15	169	02	02	229	03	3	289	37	37
050	76	LBL	110	95	=	170	69	OP	230	03	3	290	33	X²
051	19	D'	111	22	INV	171	21	21	231	42	STO	291	75	-
052	43	RCL	112	44	SUM	172	69	OP	232	02	02	292	43	RCL
053	09	09	113	36	36	173	22	22	233	10	E'	293	34	34
054	42	STO	114	43	RCL	174	97	DSZ	234	01	1	294	33	X²
055	07	07	115	13	13	175	00	00	235	02	2	295	22	INV
056	94	+/-	116	65	×	176	01	01	236	42	STO	296	44	SUM
057	44	SUM	117	43	RCL	177	66	66	237	00	00	297	04	04
058	13	13	118	19	19	178	92	RTN	238	02	2	298	95	=
059	44	SUM	119	75	-	179	76	LBL	239	01	1	299	44	SUM

PSS	Code	Befehl	PSS	Code	Befehl	PSS	Code	Befehl
300	03	03	360	03	03	420	40	40
301	43	RCL	361	88	88	421	43	RCL
302	01	01	362	86	STF	422	41	41
303	22	INV	363	01	01	423	65	×
304	49	PRD	364	43	RCL	424	43	RCL
305	02	02	365	02	02	425	02	02
306	65	×	366	94	+/-	426	95	=
307	02	2	367	65	×	427	61	GTO
308	95	=	368	02	2	428	04	04
309	22	INV	369	95	=	429	33	33
310	49	PRD	370	22	INV	430	44	SUM
311	03	03	371	49	PRD	431	40	40
312	43	RCL	372	03	03	432	94	+/-
313	03	03	373	43	RCL	433	44	SUM
314	42	STO	374	03	03	434	42	42
315	40	40	375	42	STO	435	03	3
316	42	STO	376	39	39	436	08	8
317	42	42	377	42	STO	437	42	STO
318	65	×	378	41	41	438	07	07
319	53	(	379	65	×	439	69	OP
320	94	+/-	380	53	(	440	07	07
321	85	+	381	94	+/-	441	69	OP
322	02	2	382	85	+	442	19	19
323	65	×	383	02	2	443	25	CLR
324	43	RCL	384	65	×	444	02	2
325	34	34	385	43	RCL	445	42	STO
326	95	=	386	33	33	446	10	10
327	44	SUM	387	95	=	447	17	B'
328	04	04	388	44	SUM	448	01	1
329	43	RCL	389	04	04	449	17	B'
330	34	34	390	43	RCL	450	69	OP
331	75	-	391	04	04	451	27	27
332	43	RCL	392	58	FIX	452	73	RC*
333	03	03	393	08	08	453	07	07
334	95	=	394	52	EE	454	58	FIX
335	65	×	395	22	INV	455	04	04
336	43	RCL	396	52	EE	456	99	PRT
337	02	02	397	22	INV	457	69	OP
338	85	+	398	58	FIX	458	27	27
339	43	RCL	399	77	GE	459	73	RC*
340	33	33	400	04	04	460	07	07
341	95	=	401	03	03	461	99	PRT
342	55	÷	402	14	D	462	22	INV
343	53	(	403	34	ΓX	463	58	FIX
344	43	RCL	404	87	IFF	464	97	DSZ
345	02	02	405	01	01	465	10	10
346	33	X²	406	04	04	466	04	04
347	85	+	407	30	30	467	48	48
348	01	1	408	44	SUM	468	81	RST
349	54	)	409	39	39	469	00	0
350	22	INV	410	94	+/-	470	00	0
351	49	PRD	411	44	SUM	471	00	0
352	04	04	412	41	41	472	00	0
353	95	=	413	43	RCL	473	00	0
354	42	STO	414	39	39	474	00	0
355	39	39	415	65	×	475	00	0
356	42	STO	416	43	RCL	476	00	0
357	41	41	417	02	02	477	00	0
358	33	X²	418	95	=	478	00	0
359	61	GTO	419	44	SUM	479	00	0

Registerbelegung

LABEL		
001	16	A'
018	17	B'
036	18	C'
051	19	D'
165	10	E'
180	12	B
189	11	A

ALPHA-CODE	TEXT	NR
2436001351.	IS A*	43
3100263517.	N KRE	44
5116133717.	*DATE	45
1302446345.	A1X/Y	46
1303446345.	A2X/Y	47
1304446345.	A3X/Y	48
2436001451.	IS B*	49
3100263517.	N KRE	50
5116133717.	*DATE	51
1402446345.	B1X/Y	52
1403446345.	B2X/Y	53
1404446345.	B3X/Y	54
3122173162.	NGEN:	55
2732173641.	LOESU	56
1502446345.	C1X/Y	57
1503446345.	C2X/Y	58
9.2020202020		59

Beispiele

```
----------------------
*DATEN KREIS A*
----------------------
A1X/Y
            41.
            32.5
A2X/Y
            50.
            10.5
A3X/Y
            35.5
           -15.
----------------------
*DATEN KREIS B*
----------------------
B1X/Y
            -8.
            28.5
B2X/Y
            26.5
            32.5
B3X/Y
            29.5
            14.
----------------------
LOESUNGEN:
C1X/Y
         12.3739
         40.4279
C2X/Y
         -9.6602
         19.0965
----------------------
  19.60938924       33
  10.90838651       34
  30.39335456       35
  10.42108804       36
  20.39936563       37
  20.12353751       38
  12.37388015       39
  40.42792935       40
 -9.660229974       41
   19.0965116       42
```

```
----------------------
*DATEN KREIS A*
----------------------
A1X/Y
            40.
            55.
A2X/Y
            75.
            20.
A3X/Y
            40.
           -15.
----------------------
*DATEN KREIS B*
----------------------
B1X/Y
            20.
            45.
B2X/Y
            -5.
            20.
B3X/Y
            20.
            -5.
----------------------
LOESUNGEN:
C1X/Y
         15.0000
         44.4949
C2X/Y
         15.0000
         -4.4949
----------------------
          40.       33
          20.       34
          35.       35
          20.       36
          20.       37
          25.       38
          15.       39
  44.49489743       40
          15.       41
 -4.494897428       42
```

```
------------------
*DATEN KREIS A*
------------------
A1X/Y
        -55.
         80.
A2X/Y
        -40.
         95.
A3X/Y
        -25.
         80.
------------------
*DATEN KREIS B*
------------------
B1X/Y
        -65.
         40.
B2X/Y
        -40.
         65.
B3X/Y
        -15.
         40.
------------------
LOESUNGEN:
C1X/Y
    -40.0000
     65.0000
C2X/Y
    -40.0000
     65.0000
------------------
```

```
------------------
*DATEN KREIS A*
------------------
A1X/Y
        -25.
        -50.
A2X/Y
         -5.
        -30.
A3X/Y
        -25.
        -10.
------------------
*DATEN KREIS B*
------------------
B1X/Y
        -55.
        -50.
B2X/Y
        -75.
        -30.
B3X/Y
        -55.
        -10.
------------------
LOESUNGEN:
C1X/Y
    -40.0000
    -16.7712
C2X/Y
    -40.0000
    -43.2288
------------------
```

```
------------------
*DATEN KREIS A*
------------------
A1X/Y
          0.
          0.
A2X/Y
          0.
         30.
A3X/Y
         30.
          0.
------------------
*DATEN KREIS B*
------------------
B1X/Y
          0.
          0.
B2X/Y
          0.
        -60.
B3X/Y
        -60.
          0.
------------------
LOESUNGEN:
C1X/Y
      0.0000
      0.0000
C2X/Y
      0.0000
      0.0000
------------------
```

7.5 Taschenrechner HP-41 (UPN)

von Dr.-Ing. E.h. Kurt Hain

Aufgabe

Nach Bild 7.2 sind für einen Kreis k_A drei Punkte A_1, A_2, A_3 mit ihren Koordinaten x_A und y_A, für einen Kreis k_B drei Punkte B_1, B_2, B_3 mit ihren Koordinaten x_B und y_B gegeben. Es sind die Koordinaten x_C und y_C der Schnittpunkte C_1 und C_2 der beiden Kreise zu berechnen.

Zeichnerische Lösung

Die Koordinaten des Mittelpunktes M_A des Kreises k_A und die Koordinaten des Mittelpunktes M_B des Kreises k_B können mit Zirkel und Lineal z.B. als Schnittpunkte je zweier Mittelsenkrechter der Paare von A- und B-Punkten leicht bestimmt werden, womit auch die Radien r_A und r_B bekannt sind. Durch Zirkelschlagen ergeben sich die beiden Kreis-Schnittpunkte C_1 und C_2. Ihrer Berechnung können nach Bild 7.3 die beiden spiegelbildlich kongruenten Dreiecke $M_AM_BC_1$ und $M_AM_BC_2$ mit den Seiten $c=M_AM_B$; $r_A=M_AC$ und $r_B=M_BC$ zugrundegelegt werden.

Rechnerische Lösung

Bei der rechnerischen Lösung werden die geometrischen Schritte nachvollzogen und entsprechende Zwischenwerte für die laufende Weiterrechnung gespeichert.

Zunächst wird ein zweimal abzurufendes Unterprogramm, Label 01, zur Berechnung der Kreise k_A und k_B mit den nacheinander einzusetzenden x_A- und x_B-Koordinaten $(x_1, x_2, x_3, y_1, y_2, y_3)$ verwendet:

$$\frac{x_1 - x_2}{y_2 - y_1} = D \qquad (1)$$

$$\frac{x_1 - x_3}{y_3 - y_1} = C \qquad (2)$$

$$-D(x_2 + x_1) + y_2 + y_1 = A \qquad (3)$$

$$\frac{A + C(x_3 + x_1) - y_3 - y_1}{2(C - D)} = x_M \quad (4)$$

$$x_M \cdot D + \frac{A}{2} = y_M \quad (5)$$

$$(y_M - y_1)\ (x_M - x_1):\ RP \longrightarrow r \quad (6)$$

Für den Kreis k_A mit den x_A-y_A-Koordinaten errechnen sich: $r=r_A$; $x_M=x_{MA}$; $y_M=y_{MA}$ und für den Kreis k_B mit den x_B-y_B-Koordinaten: $r=r_B$; $x_M=x_{MB}$; $y_M=y_{MB}$. Danach findet man den Mittelpunktsabstand $M_AM_B=c$:

$$(y_{MB} - y_{MA})\ (x_{MB} - x_{MA}):\ RP \longrightarrow c \quad (7)$$

Mit dem Ursprung M_A und der Abszisse c ergeben sich die Hilfskoordinaten x' und y':

$$\frac{c^2 + r_A^2 - r_B^2}{2c} = x' \quad (8)$$

$$\sqrt{-x'^2 + r_A^2} = y' \quad (9)$$

Nach Bild 7.3 müssen noch die Zwischenwinkel γ_C und γ_B berechnet werden:

$$\arctan \frac{y'}{x'} = \gamma_C \quad (10)$$

$$(y_{MB} - y_{MA})\ (x_{MB} - x_{MA}):\ RP \longrightarrow [\ ]\ \gtrless\ \gamma_B \quad (11)$$

Nun wird die Hilfsgröße $s=\pm 1$ eingeführt, die mit wechselndem Vorzeichen zum Abruf eines neuen Unterprogrammes, Label 03, die symmetrisch zu $M_AM_B=c$ liegenden Punkte C_1 und C_2 im Ursprungs-Koordinatensystem zu berechnen ermöglicht, Label 03:

$$(\gamma_B + s \cdot \gamma_C)\ r_A:\ PR \longrightarrow +\ x_{MA} = x_C\ \gtrless\ +\ y_{MA} = y_C \quad (12)$$

Der Gesamt-Programm-Ausdruck ist unten wiedergegeben. Das eigentliche Rechenprogramm, mit XEQ 02 einzuleiten, endet beim Programmplatz 149. Das zusätzliche Teil-Programm, Label 04, dient lediglich dem Ausdruck der 12 Eingabewerte.

Zahlenbeispiel

Für die 12 manuell voreinzustellenden Eingabewerte ist in Bild 7.4 mit XEQ 04 die Verteilung auf die zugeordneten Speicher kenntlich gemacht. Dieser Teil dient nur zur Kontrolle, gehört also nicht zum Rechenprogramm und kann auch weggelassen werden. In Bild 7.4 wird mit XEQ 02 die Rechnung eingeleitet. Sie nimmt mit Ausdruck der Koordinaten x_{C1}, y_{C1} für den Schnittpunkt C_1 und der Koordinaten x_{C2}, y_{C2} für den Schnittpunkt C_2 eine Rechenzeit von 18 Sekunden in Anspruch.

Zusätzliche Bemerkungen

Bei dem hier gezeigten Programm braucht überhaupt keine Rücksicht auf die Wahl oder auf das Ergebnis eines der Quadranten des Koordinatensystems genommen zu werden, sie erscheinen immer in der richtigen Ordnung!

Die Reihenfolge bzw. die Nummern der Kreispunkte können ganz beliebigt gewählt werden, die Kreisberechnung muß immer zum gleichen Ergebnis führen. Wenn sich keine Kreis-Schnittpunkte ergeben, zeigt der Rechner "DATA ERROR" an. Mit der Taste PRGM wird die Programmzeile der Fehlmeldung angezeigt, womit sofort auch der Grund für die Fehlmeldung abgelesen werden kann. Die Mittelpunkt-Koordinaten und die Radien der beiden Kreise werden aber in jedem Falle ausgerechnet und können in die Anzeige oder zum Druck gebracht werden. Auf diese Weise ist es leicht möglich, entsprechende Korrekturen in der Aufgabenstellung vorzunehmen.

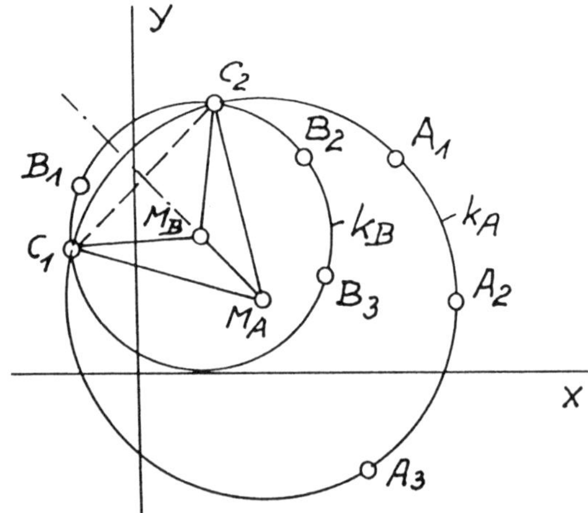

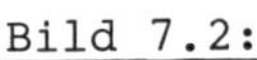
Bild 7.2:

Schnittpunkte C_1 und C_2 zweier durch je drei Umfangspunkte definierte Kreise

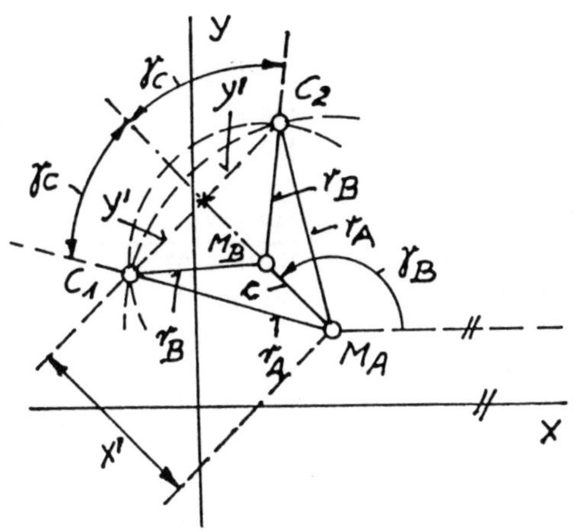

Bild 7.3:

Geometrische Grundlagen zur Berechnung der Kreis-Schnittpunkte C_1 und C_2

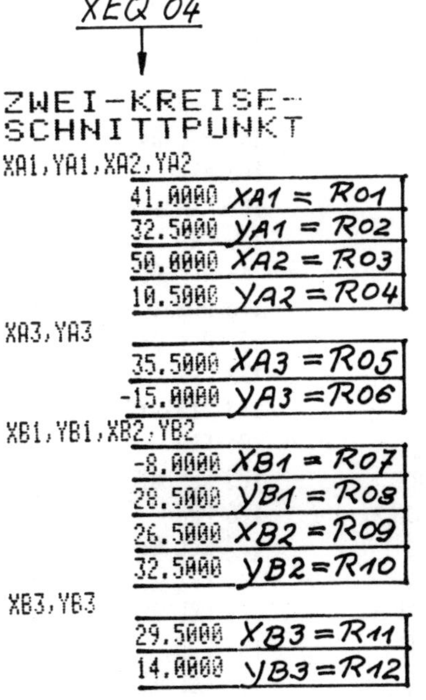

XEQ 04
ZWEI-KREISE-
SCHNITTPUNKT
XA1,YA1,XA2,YA2
41.0000 XA1 = R01
32.5000 YA1 = R02
50.0000 XA2 = R03
10.5000 YA2 = R04
XA3,YA3
35.5000 XA3 = R05
-15.0000 YA3 = R06
XB1,YB1,XB2,YB2
-8.0000 XB1 = R07
28.5000 YB1 = R08
26.5000 XB2 = R09
32.5000 YB2 = R10
XB3,YB3
29.5000 XB3 = R11
14.0000 YB3 = R12

XEQ 02

```
XC1,YC1
            -9.6602   ***
            19.0965   ***
XC2,YC2
            12.3739   ***
            40.4279   ***
```

Bild 7.4:

XEQ 04: Ausdruck der Eingangswerte der beiden gegebenen Kreise und XEQ 02: Berechnung und Ausdruck der Koordinaten der beiden Kreis-Schnittpunkte C_1 und C_2

Ausdruck des Programmes zur Berechnung der Schnittpunkte zweier Kreise

Anweisungsliste

```
01♦LBL 01
02 RCL 01
03 RCL 03
04 -
05 RCL 04
06 RCL 02
07 -
08 /
09 STO 13
10 RCL 01
11 RCL 05
12 -
13 RCL 06
14 RCL 02
15 -
16 /
17 STO 14
18 RCL 03
19 RCL 01
20 +
21 RCL 13
22 *
23 CHS
24 RCL 04
25 +
26 RCL 02
27 +
28 STO 15
29 RCL 05
30 RCL 01
31 +
32 RCL 14
33 *
34 RCL 15
35 +
36 RCL 06
37 -
38 RCL 02
39 -
40 2
41 /
42 RCL 14
43 RCL 13
44 -
45 /
46 STO 14
47 RCL 13
48 *
49 RCL 15
50 2
51 /
52 +
53 STO 13
54 RCL 02
55 -
56 RCL 14
57 RCL 01
58 -
59 R-P
60 STO 15
61 RTN
62♦LBL 02
63 XEQ 01
64 RCL 15
65 STO 16
66 RCL 14
67 STO 17
68 RCL 13
69 STO 18
70 RCL 07
71 STO 01
72 RCL 08
73 STO 02
74 RCL 09
75 STO 03
76 RCL 10
77 STO 04
78 RCL 11
79 STO 05
80 RCL 12
81 STO 06
82 XEQ 01
83 RCL 13
84 RCL 18
85 -
86 RCL 14
87 RCL 17
88 -
89 R-P
90 STO 19
91 X↑2
92 RCL 16
93 X↑2
94 +
95 RCL 15
96 X↑2
97 -
98 2
99 /
100 RCL 19
101 /
102 STO 20
103 X↑2
104 CHS
105 RCL 16
106 X↑2
107 +
108 SQRT
109 STO 21
110 RCL 20
111 /
112 ATAN
113 STO 22
114 RCL 13
115 RCL 18
116 -
117 RCL 14
118 RCL 17
119 -
120 R-P
121 X<>Y
122 STO 23
123 "XC1,YC1"
124 PRA
125 1
126 STO 24
127 XEQ 03
128 "XC2,YC2"
129 PRA
130 -1
131 STO 24
132 XEQ 03
133 STOP
134♦LBL 03
135 RCL 23
136 RCL 24
137 RCL 22
138 *
139 +
140 RCL 16
141 P-R
142 RCL 17
143 +
144 PRX
145 X<>Y
146 RCL 18
147 +
148 PRX
149 RTN
150♦LBL 04
151 SF 12
152 "ZWEI-KREISE-"
153 PRA
154 "SCHNITTPUNKT"
155 PRA
156 CF 12
157 "XA1,YA1,XA2,YA2"
158 PRA
159 RCL 01
160 PRX
161 RCL 02
162 PRX
163 RCL 03
164 PRX
165 RCL 04
166 PRX
167 "XA3,YA3"
168 PRA
169 RCL 05
170 PRX
171 RCL 06
172 PRX
173 "XB1,YB1,XB2,YB2"
174 PRA
175 RCL 07
176 PRX
177 RCL 08
178 PRX
179 RCL 09
180 PRX
181 RCL 10
182 PRX
183 "XB3,YB3"
184 PRA
185 RCL 11
186 PRX
187 RCL 12
188 PRX
189 ADV
190 STOP
```

7.6 HP-41 (UPN) und HP-75 (BASIC)

von Ing. grad. Hans Krissler

<u>Beschreibung des HP-75-Programms</u>

Programm FUENF, Zeile 80 bis 110

1. Kreis durch drei Punkte

Einsetzen der Punkte in allgemeine Kreisgleichung:

$$(x_1-x_0)^2+(y_1-y_0)^2=r^2 \qquad x_1^2-2x_1x_0+x_0^2+y_1^2-2y_0y_1+y_0^2=r^2 \tag{1}$$

$$(x_2-x_0)^2+(y_2-y_0)^2=r^2 \qquad x_2^2-2x_2x_0+x_0^2+y_2^2-2y_0y_2+y_0^2=r^2 \tag{2}$$

$$(x_3-x_0)^2+(y_3-y_0)^2=r^2 \qquad x_3^2-2x_3x_0+x_0^2+y_3^2-2y_0y_3+y_0^2=r^2 \tag{3}$$

Elimination von y_0 durch Subtraktion

$$x_1^2-x_2^2+2x_0(x^2-x_1)+y_1^2-y_2^2+2y_0(y_2-y_1)=0 \qquad \{1-2\} \tag{4}$$

$$x_1^2-x_3^2+2x_0(x_3-x_1)+y_1^2-y_3^2+2y_0(y_3-y_1)=0 \qquad \{1-3\} \tag{5}$$

4 und 5 nach y_0 umstellen und gleichsetzen:

$$y_0=\frac{x_2^2-x_1^2+2x_0(x_1-x_2)+y_2^2-y_1^2}{2(y_2-y_1)}=\frac{x_3^2-x_1^2+2x_0(x_1-x_3)+y_3^2-y_1^2}{2(y_3-y_1)} \qquad 4' \quad 5'$$

Auf gemeinsamen Nenner bringen und zusammenfassen; dann ergibt der Zähler

$$2x_0[x_1(y_3-y_2)+x_2(y_1-y_3)+x_3(y_2-y_1)]=$$
$$x_1^2(y_3-y_2)+x_2^2(y_1-y_3)+x_3^2(y_2-y_1)\quad+$$
$$+\quad y_1^2(y_3-y_2)+y_2^2(y_1-y_3)+y_3^2(y_2-y_1)$$

Definition:

$$y_4=y_3-y_2 \qquad y_5=y_1-y_3 \qquad y_6=y_2-y_1$$

eingesetzt

$$x_0 = \frac{(x_1^2-y_1^2)y_4 + (x_2^2-y_2^2)y_5 + (x_3^2-y_3^2)y_6}{2(x_1y_4 \quad + \quad x_2y_5 \quad + \quad x_3y_6)} \tag{6}$$

y_0 Einsetzen von 6 in 4' bzw. 5'

r mit ermittelten Abstandskoordinaten in 1 ... 3

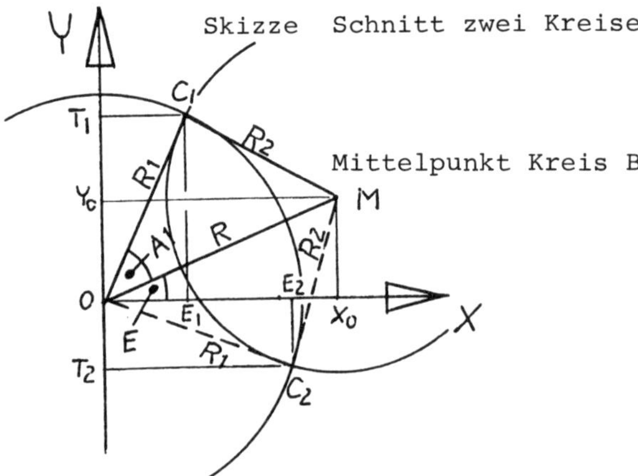

Programm FUENF Zeile 130 bis 180

Zeile 130 Wahl Mittelpunkt von Kreis A in neuen Koordinatenursprung

140 Pythagoras $R = \sqrt{X_0^2 + Y_0^2}$

Winkel E aus X_0; Y_0

150 Cosinussatz im Dreieck OC_1M

$$\cos A1 = \frac{R^2 + R_1^2 - R_2^2}{2\sqrt{R_1R}}$$

170 Umwandlung Polarkoordinaten in rechtwinklige Koordinaten:

$E(i) = R_1 \cos(E \pm A(i))$

$T(i) = R_1 \sin(E \pm A(i))$

$+ \quad \hat{=} \; i = 1$

$- \quad \hat{=} \; i = 2$

180 Bezug wieder herstellen zum Koordinatenursprung (siehe Zeile 130)

Einlesen der Kreispunkte

Für die Berechnung wird die Variable für die Ursprungskoordinate indiziert (X(i) und Y(i)), dito der Radius (R(i)). So wird in einer FOR-NEXT-Schleife die Berechnung für die Kreisparameter gemacht. Hernach Wahl des Ursprungs in den Kreismittelpunkt 1, um mit Hilfe der Polarkoordinate zu Kreismittelpunkt 2 den Schnittpunkt zu erhalten. Dazu wird von dem Winkel der Polarkoordinate einmal der Winkel aus Abstand, Radius 1, Radius 2 (Cosinussatz) addiert und für den zweiten Schnittpunkt subtrahiert.

Die Umwandlung Polarkoordinaten in Rechtwinklige Koordinaten läßt sich noch in einer FOR-NEXT-Schleife formulieren.

Anweisungsliste HP-75

```
10 ! Programm Fuenf
20 ! Hans Krissler
30 T=TIME
40 FOR I=1 TO 2 ! Einlesen der Kreispunkte
50 READ X1,X2,X3,Y1,Y2,Y3
60 DATA 41,50,35.5,32.5,10.5,-15
70 DATA -8,26.5,29.5,28.5,32.5,14
80 Y4=Y3-Y2 @ Y5=Y1-Y3 @ Y6=Y2-Y1
90 X(I)=((X1^2+Y1^2)*Y4+(X2^2+Y2^2)*Y5+(X3^2+Y3^2)*Y6)/2/(X1*Y4+X2*Y5+X3*Y6
100 Y(I)=((2*X(I)*(X3-X1)+X1^2-X3^2)/Y5+(Y1+Y3))/2
110 R(I)=(X1-X(I))^2+(Y1-Y(I))^2
120 NEXT I
130 X0=X(2)-X(1) @ Y0=Y(2)-Y(1)
140 R=X0^2+Y0^2 @ E=ANGLE(X0,Y0)
150 A(1)=ACOS((R+R(1)-R(2))/2/SQR(R(1)*R)) @ A(2)=-A(1) ! Cosinussatz
160 FOR I=1 TO 2
170 E(I)=COS(E+A(I))*SQR(R(1)) @ T(I)=SIN(E+A(I))*SQR(R(1))
180 PRINT USING 200 ; 'C',I,'(',E(I)+X(1),'/',T(I)+Y(1),')'
190 NEXT I
200 IMAGE a,d,2x,a,3d.3d,a,3d.3d,a
210 PRINT 'Ausgabezeit';TIME-T;' Sekunden'
```

```
C1  ( -9.660/ 19.097)
C2  ( 12.374/ 40.428)
Ausgabezeit 2.32  Sekunden
```

HP-41-Version

Es wurde der gleiche Weg wie beim HP-75-Programm gewählt. Die indizierte Variable wäre auch durch indirekte Adressierung realisierbar. Einfacher ist aber vielleicht das Setzen einer Flagge (hier wurde Flag 00 gewählt), um einmal für Kreis 1, dann für Kreis 2 zu rechnen.

Anweisungsliste HP-41

```
 01♦LBL "FUE
NF"
 02 SF 00
 03♦LBL 00
 04 1.009
 05 ENTER↑
 06 0
 07♦LBL 01
 08 STO IND
Y
 09 ISG Y
 10 GTO 01
 11 "KREISPU
NKTE"
 12 FS? 00
 13 "⊢1"
 14 FC? 00
 15 "⊢2"
 16 AVIEW
 17 PSE
 18 PSE
 19 "X1:"
 20 PROMPT
 21 STO 01
 22 "X2:"
 23 PROMPT
 24 STO 02
 25 "X3:"
 26 PROMPT
 27 STO 03
 28 "Y1:"
 29 PROMPT
 30 STO 04
 31 STO 08
 32 ST- 09
 33 "Y2:"
 34 PROMPT
 35 STO 05
 36 ST- 07
 37 ST+ 09
 38 "Y3:"
 39 PROMPT
 40 STO 06
 41 ST+ 07
 42 ST- 08
 43 RCL 01
 44 X↑2
 45 RCL 04
 46 X↑2
 47 +
 48 RCL 07
 49 *
 50 RCL 02
 51 X↑2
 52 RCL 05
 53 X↑2
 54 +
 55 RCL 08
 56 *
 57 +
 58 RCL 03
 59 X↑2
 60 RCL 06
 61 X↑2
 62 +
 63 RCL 09
 64 *
 65 +
 66 2
 67 /
 68 RCL 01
 69 RCL 07
 70 *
 71 RCL 02
 72 RCL 08
 73 *
 74 +
 75 RCL 03
 76 RCL 09
 77 *
 78 +
 79 /
 80 STO 10
 81 FS? 00
 82 STO 11
 83 RCL 03
 84 RCL 01
 85 -
 86 *
 87 2
 88 *
 89 RCL 01
 90 X↑2
 91 +
 92 RCL 03
 93 X↑2
 94 -
 95 RCL 08
 96 /
 97 RCL 04
 98 +
 99 RCL 06
100 +
101 2
102 /
103 STO 12
104 FS? 00
105 STO 13
106 CHS
107 RCL 04
108 +
109 X↑2
110 RCL 01
111 RCL 10
112 -
113 X↑2
114 +
115 SQRT
116 STO 14
117 FS? 00
118 STO 15
119 FS?C 00
120 GTO 00
121 RCL 11
122 ST- 10
123 RCL 13
124 ST- 12
125 RCL 12
126 RCL 10
127 R-P
128 ENTER↑
129 X↑2
130 RCL 14
131 X↑2
132 -
133 RCL 15
134 X↑2
135 +
136 2
137 /
138 RCL Y
139 /
140 RCL 15
141 /
142 ACOS
143 ST+ Z
144 ST- T
145 SF 00
146♦LBL 02
147 RDN
148 RDN
149 RCL 15
150 P-R
```

```
RCL 11
+
RCL 13
ST+ Z
RDN
"SCHNITT
PUNKT"
FS? 00
"⊢1"
FC? 00
"⊢2"
AVIEW
PSE
PSE
PSE
"X="
ARCL X
AVIEW
STOP
"Y="
ARCL Y
AVIEW
STOP
FS?C 00
GTO 02
END
```

7.7 Taschencomputer FX-702P (BASIC)

von Frank Haberditz

<u>Kreis A</u>

Mittelsenkrechte auf die Sehne A1A2:

$$AS12 = AY = AM12 \cdot AX + AK12 \tag{1}$$

$$AM12 = -(AX1 - AX2)/(AY1 - AY2) \tag{2}$$

$$\begin{aligned} AK12 &= AY' - AX' \cdot AM12; \\ AY' &= (AY1 + AY2)/2; \\ AX' &= (AX1 + AX2)/2 \\ AK12 &= (AY1 + AY2)/2 - (AX1 + AX2)/2 \cdot AM12 \end{aligned} \tag{3}$$

Mittelsenkrechte auf die Sehne A2A3:

$$AS23 = AY = AM23 \cdot AX + AK23 \tag{4}$$

$$AM23 = (AX2 - AX3)/(AY2 - AY3) \tag{5}$$

$$\begin{aligned} AK23 &= AY'' - AX'' \cdot AM23; \\ AY'' &= (AY2 + AY3)/2; \\ AX'' &= (AX2 + AX3)/2 \\ AK23 &= (AY2 + AY3)/2 - (AX2 + AX3)/2 \cdot AM23 \end{aligned} \tag{6}$$

Mittelpunktkoordinaten:

$$AX = (AK23 - AK12)/(AM12 - AM23) \tag{7}$$

$$AY = AM12 \cdot AX + AK12 \tag{8}$$

Radius:

$$RA = \sqrt{(AX1 - AX)^2 + (AY1 - AY)^2} \qquad (9)$$

Kreis B

Die Beziehungen ergeben sich analog zu Kreis A.

Mittelpunktkoordinaten:

$$BX = (BK23 - BK12)/(BM12 - BM23) \qquad (10)$$

$$BY = BM12 \cdot BX + BK12 \qquad (11)$$

Radius:

$$RB = \sqrt{(BX1 - BX)^2 + (BY1 - BY)^2} \qquad (12)$$

Schnittpunkte

Hilfsterme:

$$A = BX - AX \qquad (13)$$

$$B = BY - AY \qquad (14)$$

$$C = \sqrt{A^2 + B^2} \qquad (15)$$

Bei A = Ø, B = Ø und RA = RB decken sich die beiden Kreise. Ist RA ≠ RB, so ergeben sich keine Schnittpunkte.

$$D = ARCCOS(A/C); \qquad (16)$$

ist B negativ, so gilt D :=-1 · D

$$E = ARCCOS((RA^2 - RB^2 + C^2)/(2 \cdot RA \cdot C)) \qquad (17)$$

Schnittpunktkoordinaten (kartesisch):

Punkt 1:

$$C1X = RA \cdot COS(D - E) + AX \qquad (18)$$

$$C1Y = RA \cdot SIN(D - E) + AY \qquad (19)$$

Punkt 2:

$$C2X = RA \cdot COS(D + E) + AX \qquad (20)$$

$$C2Y = RA \cdot SIN(D + E) + AY \qquad (21)$$

Programmbeschreibung und Bedienung

Das BASIC-Programm belegt 634 Bytes und ist ohne Umstellung wahlweise für Display- oder Druckerbetrieb verwendbar. Die Befehle werden im "MODE 1" gemäß Anweisungsliste eingetippt oder vom Band eingelesen. Im "MODE Ø" wird das Programm mit "RUN" gestartet.

Zeilen 1ØØ ... 11Ø: Der "WAIT"-Befehl, eingestellt auf 2,5 Sekunden, ist nur im Display-Betrieb bei der Ausgabe der Lösungen wirksam. Dialogeingabe der 3 Wertepaare (A1, A2, A3) für Kreis A. Unterprogramm Zeile 25Ø ... 27Ø: Berechnung von AX, AY und RA.

Zeile 12Ø ... 13Ø: Variablenzuweisung U = AX, V = AY, W = RA. Dialogeingabe der 3 Wertepaare (B1, B2, B3) für Kreis B. Unterprogramm Zeile 25Ø ... 27Ø: Berechnung; X = BX, Y = BY, Z = RB.

Zeile 14Ø ... 15Ø: Abfrage der Koordinaten auf Gleichheit; wenn ja, Sprung nach Zeile 16Ø, ansonsten Sprung nach Zeile 18Ø.

Zeile 16Ø ... 17Ø: Bei Gleichheit der Radienwerte erfolgt Hinweis "KREIS A DECKT B" und Sprung nach Zeile 22Ø. Ist RA ungleich RB, so erfolgt der Hinweis: "KEINE SCHNITTPUNKTE" und wiederum Sprung nach Zeile 22Ø, es werden nur die Kreisdaten von A und B ausgewiesen.

Zeile 18Ø ... 19Ø: Berechnung der Hilfsterme C, D und E; Text: "SCHNITTPUNKTE:"; Einstellung des Formats auf 3 gerundete Nachkommastellen.

Zeile 2ØØ ... 21Ø: Ausgabe der Schnittpunktkoordinaten C1X, C1Y, C2X und C2Y, siehe dazu die Beispiele 1 ... 4. Die Rechen- und Ausgabezeit wurde mit der Stoppuhr ermittelt; sie beträgt ca. 7,5 Sekunden bei Druckerbetrieb mit dem FP-1Ø.

Zeile 22Ø ... 23Ø: Ausgabe der restlichen Kreisdaten "RADIUS A", "AX", "AY", "RADIUS B", "BX" und "BY", wofür noch ca. 4,5 Sekunden benötigt werden.

Zeile 24Ø: Einstellung des Normalformats und Sprung nach Zeile 1ØØ; neue Daten können eingegeben werden.

Sollen die Lösungen nochmals angezeigt werden, so dürfen keine neuen Daten eingegeben werden. Man verfährt dabei wie folgt: "MODE Ø" und "RUN 19Ø EXE"; nach der Anzeige "SCHNITTPUNKTE:" können die Werte nacheinander mit "CONT" abgerufen werden.

Der "WAIT"-Befehl ist dabei ausgeschaltet, d.h. die Anzeige bleibt beliebig lange bestehen. Wird zusätzlich jeweils die Taste "ANS" gedrückt, so erfolgt die Wertanzeige ungerundet.

Für die Eingabewerte aus Beispiel 1 erhält man dann folgende Werte:

C1X = 12.374 (12.373880015)
C1Y = 40.428 (40.42792936)
C2X = -9.660 (-9.660229973)
C2Y = 19.097 (19.0965116)

Radius A = 30.393 (30.39335456)
AX = 19.609 (19.60938924)
AY = 10.908 (10.90838651)

Radius B = 20.124 (20.12353751)
BX = 10.421 (10.42108804)
BY = 20.399 (20.39936563)

Nochmaliges Drücken der Taste "CONT" bewirkt die Vorbereitung eines neuen Ablaufs (Sprung nach Zeile 100),

Beispiele

Ausdruck mit FP-10

1	2	3	4
KREIS A :	KREIS A :	KREIS A :	KREIS A :
AX1=?	AX1=?	AX1=?	AX1=?
41	30	25	-25
AY1=?	AY1=?	AY1=?	AY1=?
32.5	20	50	60
AX2=?	AX2=?	AX2=?	AX2=?
50	10	5	0
AY2=?	AY2=?	AY2=?	AY2=?
10.5	0	30	85
AX3=?	AX3=?	AX3=?	AX3=?
35.5	30	25	25
AY3=?	AY3=?	AY3=?	AY3=?
-15	-20	10	60

```
KREIS B :
BX1=?
-8
BY1=?
28.5
BX2=?
26.5
BY2=?
32.5
BX3=?
29.5
BY3=?
14

SCHNITTPUNKTE :
C1X = 12.374
C1Y = 40.428
C2X =-9.660
C2Y = 19.097

RADIUS A = 30.393
AX = 19.609
AY = 10.908

RADIUS B = 20.124
BX = 10.421
BY = 20.399
```

```
KREIS B :
BX1=?
70
BY1=?
20
BX2=?
90
BY2=?
0
BX3=?
70
BY3=?
-20

SCHNITTPUNKTE :
C1X = 50.000
C1Y = 0.000
C2X = 50.000
C2Y = 0.000

RADIUS A = 20.000
AX = 30.000
AY = 0.000

RADIUS B = 20.000
BX = 70.000
BY = 0.000
```

```
KREIS B :
BX1=?
55
BY1=?
50
BX2=?
75
BY2=?
30
BX3=?
55
BY3=?
10

SCHNITTPUNKTE :
C1X = 40.000
C1Y = 16.771
C2X = 40.000
C2Y = 43.229

RADIUS A = 20.000
AX = 25.000
AY = 30.000

RADIUS B = 20.000
BX = 55.000
BY = 30.000
```

```
KREIS B :
BX1=?
-15
BY1=?
25
BX2=?
0
BY2=?
10
BX3=?
15
BY3=?
25

SCHNITTPUNKTE :
C1X =-9.279
C1Y = 36.786
C2X = 9.279
C2Y = 36.786

RADIUS A = 25.000
AX = 0.000
AY = 60.000

RADIUS B = 15.000
BX = 0.000
BY = 25.000
```

Anweisungsliste

```
100 S=100:WAIT S/2:
    PRT "KREIS A :"
    :INP "AX1=",A,"
    AY1=",B
110 INP "AX2=",C,"A
    Y2=",D,"AX3=",E
    ,"AY3=",F:GSB 2
    .5*S
120 U=X:V=Y:W=Z:PRT
     "KREIS B :":IN
    P "BX1=",A,"BY1
    =",B
130 INP "BX2=",C,"B
    Y2=",D,"BX3=",E
    ,"BY3=",F:GSB 2
    .5*S
140 IF U=X;IF V=Y T
    HEN 160
150 GOTO 180
160 IF W=Z;PRT "KRE
    IS A DECKT B":G
    OTO 220
170 PRT "KEINE SCHN
    ITTPUNKTE":GOTO
     220
180 PRT :A=X-U:B=Y-
    V:C=SQR (A*A+B*
    B):D=ACS (A/C):
    IF B≤0;D=-D
190 E=ACS ((W*W-Z*Z
    +C*C)/2/W/C):PR
    T "SCHNITTPUNKT
    E :":SET F3
200 PRT "C1X =";W*C
    OS (D-E)+U:PRT
    "C1Y =";W*SIN (
    D-E)+V
210 PRT "C2X =";W*C
    OS (D+E)+U:PRT
    "C2Y =";W*SIN (
    D+E)+V
220 PRT :PRT "RADIU
    S A =";W:PRT "A
    X =";U:PRT "AY
    =";V
230 PRT :PRT "RADIU
    S B =";Z:PRT "B
    X =";X:PRT "BY
    =";Y
240 PRT :SET N:GOTO
     S
250 G=-(A-C)/(B-D):
    H=(B+D)/2-(A+C)
    /2*G:I=-(C-E)/(
    D-F)
260 X=((D+F)/2-(C+E
    )/2*I-H)/(G-I):
    Y=G*X+H
270 Z=SQR ((A-X)*(A
    -X)+(B-Y)*(B-Y)
    ):PRT :RET
```

7.8 Videocomputer TI-99/4A (BASIC)

von Norbert Waldmüller

Das Programm wurde auf die konkrete Aufgabenstellung getrimmt. Das bedeutet, es wurden alle überflüssigen Abfragen weggelassen, die bei einer allgemeinen Lösung notwendig wären, wenn nämlich die drei Punkte auf einer Geraden liegen oder sich die zwei Kreise weder schneiden noch berühren.

Der Speicherbedarf beträgt 1485 Byte. Als Rechen- und Ausgabezeit wurden handgestoppt 11 Sekunden ermittelt.

Kurzbeschreibung des Programms

10-20	Eingabe Koordinaten der 3 Punkte A_1, A_2 und A_3
40-60	Abspeicherung der Koordinaten und des Radius des ersten Kreises
70-80	Eingabe Koordinaten der 3 Punkte B_1, B_2 und B_3
100-150	Abspeicherung der Koordinaten und des Radius des zweiten Kreises und Umbenennung jener des ersten Kreises
160-180	Berechnung der Entfernung der zwei Kreismittelpunkte (=I)
190	Berechnung der Steigung von I (=K)
200	Berechnung des Drehwinkels des Koordinatensystems (=L)
210-240	Transformation der Mittelpunktkoordinaten
250-260	Berechnung der 2 Katheten Q und R
270-280	$\bar{x}$-Koordinaten der Punkte C_1 und C_2
290	$\bar{y}$-Koordinate der Punkte C_1 und C_2
300-330	Zurückdrehung in das xy-System
340-370	Rundung auf 3 Dezimalstellen
380-390	Ausgabe der xy-Koordinaten der Punkte C_1 und C_2
410-510	Unterprogramm zur Berechnung des Mittelpunktes und des Radius eines Kreises durch 3 Punkte

Kurzbeschreibung des Lösungsweges

Die gestellte Aufgabe gliedert sich in zwei Teile:

a) Kreis durch 3 Punkte

b) Schnittpunkte zweier Kreise

Zu a) Mit Hilfe der Determinantenrechnung werden die Mittelpunktkoordinaten und die Radien der zwei Kreise ermittelt.

Zu b) Es wird nicht die algebraische Methode mit den zwei impliziten, gemischtquadratischen Funktionsgleichungen angewandt, sondern eine wesentlich einfachere planimetrische Methode. Ausgangsbasis ist das Drachenviereck, das sich aus den Kreismittelpunkten M_1 und M_2 sowie aus den zwei Schnittpunkte C_1 und C_2 ergibt:

Da sowohl r_1 als auch r_2 sowie der Abstand I der Mittelpunkte bekannt sind, lassen sich mit dem pythagoräischen Lehrsatz sowohl R wie auch Q berechnen. Die $\bar{x}$-Werte von C_1 und C_2 ergeben sich aus den Koordinaten $\bar{x}_1 = \bar{x}_2$ minus bzw. plus R. Der $\bar{y}$-Wert ergibt sich aus der $\bar{y}$-Koordinate von M_2 plus Q. Um diese einfache Berechnung anwenden zu können, muß allerdings das xy-Koordinatensystem um den Winkel Psi soweit gedreht werden, daß die Eta-Achse parallel zur Verbindungsgeraden von M_1 und M_2 zu liegen kommt. Anschließend wird das Xi/Eta-System wieder ins xy-System zurückgedreht.

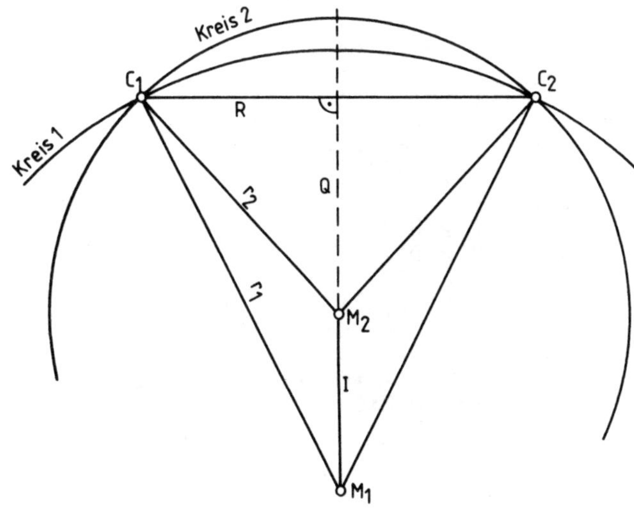

Anweisungsliste

```
10 READ A,B,C,D,E,F
20 DATA 41,32.5,50,10.5,35.5,-15
30 GOSUB 410
40 XM1=J/2
50 YM1=K/2
60 R1=SQR(J^2/4+K^2/4-L)
70 READ A,B,C,D,E,F
80 DATA -8,28.5,26.5,32.5,29.5,14
90 GOSUB 410
100 D=J/2
110 E=K/2
120 F=SQR(J^2/4+K^2/4-L)
130 A=XM1
140 B=YM1
150 C=R1
160 G=D-A
170 H=E-B
180 I=SQR(G^2+H^2)
190 K=H/G
200 L=ATN(K)-2*ATN(1)
210 M=A*COS(L)+B*SIN(L)
220 N=-A*SIN(L)+B*COS(L)
230 O=D*COS(L)+E*SIN(L)
240 P=-D*SIN(L)+E*COS(L)
250 Q=(F^2-C^2+I^2)/2/I
260 R=SQR(F^2-Q^2)
270 S=M-R
280 T=M+R
290 U=P+Q
300 A=S*COS(L)-U*SIN(L)
310 B=S*SIN(L)+U*COS(L)
320 D=T*COS(L)-U*SIN(L)
330 E=T*SIN(L)+U*COS(L)
340 A=(INT(A*1000+.5))/1000
350 B=(INT(B*1000+.5))/1000
360 D=(INT(D*1000+.5))/1000
370 E=(INT(E*1000+.5))/1000
380 PRINT "C1(";A;",";B;")"
390 PRINT "C2(";D;",";E;")"
400 END
410 G=A^2+B^2
420 H=C^2+D^2
430 I=E^2+F^2
440 DET=A*(F-D)+C*(B-F)+E*(D-B)
450 DA=G*(F-D)+H*(B-F)+I*(D-B)
460 DB=A*(I-H)+C*(G-I)+E*(H-G)
470 DC=A*D*I-A*F*H+C*F*G-B*C*I+
    B*E*H-D*E*G
480 J=DA/DET
490 K=DB/DET
500 L=DC/DET
510 RETURN
```

Ergebnisausgabe

```
C1( 12.374 , 40.428 )
C2(-9.66 , 19.097 )
```

7.9 Videocomputer TI-99/4A (BASIC)

von Cordula Berger

Programmidee

Zuerst untersucht man, ob die gegebenen Punkte auf einem Kreis liegen, d.h. es dürfen nur jeweils zwei Punkte auf einer Geraden liegen. Dazu muß nur mit Hilfe der Gleichung für die Steigung einer Geraden

$$m = \frac{y_2 - y_1}{x_2 - x_1}$$

untersucht werden, ob die Steigungen der Geraden unterschiedlich sind (Unterprogramm 1000-1040).

Die Mittelpunkte der Kreise werden durch Vektorrechnung ermittelt. Das Programm enthält in den Zeilen 2170-2800 bzw. im Unterprogramm 11000-11170 die anschließend gezeigte Rechnung. Das Unterprogramm, beginnend mit Nr. 12000, dient zur Rundung auf drei Stellen nach dem Komma.

Berechnung der Mittelpunkte zweier Kreise mit Hilfe der Vektorrechnung

Die Rechnung wird mit Hilfe eines Vektorzuges $OP_2Q_1MO_2P_3O$ durchgeführt (Bild 7.5), wobei gilt: $Y_1 \perp X_1 - X_2$ und $Y_2 \perp X_3 - X_2$.

$$\begin{pmatrix} x_2 \\ y_2 \end{pmatrix} + \frac{1}{2}\begin{pmatrix} x_1 - x_2 \\ y_1 - y_2 \end{pmatrix} + \lambda\begin{pmatrix} y_2 - y_1 \\ x_1 - x_2 \end{pmatrix}$$

$$- \mu\begin{pmatrix} y_1 - y_3 \\ x_3 - x_1 \end{pmatrix} - \frac{1}{2}\begin{pmatrix} x_1 - x_3 \\ y_1 - y_3 \end{pmatrix} - \begin{pmatrix} x_3 \\ y_3 \end{pmatrix} = 0$$

Es ergibt sich somit ein Gleichungssystem:

$$\frac{x_2}{2} + \frac{x_1}{2} + \lambda(y_2 - y_1) - \mu(y_1 - y_3) - \frac{x_1}{2} - \frac{x_3}{3} = 0$$

$$\frac{y_2}{2} + \frac{y_1}{2} + \lambda(x_1 - x_2) - \mu(x_3 - x_1) - \frac{y_1}{2} - \frac{y_3}{3} = 0.$$

Mit

$a = y_2 - y_1,\ b = y_1 - y_3,\ c = \dfrac{x_3 - x_2}{2},\ d = x_1 - x_2,\ e = x_3 - x_1$

und $f = \dfrac{y_3 - y_2}{2}$

vereinfacht sich das System zu

$$\begin{array}{l} \lambda\, a - \mu\, b = c / \cdot e \\ \underline{\lambda\, d - \mu\, e = f / \cdot (-b)} \end{array}\ ,\quad \lambda = \frac{ec - fb}{ae - bd}$$

$$\begin{array}{l} \lambda ae - \mu be = ec \\ \underline{-\lambda bd + \mu be = -fb} \end{array}$$

Der Nenner von λ kann nicht Null werden, da sonst die Punkte auf einer Geraden liegen würden. Man braucht keinen Schutz gegen eine Programmunterbrechung einzubauen.

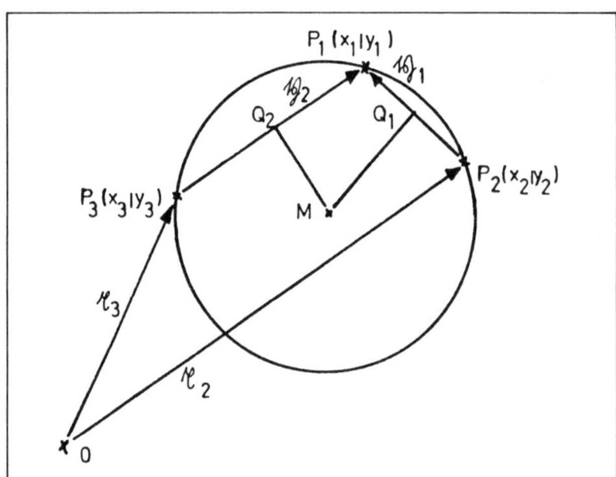

Bild 7.5

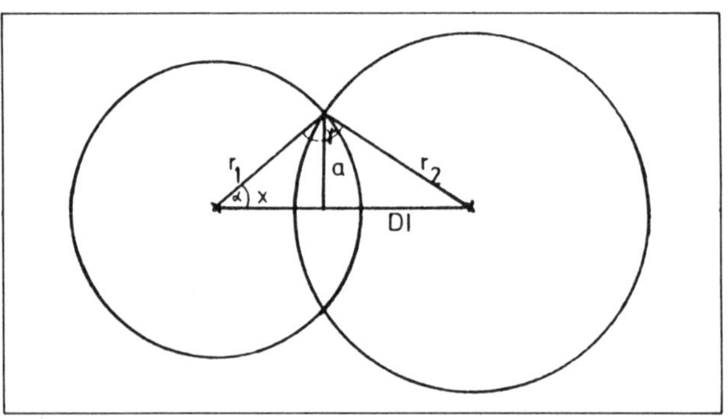

Bild 7.6

Damit ergeben sich für die Berechnung der Koordinaten der Mittelpunkte der Kreise folgende Gleichungen:

$$x_M = \frac{x_2 + x_1}{2} + \lambda(y_2 - y_1)$$

$$y_M = \frac{y_2 + y_1}{2} + \lambda(x_1 - y_2).$$

Berechnung der Schnittpunkte der Kreise mit Hilfe trigonometrischer Gleichungen

Mit Hilfe des Kosinussatzes läßt sich cos γ berechnen (Bild 7.6):

$$\cos\gamma = \frac{r_1^2 + r_2^2 - (DI)^2}{2r_1 r_2}$$

Durch cos γ erhält man sin γ, wenn man die Aussage des trigonometrischen Zusammenhanges

$$\sin\gamma = \sqrt{1 - \cos^2\gamma}$$

benutzt. Wendet man danach den Sinussatz an, so lassen sich sin α und a berechnen:

$$\sin\alpha = \frac{r_2}{DI} \cdot \sin\gamma, \qquad a = \sin\alpha \cdot r_1.$$

Die Koordinaten werden mit Hilfe der Vektorrechnung angegeben:

$$X = X_{M1} + \frac{x}{DI}(X_{M2} - X_{M1}) \pm \frac{a}{DI}\begin{pmatrix} y_{M2} - y_{M1} \\ x_{M1} - x_{M2} \end{pmatrix}$$

Bestimmung der Lage der Kreise zueinander

Es gibt drei Möglichkeiten der Lage der Kreise zueinander:

a) sie besitzen keine gemeinsamen Punkte,
b) sie schneiden sich,
c) sie liegen ineinander.

Mit der Dreiecksungleichung

$$r_1 + r_2 \geq DI \geq |(r_1 - r_2)|$$

lassen sich die Fälle unterscheiden. Der erste Teil der Gleichung schließt den Fall a aus, der zweite den Teil c (s.Bild 7.7).

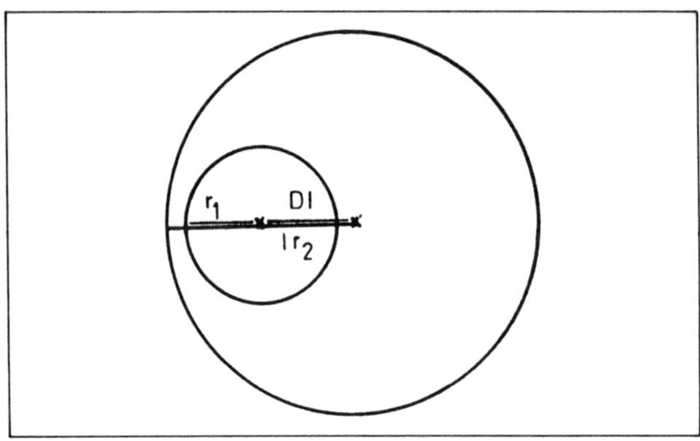

Bild 7.7

Programmübersicht

100- 260	Hinweise zum Programm
270- 430	Eingabe der Koordinaten
450- 900	Untersuchung, ob die gegebenen Punkte auf einem Kreis liegen mit Hilfe des Unterprogramms 1000-1040
940- 995 2000-2140	Berechnung der Mittelpunkte der Kreise
2170-2260	Berechnung der Kreisradien, des Abstandes der Mittelpunkte
2260-2580	Untersuchung, ob Schnittpunkte der Kreise existieren können
2600-2760	Berechnung der Schnittpunkte
2800-2900	Rundung der Koordinaten der Schnittpunkte mit Unterprogramm 12000
10000,10010	Programmende

Unterprogramme:

11000-11170	Berechnung des Mittelpunktes
12000-12040	Rundung der Zahlen
13000-13180	Ausdruck der Tabelle mit dem Drucker

Rechenlauf mit den angegebenen Zahlen

```
DIE BEIDEN KREISE SIND JEWEILS DURCH DREI PUNKTE GEGEBEN.

PUNKT     X          Y
------------------------------
A 1        41         32.5
A 2        55         10.5
A 3        35.5      -15
------------------------------
B 1       -8          28.5
B 2        26.5       32.5
B 3        29.5       14
DIE SCHNITTPUNKTE DER BEIDEN KREISE SIND:
S1=( 24.553 / 34.726 ) UND S2=( 5.698 / .838 ).
```

Anweisungsliste

```
100 REM *******************
110 REM *CORDULA BERGER   *
120 REM *BERLIN 45        *
130 REM *******************
140 CALL CLEAR
150 PRINT "DIE SCHNITTPUNKTE ZWEIER     KREISE"
160 PRINT
170 PRINT
180 PRINT "DIESES PROGRAMM BERECHNET DIE SCHNITTPUNKTE ZWEIER KREISE.DIE KREI
SE GEBEN SIE DURCH DIE"
190 PRINT "KOORDINATEN VON JE DREI  PUNKTEN EIN. ALLE ANGABEN  ERFOLGEN IN
MILLIMETER."
200 PRINT "DIE ERGEBNISSE WERDEN AUF 3 DEZIMALSTELLEN GERUNDET."
210 PRINT
220 PRINT
230 PRINT "WOLLEN SIE BEGINNEN , SO    DRUECKEN SIE IRGENDEINE    TASTE."
240 CALL KEY(0,K,S)
250 IF S=0 THEN 240
260 CALL CLEAR
270 OPEN #1:"PIO"
290 Z=0
298 Z1=0
300 DIM XA(3),YA(3),XB(3),YB(3)
310 FOR I=1 TO 3
320 PRINT "X-KOORDINATE VON A(";I;")= "
330 INPUT XA(I)
340 PRINT "Y-KOORDINATE VON A(";I;")= "
350 INPUT YA(I)
360 NEXT I
365 IF Z>0 THEN 440
370 REM 2. KREIS
380 FOR I=1 TO 3
390 PRINT "X-KOORDINATE VON B(";I;")= "
400 INPUT XB(I)
410 PRINT "Y-KOORDINATE VON B(";I;")="
420 INPUT YB(I)
430 NEXT I
432 GOSUB 13000
```

```
435 IF Z1>0 THEN 750
440 REM  LIEGEN DIE A(I) AUF EINEM KREIS?
450 REM  BERECHNUNG DER GERADENSTEIGUNG
460 X1=XA(1)
470 X2=XA(2)
480 Y1=YA(1)
490 Y2=YA(2)
500 GOSUB 1000
510 M1=M
530 REM 2. GERADE
540 X1=XA(3)
550 Y1=YA(3)
560 GOSUB 1000
570 M2=M
590 IF M1<>M2 THEN 700
610 PRINT "ALLE DREI PUNKTE LIEGEN AUF EINER GERADEN. SIE MUESSEN NEUE KOORDINAT
EN EINGEBEN."
620 GOTO 300
700 PRINT "DIE PUNKTE A1, A2, A3 LIEGEN AUF EINEM KREIS."
750 REM UNTERSUCHUNG DER B(I)
760 X1=XB(1)
770 X2=XB(2)
780 Y1=YB(1)
790 Y2=YB(2)
800 GOSUB 1000
810 M3=M
830 X1=XB(3)
840 Y1=YB(3)
850 GOSUB 1000
860 M4=M
880 IF M3<>M4 THEN 930
900 PRINT "DIE PUNKTE B1,B2,B3 LIEGEN AUF EINER GERADEN. GEBEN SIE NEUE KOORDINA
TEN EIN."
910 Z1=Z1+1
920 GOTO 370
930 PRINT "DIE PUNKTE B1,B2,B3 LIEGEN AUF EINEM KREIS."
940 REM BERECHNUNG DER MITTELPUNKTE
950 X1=XA(1)
960 X2=XA(2)
970 X3=XA(3)
980 Y1=YA(1)
990 Y2=YA(2)
995 GOTO 2000
1000 REM UP FUER STEIGUNG
1010 M=(Y2-Y1)/(X2-X1)
1030 RETURN
2000 Y3=YA(3)
2010 GOSUB 11000
2020 XM1=XM
2030 YM1=YM
2060 X1=XB(1)
2070 X2=XB(2)
2080 X3=XB(3)
2090 Y1=YB(1)
2100 Y2=YB(2)
2110 Y3=YB(3)
2120 GOSUB 11000
2130 XM2=XM
2140 YM2=YM
2170 DI=(XM1-XM2)*(XM1-XM2)+(YM1-YM2)*(YM1-YM2)
2180 DI=SQR(DI)
```

```
2190 R1=(XM1-XA(1))*(XM1-XA(1))+(YM1-YA(1))*(YM1-YA(1))
2200 R1=SQR(R1)
2220 R2=(XM2-XB(1))*(XM2-XB(1))+(YM2-YB(1))*(YM2-YB(1))
2230 R2=SQR(R2)
2260 IF R1+R2>=DI THEN 2500
2270 RPINT"DIE KREISE SCHNEIDEN SICH NICHT."
2275 PRINT #1:"DIE KREISE SCHNEIDEN SICH NICHT."
2280 GOTO 10000
2500 IF ABS(R2-R1)<=DI THEN 2600
2510 PRINT "EIN KREIS IST EINE TEILMENGE DES ANDEREN."
2515 PRINT #1:"EIN KREIS IST TEILMENGE DES ANDEREN."
2520 GOTO 10000
2600 PRINT "DIE BEIDEN KREISE SCHNEIDEN SICH."
2610 REM BERECHNUNG DER SCHNITTPUNKTE DER KREISE
2620 COSINUS=(R1^2+R2^2-DI^2)/(2*R1*R2)
2630 SINUS=SQR(1-COSINUS*COSINUS)
2640 A=R1*R2*SINUS/DI
2700 X=SQR(R1^2-A*A)
2710 REM BERECHNUNG DER KOORDINATEN DER SCHNITTPUNKTE
2720 XS1=XM1+(X/DI)*(XM2-XM1)+(A/DI)*(YM2-YM1)
2730 YS1=YM1+(X/DI)*(YM2-YM1)+(A/DI)*(XM1-XM2)
2740 XS2=XM1+(X/DI)*(XM2-XM1)-(A/DI)*(YM2-YM1)
2750 YS2=YM1+(X/DI)*(YM2-YM1)-(A/DI)*(XM1-XM2)
2760 R=XS1
2800 GOSUB 12000
2810 XS1=K
2820 R=XS2
2830 GOSUB 12000
2840 XS2=K
2850 R=YS1
2860 GOSUB 12000
2870 YS1=K
2880 R=YS2
2890 GOSUB 12000
2900 YS2=K
2910 PRINT "DIE SCHNITT PUNKTE DER KREISE SIND:"
2920 PRINT
2930 PRINT "S1=(";XS1;"/";YS1;")"
2940 PRINT "UND"
2950 PRINT "S2=(";XS2;"/";YS2;")."
2960 PRINT #1:"DIE SCHNITTPUNKTE DER BEIDEN KREISE SIND:"
2970 PRINT #1:"S1=(";XS1;"/";YS1;") UND S2=(";XS2;"/";YS2;")."
10000 CLOSE #1
10010 STOP
11000 REM UP FUER MITTELPUNKT
11010 A=Y2-Y1
11030 B=Y1-Y3
11040 C=0.5*(X3-X2)
11060 D=X1-X2
11080 E=X3-X1
11090 F=0.5*(Y3-Y2)
11110 LA=(E*C-F*B)/(A*E-B*D)
11150 XM=(X1+X2)/2+LA*A
11160 YM=(Y1+Y2)/2+LA*D
11170 RETURN
12000 REM UP FUER RUNDEN
12010 L=R*1000
12020 K=INT(L+0.5)
12030 K=K/1000
12040 RETURN
13000 REM AUSDRUCK DER TABELLE MIT DEM DRUCKER
```

```
13010 PRINT #1:"DIE BEIDEN KREISE SIND JEWEILS DURCH DREI PUNKTE GEGEBEN."
13020 PRINT #1
13030 PRINT #1:"PUNKT";TAB(10);"X";TAB(20);"Y"
13040 FOR I=1 TO 30
13050 PRINT #1:"-";
13060 NEXT I
13070 PRINT #1
13080 FOR I=1 TO 3
13090 PRINT #1:"A";I;TAB(10);XA(I);TAB(20);YA(I)
13100 NEXT I
13110 FOR I=1 TO 30
13120 PRINT #1:"-";
13130 NEXT I
13140 PRINT #1
13150 FOR I=1 TO 3
13160 PRINT #1:"B";I;TAB(10);XB(I);TAB(20);YB(I)
13170 NEXT I
13180 RETURN
```

Der Verbrauch an Stack-Speicherplätzen beträgt 497 Bytes.
Der Verbrauch an Programm-Speicherplätzen beträgt 4553 Bytes.
Die Rechenzeit betrug bei der angegebenen Tabelle 3,5 Sekunden - einschließlich der Eingabezeit für die Zahlen.

7.10 Commodore CBM 3032 (BASIC)

von Wilhelm-Rüdiger Haberditz

Aufbereitung

Datenpunkte in kartesischen Koordinaten (Bild 7.8):

KREIS A: $A_1(X_1,Y_1)$ $A_2(X_2,Y_2)$ $A_3(X_3,Y_3)$

KREIS B: $B_1(X_4,Y_4)$ $B_2(X_5,Y_5)$ $B_3(X_6,Y_6)$

Mit den Koordinatenwerten müssen jeweils drei Kreisgleichungen erfüllt sein.

KREIS A:

$$R_A^{\ 2} = (X_1-A_X)^2 + (Y_1-A_Y)^2 \qquad (1)$$

$$R_A^{\ 2} = (X_2-A_X)^2 + (Y_2-A_Y)^2 \qquad (2)$$

$$R_A^{\ 2} = (X_3-A_X)^2 + (Y_3-A_Y)^2 \qquad (3)$$

KREIS B:

$$R_B^2 = (X_4 - B_X)^2 + (Y_4 - B_Y)^2 \quad (4)$$
$$R_B^2 = (X_5 - B_X)^2 + (Y_5 - B_Y)^2 \quad (5)$$
$$R_B^2 = (X_6 - B_X)^2 + (Y_6 - B_Y)^2 \quad (6)$$

Dabei sind R_A bzw. R_B die Radien und A_X, A_Y bzw. B_X, B_Y die Mittelpunktkoordinaten M_A und M_B der Kreise A und B; siehe auch Bild 7.8.

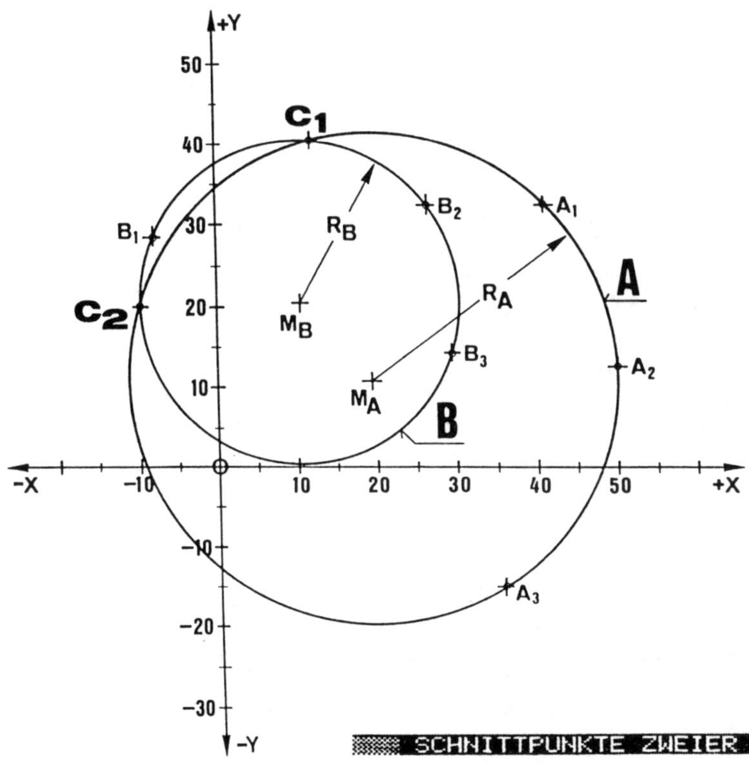

Bild 7.8

```
SCHNITTPUNKTE ZWEIER KREISE
BEZEICHNUNGEN SIEHE BILD1
DATEN-EINGABE IN [MM]
KREIS A
PUNKT A1: X =  41        Y =  32.5
PUNKT A2: X =  50        Y =  10.5
PUNKT A3: X =  35.5      Y = -15
KREIS B
PUNKT B1: X = -8         Y =  28.5
PUNKT B2: X =  26.5      Y =  32.5
PUNKT B3: X =  29.5      Y =  14
```

```
LOESUNGSWERTE:RUNDUNG DIN1333

KOORDINATEN DER SCHNITTPUNKTE:
C1 : X = 12.374      Y = 40.428
C2 : X =-9.66        Y = 19.097

RECHEN- U. AUSGABEZEIT: .88 SEKUNDEN
NEUER ABLAUF (J/N) ?

LOESUNGSWERTE:RUNDUNG DIN1333

KREIS A
MITTELPUNKTKOORDINATEN:
AX = 19.609            AY = 10.908
RADIUS  RA = 30.393
FLAECHE SA = 2902.065
UMFANG  UA = 190.967

KREIS B
MITTELPUNKTKOORDINATEN:
BX = 10.421            BY = 20.399
RADIUS  RB = 20.124
FLAECHE SB = 1272.209
UMFANG  UB = 126.44
```

Durch Reduktion der beiden linearen Gleichungssysteme (1)...(3) bzw. (4)...(6) erhält man die Determinanten eines Systems mit zwei Variablen.

$$DT_1 = (X_2-X_1) \cdot (Y_3-Y_1) - (X_3-X_1) \cdot (Y_2-Y_1) \qquad (7)$$

$$DT_2 = (X_5-X_4) \cdot (Y_6-Y_4) - (X_6-X_4) \cdot (Y_6-Y_4) \qquad (8)$$

Mit den Zusammenfassungen (9)...(14)

$$E = Y_3-Y_1 \qquad (9)$$

$$F = Y_2-Y_1 \qquad (10)$$

$$H = Y_6-Y_4 \qquad (11)$$

$$I = Y_5-Y_4 \qquad (12)$$

$$K = (X_2^2-X_1^2-Y_2^2-Y_1^2)/2 \qquad (13)$$

$$L = (X_5^2-X_4^2+Y_5^2-Y_4^2)/2 \qquad (14)$$

ergeben sich die Bestimmungsgleichungen der Mittelpunktkoordinaten $M_A(A_X,A_Y)$ bzw. $M_B(B_X,B_Y)$

$$A_X = (E \cdot K - X_3{}^2 - X_1{}^2 + Y_3{}^2 - Y_1{}^2) \cdot F/2/DT_1 \quad (15)$$

$$A_Y = (K - (X_2 - X_1) \cdot A_X)/F \quad (16)$$

$$B_X = (H \cdot L - X_6{}^2 - X_4{}^2 + Y_6{}^2 - Y_4{}^2) \cdot I/2/DT_2 \quad (17)$$

$$B_Y = (L - (X_5 - X_4) \cdot B_X)/I \quad (18)$$

Eine eindeutige Lösung der Gleichungen (15)...(18) ist nur möglich, wenn die Determinanten DT_1 bzw. DT_2 ungleich Null sind. In diesem Fall bilden die Datenpunkte A_1, A_2 und A_3 bzw. B_1, B_2 und B_3 jeweils ein Dreieck.

Durch Einsetzen von A_X, A_Y und B_X, B_Y in Gleichung (1) bzw. Gleichung (4) erhält man die Kreisradien für A und B

$$R_A = ((X_1 - A_X)^2 + (Y_1 - A_Y)^2)^{1/2} \quad (19)$$

$$R_B = ((X_4 - B_X)^2 + (Y_4 - B_Y)^2)^{1/2} \quad (20)$$

Ausgehend von den Gleichungen (1)...(6) ergeben sich die beiden quadratischen Kreisgleichungen zweiter Ordnung in der Form

$$X_{1,2}^2 + Y_{1,2}^2 - 2 \cdot A_X \cdot X_{1,2} - 2 \cdot A_Y \cdot Y_{1,2} + A_X{}^2 + A_Y{}^2 - R_A{}^2 = \emptyset \quad (21)$$

$$X_{1,2}^2 + Y_{1,2}^2 - 2 \cdot B_X \cdot X_{1,2} - 2 \cdot B_Y \cdot Y_{1,2} + B_X{}^2 + B_Y{}^2 - R_B{}^2 = \emptyset \quad (22)$$

wobei (X_1, Y_1) und (X_2, Y_2) die gesuchten Koordinaten der beiden Schnittstellen C_1 und C_2 sind. Aus den Gleichungen (21) und (22) resultieren vier Lösungsvarianten.

(I) $\underline{(A_X = B_X) \wedge (A_Y = B_Y) \wedge (R_A{}^2 = R_B{}^2)}$

Die Kreise A und B sind kongruent!

(II) $\underline{(A_X = B_X) \wedge (A_Y = B_Y) \wedge (R_A{}^2 \neq R_B{}^2)}$

Bei dieser Bedingung ergeben die Daten keine reellen Schnittpunkte!

(III) $\underline{(A_X \neq B_X) \wedge (A_Y = B_Y) \wedge ((R_A{}^2 = R_B{}^2) \vee (R_A{}^2 \neq R_B{}^2))}$

Mit dem Hilfsterm

$$N = (R_A^2-A_X^2+B_X^2-R_B^2)/(2\cdot(B_X-A_X)) \qquad (23)$$

läßt sich für die Diskriminante schreiben

$$D_K=R_A^2-A_X^2+N\cdot(2\cdot A_X-N) \qquad (24)$$

$D_K < \emptyset$ ⟶ Keine reelle Lösung!

$D_K = \emptyset$ Die beiden Schnittpunkte fallen zusammen, d.h. die Kreise tangieren in einem Punkt!

Schnittpunkt $C_1=C_2$:

$$X_1=X_2=N \qquad (25)$$

$$Y_1=Y_2=A_Y=B_Y \qquad (26)$$

$D_K > \emptyset$ ⟶ zwei verschiedene reelle Lösungen

Schnittpunkt C_1:

$$X_1=N \qquad (27)$$

$$Y_1=A_Y+(D_K)^{1/2}=B_Y+(D_K)^{1/2} \qquad (28)$$

Schnittpunkt C_2:

$$X_2=N \qquad (29)$$

$$Y_2=A_Y-(D_K)^{1/2}=B_Y-(D_K)^{1/2} \qquad (30)$$

(IV) $(A_X \neq B_X) \wedge (A_Y \neq B_Y) \wedge ((R_A^2=R_B^2) \vee (R_A^2 \neq R_B^2))$

Hilfsterme:

$$M = (A_X-B_X)/(B_Y-A_Y) \qquad (31)$$

$$N = (R_A^2-A_X^2+B_X^2-R_B^2+B_Y^2-A_Y^2)/(2\cdot(B_Y-A_Y)) \qquad (32)$$

Realteil:

$$R = (M\cdot(A_Y-N)+A_X)/(M^2+1) \qquad (33)$$

Für die Diskriminante gilt somit

$$D_K=R^2+(R_A^2-A_X^2-A_Y^2+N\cdot(2\cdot A_Y-N))/(M^2+1) \qquad (34)$$

$D_K < \emptyset$ ⟶ Keine reelle Lösung!

$D_K=\emptyset$ → die beiden Schnittpunkte fallen zusammen, d.h. die Kreise tangieren in einem Punkt!

Schnittpunkt $C_1=C_2$:

$$X_1=X_2=R \qquad (35)$$

$$Y_1=Y_2=X_1\cdot M+N \qquad (36)$$

$D_K > \emptyset$ ⟶ zwei verschiedene reelle Lösungen

Schnittpunkt C_1:

$$X_1=R+(D_K)^{1/2} \qquad (37)$$

$$Y_1=X_1\cdot M+N \qquad (38)$$

Schnittpunkt C_2:

$$X_2=R-(D_K)^{1/2} \qquad (39)$$

$$Y_2=X_2\cdot M+N \qquad (40)$$

BASIC-Programm für CBM 3032

Das Programm "DUOCIRC/TEST" belegt 3256 Bytes, ist bildschirmorientiert und kann in den vier Quadranten der Koordinatenebene, inklusive Null der X- bzw. Y-Achse universell angewandt werden. Da im wesentlichen nur die ANSI-Befehle verwendet wurden, ist eine Übertragung auf andere BASIC-Dialekte und Rechner wie z.B. CBM 8Ø32/SK, CBM 64, MZ 721/731, IBM-PC, M 1Ø etc. leicht möglich.

Nach dem Eintippen der Befehle, s. Anweisungsliste, wird das Programm mit "RUN" und "RETURN" initialisiert. Bei der Ausarbeitung und Kontrolle des Programms erwies es sich als etwas umständlich, jeweils 12 Daten pro Testkriterium einzugeben. Per Menü und Kennziffer 1...7, siehe Beispiele, kann man deshalb zwischen fünf integrierten Datensätzen für Test- und Demozwecke und den Betriebsarten "NUR SCHNITTPUNKTE" bzw. "MIT ZUSATZDATEN" (Radien, Flächen und Umfänge der beiden Kreise) wählen. Weitere Hinweise erübrigen sich, da die Benutzerführung im Klartext und Dialog erfolgt. Die erzielten Ergebnisse sind in Bild 7.8 als Hardcopy mit dem CBM 4Ø22 dargestellt. Die Rechen- und Ausgabezeit wurde mit dem internen Zeitgeber ermittelt; sie beträgt ca. Ø,9 Sekunden.

Zeile 1ØØ...1Ø5: Allgemeine Dokumentationsdaten.

Zeile 11Ø...125: Stringkonstanten laden; Definition der vorzeichenrichtigen Rundungsroutine (3 Nachkommastellen) nach DIN 1333.

Zeile 13Ø...135: Bildschirm löschen, "Cursorhomeposition" und Bildschirmrahmen generieren.

Zeile 14Ø...23Ø: Menü, 7 Betriebsarten; Tastaturabfrage per GET-Befehl; Dialogdateneingabe oder Abruf eines Datensatzes per berechneten READ-Befehl.

Zeile 235...435: Berechnung und Ausgabe der Lösungswerte mit Zeitangabe (Sekunden, 2 Nachkommastellen gerundet); Formeln und Bedingungen siehe Abschnitt 1; per GET-Abfrage (J/N) kann bei Bedarf ein neuer Ablauf vorbereitet werden.

Zeile 44Ø...46Ø: Datensätze für die Test- und Demobeispiele 1...5.

Anweisungsliste

```
100 REM PROGRAMM "DUOCIRC/TEST"; 3.256KB; RECHNER:CBM3032
105 REM CR: W.-R. HABERDITZ, D-6374 STEINBACH/TS.
110 POKE 59468,12:A$="BEZEICHNUNGEN SIEHE BILD1":S$=" SCHNITTPUNKTE"
115 B$=S$+" ZWEIER KREISE ":O$="KOORDINATEN":M$="MITTELPUNKT"+O$+":"
120 U$="UMFANG  U":F$="FLAECHE S":R$="RADIUS  R":D$="DATEN":K$="KREIS "
125 P$="PUNKT ":DEFFNC(D)=SGN(D)*INT(ABS(D)*1E3+.5)/1E3
130 PRINT"▯":FOR I=32768 TO 32806:POKE I,90:POKE I+960,90:NEXT
135 FOR I=32808 TO 33688 STEP40:POKE I,81:POKE I+38,81:NEXT
140 FOR I=1 TO 35:C$=C$+"_":NEXT:PRINT"▒▒▒";SPC(2)C$
145 PRINT SPC(2)"▒▒▒▒"B$"▒▒▒▒▒▒";FOR I=49 TO 53
150 PRINT SPC(6)"TEST/DEMO "CHR$(I)" ---------> ▒ "CHR$(I)" ▬███▯    ▒▒"
155 NEXT:PRINT SPC(6)"NUR"S$" --> ▒ 6 ▬███▯    ▒▒"
160 PRINT SPC(6)"MIT ZUSATZ"D$" ----> ▒ 7 ▬███▯    ▒▒▒"
165 PRINT SPC(2)" ♦♦♦ KENNZIFFER BITTE EINGEBEN ♦♦♦ "
170 GET H$:IF H$<"1" OR H$ >"7" THEN170
175 FOR I=49 TO 53:IF H$<>CHR$(I)THEN NEXT
180 IF H$<"6" THEN FOR J=1 TO 12*(I-48)-11:READ X:NEXT
185 PRINT"▯▒";SPC(2)C$:PRINT SPC(2)"▒▒▒▒"B$"▒▒▒▒▒":PRINT SPC(7)A$
190 PRINT SPC(9)"▒"D$"-EINGABE IN [MM]":A=65
195 PRINT SPC(2)"▒"K$"▒ "CHR$(A)" ▬███▯    ▒"
200 FOR I=1 TO 3:PRINT SPC(2)"▒"P$;CHR$(A);CHR$(I+48)": X =";
205 IF H$>"5"THEN INPUT X(I+B):GOTO215
210 READ X(I+B):PRINT
215 PRINT SPC(15)"▯ ";X(I+B);"▌ ":PRINT SPC(25)"▯Y =";
220 IF H$>"5" THEN INPUT Y(I+B):GOTO230
225 READ Y(I+B):PRINT
230 PRINT SPC(28)"▯ ";Y(I+B);"▌ ":NEXT:IF A=65 THEN A=66:B=3:GOTO195
235 E=Y(3)-Y(1):F=Y(2)-Y(1):G=X(2)-X(1):H=Y(6)-Y(4):I=Y(5)-Y(4):J=X(5)-X(4
240 D1=G*E-(X(3)-X(1))*F:D2=J*H-(X(6)-X(4))*I:IF D1=0 OR D2=0 THEN420
245 IF H$<"6" THEN Q=5:GOSUB435
250 TI$="000000":K=(X(2)*X(2)-X(1)*X(1)+Y(2)*Y(2)-Y(1)*Y(1))/2
```

```
255 L=(X(5)*X(5)-X(4)*X(4)+Y(5)*Y(5)-Y(4)*Y(4))/2
260 AX=(K*E-(X(3)*X(3)-X(1)*X(1)+Y(3)*Y(3)-Y(1)*Y(1))*F/2)/D1:AY=(K-G*AX)/F
265 BX=(L*H-(X(6)*X(6)-X(4)*X(4)+Y(6)*Y(6)-Y(4)*Y(4))*I/2)/D2:BY=(L-J*BX)/I
270 A=(X(1)-AX)*(X(1)-AX)+(Y(1)-AY)*(Y(1)-AY)
275 B=(X(4)-BX)*(X(4)-BX)+(Y(4)-BY)*(Y(4)-BY):PRINT "    "C$
280 PRINT "  LOESUNGSWERTE:RUNDUNG DIN1333  ":IF H$="6" THEN310
285 RA=SQR(A):RB=SQR(B)
290 PRINT K$" A        ":PRINT M$:PRINT"AX =";FNC(AX),"AY =";FNC(AY)
295 PRINT R$"A =";FNC(RA):PRINT F$"A =";FNC(A*π):PRINT U$"A =";FNC(2*RA*π)
300 PRINT" "K$" B        ":PRINT M$:PRINT"BX =";FNC(BX),"BY =";FNC(BY)
305 PRINT R$"B =";FNC(RB):PRINT F$"B =";FNC(B*π):PRINT U$"B =";FNC(2*RB*π)
310 IF AX=BX AND AY=BY THEN320
315 GOTO330
320 IF A=B THEN PRINT" DIE BEIDEN KREISE SIND KONGRUENT!":GOTO390
325 PRINT" "D$" ERGEBEN KEINE"S$"!":GOTO390
330 IF AY=BY THEN F1=1:Y=AY:AY=AX:BY=BX:AX=0:BX=0
335 M=(AX-BX)/(BY-AY):N=(A-AX*AX+BX*BX-B+BY*BY-AY*AY)/2/(BY-AY)
340 R=(M*(AY-N)+AX)/(M*M+1):DK=R*R+(A-AX*AX-AY*AY+N*(2*AY-N))/(M*M+1)
345 IF DK<0 THEN PRINT" "D$" ERGEBEN KEINE"S$"!":GOTO390
350 IF DK>0 THEN 370
355 PRINT" KREISE TANGIEREN IN EINEM ";P$:PRINT"SCHNITTPUNKT  C1=C2 ;"O$":"
360 X1=R:Y1=R*M+N:IF F1=1 THEN X1=N:Y1=Y
365 PRINT"X =";FNC(X1),"Y =";FNC(Y1):GOTO390
370 PRINT" "O$" DER"S$":":S=SQR(DK):X1=R+S:Y1=X1*M+N:X2=R-S:Y2=X2*M+N
375 IF F1=1 THEN X1=N:Y1=S+Y:X2=N:Y2=Y-S
380 PRINT"  C1  : X =";FNC(X1),"Y =";FNC(Y1)
385 PRINT"  C2  : X =";FNC(X2),"Y =";FNC(Y2)
390 PRINT" RECHEN- U. AUSGABEZEIT:";INT(TI/.6+.5)/100;"SEKUNDEN"
395 PRINT " NEUER ABLAUF (J/N) ?";
400 GET E$:IF E$="J" THEN PRINT "  JA         ":Q=1:GOTO430
405 IF E$<>"N" THEN400
410 PRINT "  NEIN            "
415 GOTO415
420 PRINT SPC(2)" DIE PUNKTE BILDEN KEIN DREIECK"
425 PRINT SPC(2)"FEHLER! DT=0 NEUE DATENEINGABE!":Q=3
430 GOSUB435:RUN
435 FOR V=1 TO Q*1000:NEXT:RETURN
440 DATA 0,5,55,25,35,5,15,-20,10,20,-30,60,10
445 DATA -20,30,0,50,20,30,-20,0,0,-20,20,0
450 DATA 40,55,75,20,40,-15,20,45,-5,20,20,-5
455 DATA 25,20,5,0,25,-20,55,20,75,0,55,-20
460 DATA 0,0,0,30,30,0,0,0,0,-60,-60,0
```

Test- und Demonstrationsbeispiele

```
****************************************
*                                      *
*   SCHNITTPUNKTE ZWEIER KREISE        *
*                                      *
*    TEST/DEMO 1 ---------> 1          *
*    TEST/DEMO 2 ---------> 2          *
*    TEST/DEMO 3 ---------> 3          *
*    TEST/DEMO 4 ---------> 4          *
*    TEST/DEMO 5 ---------> 5          *
*    NUR SCHNITTPUNKTE --> 6           *
*    MIT ZUSATZDATEN ----> 7           *
*                                      *
* *** KENNZIFFER BITTE EINGEBEN ***    *
*                                      *
****************************************
```

1

```
SCHNITTPUNKTE ZWEIER KREISE
     BEZEICHNUNGEN SIEHE BILD1
       DATEN-EINGABE IN [MM]
KREIS A
PUNKT A1: X =  5        Y =  55
PUNKT A2: X =  25       Y =  35
PUNKT A3: X =  5        Y =  15
KREIS B
PUNKT B1: X = -20       Y =  10
PUNKT B2: X =  20       Y = -30
PUNKT B3: X =  60       Y =  10

LOESUNGSWERTE:RUNDUNG DIN1333

KREIS A
MITTELPUNKTKOORDINATEN:
AX = 5     AY = 35
RADIUS  RA = 20
FLAECHE SA = 1256.6371
UMFANG  UA = 125.6637

KREIS B
MITTELPUNKTKOORDINATEN:
BX = 20    BY = 10
RADIUS  RB = 40
FLAECHE SB = 5026.5482
UMFANG  UB = 251.3274

KOORDINATEN DER SCHNITTPUNKTE:
C1 : X = 18.271     Y = 49.9626
C2 : X =-14.4475    Y = 30.3315

RECHEN- U. AUSGABEZEIT: 1.9 SEKUNDEN

NEUER ABLAUF (J/N) ?
```

```
SCHNITTPUNKTE ZWEIER KREISE
      BEZEICHNUNGEN SIEHE BILD1
         DATEN-EINGABE IN [MM]
KREIS  A
PUNKT A1: X = -20        Y =  30
PUNKT A2: X =   0        Y =  50
PUNKT A3: X =  20        Y =  30
KREIS  B
PUNKT B1: X = -20        Y =   0
PUNKT B2: X =   0        Y = -20
PUNKT B3: X =  20        Y =   0

LOESUNGSWERTE:RUNDUNG DIN1333
KREIS  A
MITTELPUNKTKOORDINATEN:
AX = 0      AY = 30
RADIUS  RA = 20
FLAECHE SA = 1256.6371
UMFANG  UA = 125.6637

KREIS  B
MITTELPUNKTKOORDINATEN:
BX = 0      BY = 0
RADIUS  RB = 20
FLAECHE SB = 1256.6371
UMFANG  UB = 125.6637

KOORDINATEN DER SCHNITTPUNKTE:
C1: X = 13.2288     Y = 15
C2: X =-13.2288     Y = 15

RECHEN- U. AUSGABEZEIT: 1.8 SEKUNDEN

NEUER ABLAUF (J/N) ?
```

3

```
SCHNITTPUNKTE ZWEIER KREISE
      BEZEICHNUNGEN SIEHE BILD1
         DATEN-EINGABE IN [MM]
KREIS  A
PUNKT A1: X =  40        Y =  55
PUNKT A2: X =  75        Y =  20
PUNKT A3: X =  40        Y = -15
KREIS  B
PUNKT B1: X =  20        Y =  45
PUNKT B2: X = -5         Y =  20
PUNKT B3: X =  20        Y = -5
```

```
LOESUNGSWERTE:RUNDUNG DIN1333

KREIS A
MITTELPUNKTKOORDINATEN:
AX = 40    AY = 20
RADIUS   RA = 35
FLAECHE  SA = 3848.451
UMFANG   UA = 219.9115

KREIS B
MITTELPUNKTKOORDINATEN:
BX = 20    BY = 20
RADIUS   RB = 25
FLAECHE  SB = 1963.4954
UMFANG   UB = 157.0796

KOORDINATEN DER SCHNITTPUNKTE:
C1 : X = 15          Y = 44.4949
C2 : X = 15          Y =-4.4949

RECHEN- U. AUSGABEZEIT: 1.92 SEKUNDEN

NEUER ABLAUF (J/N) ?
```

4

```
SCHNITTPUNKTE ZWEIER KREISE

     BEZEICHNUNGEN SIEHE BILD1

       DATEN-EINGABE IN [MM]

KREIS A

PUNKT A1: X =  25        Y =  20

PUNKT A2: X =  5         Y =  0

PUNKT A3: X =  25        Y = -20

KREIS B

PUNKT B1: X =  55        Y =  20

PUNKT B2: X =  75        Y =  0

PUNKT B3: X =  55        Y = -20

LOESUNGSWERTE:RUNDUNG DIN1333

KREIS A
MITTELPUNKTKOORDINATEN:
AX = 25    AY = 0
RADIUS   RA = 20
FLAECHE  SA = 1256.6371
UMFANG   UA = 125.6637

KREIS B
MITTELPUNKTKOORDINATEN:
BX = 55    BY = 0
RADIUS   RB = 20
FLAECHE  SB = 1256.6371
UMFANG   UB = 125.6637

KOORDINATEN DER SCHNITTPUNKTE:
C1 : X = 40          Y = 13.2288
C2 : X = 40          Y =-13.2288

RECHEN- U. AUSGABEZEIT: 1.88 SEKUNDEN

NEUER ABLAUF (J/N) ?
```

5

```
     SCHNITTPUNKTE ZWEIER KREISE
      BEZEICHNUNGEN SIEHE BILD1
        DATEN-EINGABE IN [MM]
KREIS  A
PUNKT A1: X =  0          Y =  0
PUNKT A2: X =  0          Y =  30
PUNKT A3: X =  30         Y =  0
KREIS  B
PUNKT B1: X =  0          Y =  0
PUNKT B2: X =  0          Y = -60
PUNKT B3: X = -60         Y =  0

     LOESUNGSWERTE:RUNDUNG DIN1333
KREIS  A
MITTELPUNKTKOORDINATEN:
AX = 15    AY = 15
RADIUS  RA = 21.2132
FLAECHE SA = 1413.7167
UMFANG  UA = 133.2865

KREIS  B
MITTELPUNKTKOORDINATEN:
BX =-30    BY =-30
RADIUS  RB = 42.4264
FLAECHE SB = 5654.8668
UMFANG  UB = 266.573

KREISE TANGIEREN IN EINEM PUNKT
SCHNITTPUNKT S1=S2;KOORDINATEN:
X = 0      Y = 0

RECHEN- U. AUSGABEZEIT: 1.72 SEKUNDEN

NEUER ABLAUF (J/N) ?
```

7.11 Tischcomputer HP-85 (BASIC)

von Joachim Schwarte

Lösungsweg

Die Kreismittelpunkte werden als Schnittpunkte zweier Mittelsenkrechten der gegebenen Dreiecke ermittelt. Hierzu werden als erstes die Ortsvektoren L1 und L2 zweier Seitenmittelpunkte eines Dreiecks berechnet. (Zeilen 1250-1280 für Dreieck A und 1370-1400 für B).

Als nächstes werden die Richtungsvektoren V1 und V2 der Mittelsenkrechten bestimmt. (1290-1320 bzw. 1410-1440). Gleichsetzung der Summen aus Ortsvektor und Vielfachem des zugehörigen Richtungsvektors liefert die Formel in Zeile 1330 (bzw. 1450). L3 ist hierbei der Faktor, mit dem der Richtungsvektor multipliziert werden muß, um nach Addition des Ortsvektors des zugehörigen Seitenmittelpunktes den gesuchten Ortsvektor des Kreismittelpunktes zu liefern (1340-1350:M1 = Mittelpunkt des Kreises A; 1460-1470:M2 = Mittelpunkt des Kreises B).

Die zugehörigen Kreisradien R1 und R2 werden in den Zeilen 1360 und 1480 mittels des Satzes von Pythagoras ermittelt. In Zeile 1490 wird (ebenfalls nach Pythagoras) der Abstand der Kreismittelpunkte bestimmt.

Nunmehr sind sämtliche Kantenlängen der Dreiecke, die aus Verbindung der Kreismittelpunkte mit je einem der gesuchten Schnittpunkte entstehen, bekannt.

Für den Kosinus jedes eingeschlossenen Winkels findet man zwei verschiedene Terme. Einen liefert der Kosinussatz, den anderen die Definition des Skalarprodukts zweier Vektoren, wobei die Richtungsvektoren der anliegenden Dreieckskanten betrachtet werden. Führt man dies für den Winkel beim Mittelpunkt des Kreises A und den Winkel bei dem gesuchten Schnittpunkt durch und setzt die gefundenen Terme gleich, erhält man ein Gleichungssystem, dessen Auflösung eine quadratische Gleichung liefert, deren Lösungen die x-Koordinaten der gesuchten Schnittpunkte sind (1610 und 1620).

Die zugehörigen y-Koordinaten findet man durch Einsetzen der x-Koordinaten in eine Zeile des Gleichungssystems (1630 und 1640). In den Zeilen 1650 bis 1680 werden die Ergebnisse auf die geforderten 3 Stellen gerundet.

Der "On error"-Befehl in Zeile 1240 ist erforderlich, da das Programm nicht überprüft, ob die für die Benutzung der verwendeten Gleichungen notwendigen Bedingungen auch erfüllt sind.

Der einzige Spezialfall, bei dem die gesuchten Schnittpunkte zwar existieren, die benutzten Gleichungen aber dennoch keine Lösung liefern können, tritt auf, wenn die Kreismittelpunkte gleiche y-Koordinaten haben. Um diesen Fall abzudecken, wird dem Benutzer ein erneuter Versuch mit vertauschten Koordinaten vorgeschlagen (Zeilen 1780-1860). Im Beispielausdruck ist dieser Fall dargestellt durch Einheitskreise um den Koordinatenursprung und den Punkt 1,0.

Anweisungsliste

Der Speicherbedarf beträgt 4730 Bytes.

```
1000 PRINT
1010 PRINT "KNOBELECKE 1984  AUF
     GABE 5."
1020 PRINT "ZWEI KREISE MIT SCHN
     ITTPUNKTEN"
1030 PRINT
1040 DISP "A1(X,Y)";
1050 INPUT A1(1),A1(2)
1060 DISP "A2(X,Y)";
1070 INPUT A2(1),A2(2)
1080 DISP "A3(X,Y)";
1090 INPUT A3(1),A3(2)
1100 DISP "B1(X,Y)";
1110 INPUT B1(1),B1(2)
1120 DISP "B2(X Y)";
1130 INPUT B2(1),B2(2)
1140 DISP "B3(X,Y)";
1150 INPUT B3(1),B3(2)
1160 SETTIME 0,0
1170 PRINT "A1(X):";A1(1),TAB(16
     );"A1(Y):";A1(2)
1180 PRINT "A2(X):";A2(1);TAB(16
     );"A2(Y):";A2(2)
1190 PRINT "A3(X):";A3(1);TAB(16
     );"A3(Y):";A3(2)
1200 PRINT "B1(X):";B1(1);TAB(16
     );"B1(Y):";B1(2)
1210 PRINT "B2(X):";B2(1);TAB(16
     );"B2(Y):";B2(2)
1220 PRINT "B3(X):";B3(1);TAB(16
     );"B3(Y):";B3(2)
1230 T=TIME
1240 ON ERROR GOTO 1770
1250 L1(1)=(A1(1)+A2(1))/2
1260 L1(2)=(A1(2)+A2(2))/2
1270 L2(1)=(A1(1)+A3(1))/2
1280 L2(2)=(A1(2)+A3(2))/2
1290 V1(1)=A1(2)-A2(2)
1300 V1(2)=A2(1)-A1(1)
1310 V2(1)=A1(2)-A3(2)
1320 V2(2)=A3(1)-A1(1)
1330 L3=(V2(2)*(L1(1)-L2(1))-V2(
     1)*(L1(2)-L2(2)))/(V1(2)*V2
     (1)-V1(1)*V2(2))
1340 M1(1)=L1(1)+L3*V1(1)
1350 M1(2)=L1(2)+L3*V1(2)
```

```
1360 R1=SQR((M1(1)-A1(1))^2+(M1(
     2)-A1(2))^2)
1370 L1(1)=(B1(1)+B2(1))/2
1380 L1(2)=(B1(2)+B2(2))/2
1390 L2(1)=(B1(1)+B3(1))/2
1400 L2(2)=(B1(2)+B3(2))/2
1410 V1(1)=B1(2)-B2(2)
1420 V1(2)=B2(1)-B1(1)
1430 V2(1)=B1(2)-B3(2)
1440 V2(2)=B3(1)-B1(1)
1450 L3=(V2(2)*(L1(1)-L2(1))-V2(
     1)*(L1(2)-L2(2)))/(V1(2)*V2
     (1)-V1(1)*V2(2))
1460 M2(1)=L1(1)+L3*V1(1)
1470 M2(2)=L1(2)+L3*V1(2)
1480 R2=SQR((M2(1)-B1(1))^2+(M2(
     2)-B1(2))^2)
1490 D=SQR((M2(1)-M1(1))^2+(M2(2
     )-M1(2))^2)
1500 K=(R1*R1-R2*R2+D*D)/2
1510 L=K-M1(1)^2-M1(2)^2+M1(1)*M
     2(1)+M1(2)*M2(2)
1520 K1=(R2*R2-D*D+R1*R1)/2
1530 L1=K1-M2(1)*M1(1)-M1(2)*M2(
     2)
1540 D1=M2(1)-M1(1)
1550 D2=M2(2)-M1(2)
1560 S1=M2(1)+M1(1)
1570 S2=M2(2)+M1(2)
1580 M=L1-L*L/D2/D2+L*S2/D2
1590 H=1+D1*D1/D2/D2
1600 I=D1*S2/D2-2*L*D1/D2/D2-S1
1610 C1(1)=-(1*(I-SQR(I*I+4*H*M)
     )/2/H)
1620 C2(1)=-(1*(I+SQR(I*I+4*H*M)
     )/2/H)
1630 C1(2)=(L-C1(1)*(M2(1)-M1(1)
     ))/(M2(2)-M1(2))
1640 C2(2)=(L-C2(1)*(M2(1)-M1(1)
     ))/(M2(2)-M1(2))
1650 C1(1)=INT(C1(1)*1000+.5)/10
     00
1660 C1(2)=INT(C1(2)*1000+.5)/10
     00
1670 C2(1)=INT(C2(1)*1000+.5)/10
     00
1680 C2(2)=INT(C2(2)*1000+.5)/10
     00
1690 T=TIME-T
1700 PRINT
1710 PRINT "C1(X):";C1(1);TAB(16
     );"C1(Y):";C1(2)
1720 PRINT "C2(X):";C2(1);TAB(16
     );"C2(Y):";C2(2)
1730 PRINT
1740 PRINT "RECHENZEIT  IN SEC";
     T
1750 PRINT "AUSGABEZEIT IN SEC";
     TIME-T
```

```
1760 PRINT @ PRINT @ PRINT @ END
1770 PRINT
1780 PRINT "FUER DIE EINGEGEBENE
     N WERTE"
1790 PRINT "KOENNEN KEINE 2 KREI
     SSCHNITT-"
1800 PRINT "PUNKTE ERMITTELT WER
     DEN."
1810 PRINT
1820 PRINT "VERSUCHEN SIE ES MIT
      VER-"
1830 PRINT "TAUSCHTEN KOORDINATE
     N!"
1840 PRINT "LIEFERT DAS EBENFALL
     S KEIN"
1850 PRINT "ERGEBNISS, SO EXISTI
     EREN DIE"
1860 PRINT "ZWEI GESUCHTEN PUNKT
     E NICHT!"
1870 END
1880 REM *********************
1890 REM *                   *
1900 REM *  (C)              *
1910 REM *  JOACHIM SCHWARTE  *
1920 REM *  ALICENSTR. 8     *
1930 REM *  6100 DARMSTADT   *
1940 REM *                   *
1950 REM *********************
1960 END
```

Lösungen

Aus den nachfolgenden Lösungsausgaben ist erkennbar, daß die Ausgabezeit jeweils 8,6 Sekunden beträgt. Die Rechenzeit liegt für die verwendeten Beispiele bei 1,2 bzw. 0,6 Sekunden.

```
KNOBELECKE 1984  AUFGABE 5:
ZWEI KREISE MIT SCHNITTPUNKTEN

A1(X): 41        A1(Y): 32.5
A2(X): 50        A2(Y): 10.5
A3(X): 35.5      A3(Y):-15
B1(X):-8         B1(Y): 28 5
B2(X): 26.5      B2(Y): 32.5
B3(X): 29.5      B3(Y): 14

C1(X): 12.374    C1(Y): 40.428
C2(X):-9.66      C2(Y): 19.097

RECHENZEIT  IN SEC 1.208
AUSGABEZEIT IN SEC 8.628
```

```
KNOBELECKE 1984  AUFGABE 5
ZWEI KREISE MIT SCHNITTPUNKTEN

A1(X):-1        A1(Y): 0
A2(X): 0        A2(Y): 1
A3(X): 1        A3(Y): 0
B1(X): 0        B1(Y): 0
B2(X): 1        B2(Y): 1
B3(X): 2        B3(Y): 0

FUER DIE EINGEGEBENEN WERTE
KOENNEN KEINE 2 KREISSCHNITT-
PUNKTE ERMITTELT WERDEN

VERSUCHEN SIE ES MIT VER-
TAUSCHTEN KOORDINATEN!
LIEFERT DAS EBENFALLS KEIN
ERGEBNISS, SO EXISTIEREN DIE
ZWEI GESUCHTEN PUNKTE NICHT!

KNOBELECKE 1984  AUFGABE 5:
ZWEI KREISE MIT SCHNITTPUNKTEN

A1(X): 0        A1(Y):-1
A2(X): 1        A2(Y): 0
A3(X): 0        A3(Y): 1
B1(X): 0        B1(Y): 0
B2(X): 1        B2(Y): 1
B3(X): 0        B3(Y): 2

C1(X): .866     C1(Y): .5
C2(X):-.866     C2(Y): .5

RECHENZEIT  IN SEC .625
AUSGABEZEIT IN SEC 8.627
```

8 Dreiecke mit Rundungen

von Dr. Kurt Hain

Nach Bild 8.1 ist die schraffierte Fläche A, bestehend aus einem Dreieck mit Rundungen, gegeben. Im Koordinaten-Ursprung ist an dem Strahl mit dem Winkel β ein Kreisbogen mit dem Radius R tangential anzuschließen, danach folgt die Steigung mit γ und schließlich bis zur Länge x die Rundung mit dem Radius r.

Gegeben sind: $A = 2120\ mm^2$; $\beta = 40^o$; $\gamma = 70^o$; $x = 50\ mm$. Die Radien R oder r sind für A zu berechnen. Es soll z.B. $R = 60 mm$ angenommen und hierfür r berechnet werden.

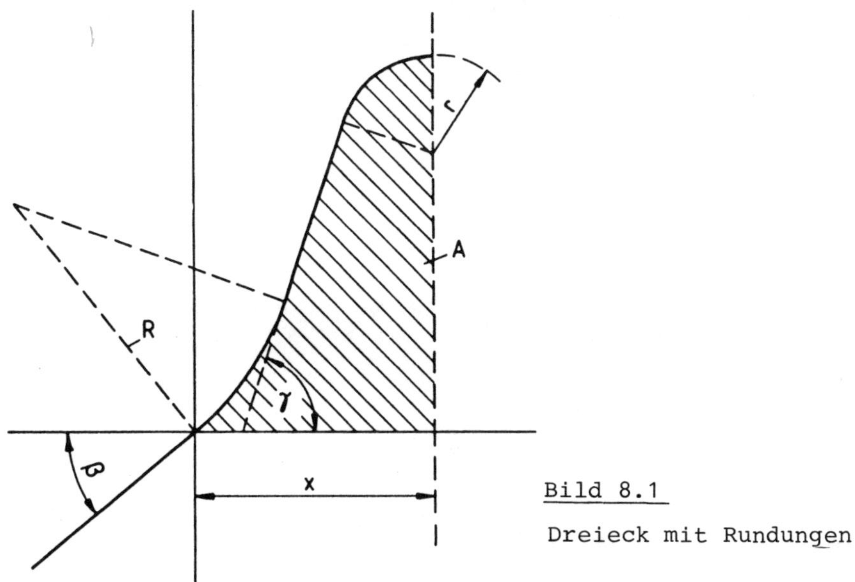

Bild 8.1

Dreieck mit Rundungen

Für die Berechnung der Gesamtfläche sind insgesamt 7 Teilflächen als Dreiecke, Rechtecke, Trapeze und Kreissektoren zu berechnen, und daraus ist die algebraische Summe zu bilden. Es ergeben sich zwei Gleichungen mit zwei Unbekannten R und r.

Bei der Auflösung nach r ergibt sich eine quadratische Gleichung mit außerordentlich komplexen Koeffizienten. Deshalb gibt es eine exakte Lösung und andere Lösungen mit Interpolationen.

Die Ergebnisse sind in mm und auf 3 Dezimalstellen gerundet anzugeben.

Folgende Rechner und Programmiersprachen wurden verwendet (Reihenfolge wie im Text):

TI-59	AOS
CBM 3032	BASIC
HP-41	UPN
HP-75	HP-BASIC

8.1 Taschenrechner TI-59 (AOS)

von Dr. Arved Fuhrmann

Geometrische Analyse

Skizze nicht maßgerecht.

Gegeben: $\beta = 40^{\circ}$
$\gamma = 70^{\circ}$
$x = 50$ mm
$A = 2120\ \text{mm}^2$

Gesucht: r als Funktion von R

Die Fläche A ist begrenzt durch
- Strecke P1, P4, P5
- Strecke P5, P8, P9
- Kreisbogen P9, P7
- Strecke P7, P3
- Kreisbogen P3, P1

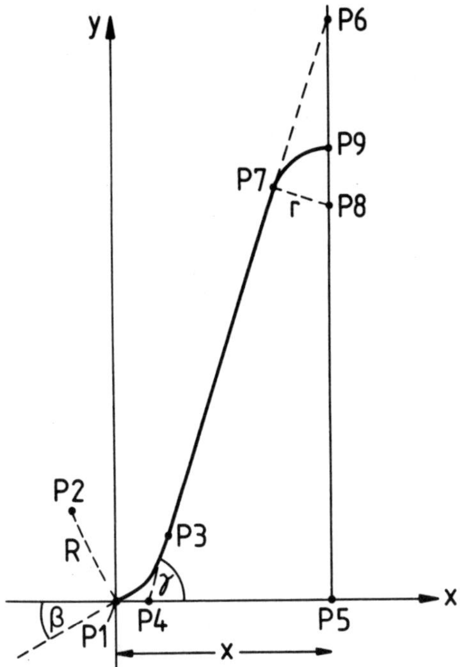

Sie setzt sich zusammen aus - Dreieck P4, P5, P6 = D1
- Dreieck P1, P4, P3 = D2
- Dreieck P1, P2, P3 = D3
- abzüglich Sektor P1,P2,P3 = S1
- abzüglich Dreieck P7,P8,P6 = D4
- Sektor P7, P8, P9 = S2

D1 + D2 + D3 - S1 - D4 + S2 = A (1)

Die Koordinaten der Punkte P1 bis P9 sind:

P1:	x1 = 0	y1 = 0
P2:	x2 =-R·sin(β)	y2 = R·cos(β)
P3:	x3 = R·(sin(γ)-sin(β))	y3 = R·(cos(β)-cos(γ))
P4:	x4 = x3-(y3/tan(γ))	y4 = 0
P5:	x5 = x	y5 = 0
P6:	x6 = x	y6 = y3+(x-x3)·tan(γ)
P7:	x7 = x - r·sin(γ)	y7 = y3+(x7-x3)·tan(γ)
P8:	x8 = x	y8 = y7-r·cos(γ)
P9:	x9 = x	y9 = y8+r

Die Flächeninhalte der Dreiecke D1 bis D4 und der Sektoren S1 und S2 sind:

$$D1 = \frac{(x5 - x4) \cdot y6}{2} = \frac{(y3 + (x - x3) \cdot \tan(\gamma))^2}{2 \cdot \tan(\gamma)}$$

$$D2 = \frac{(x4 - x1) \cdot y3}{2} = \frac{(x3 \cdot \tan(\gamma) - y3) \cdot y3}{2 \cdot \tan(\gamma)}$$

$$D3 = \frac{R \cdot (R \cdot \sin(\gamma - \beta))}{2} = \frac{R^2 \cdot \sin(\gamma - \beta)}{2}$$

$$S1 = \frac{\pi \cdot R^2 \cdot (\gamma - \beta)}{360}$$

$$D4 = \frac{r \cdot (r \cdot \tan(\gamma))}{2} = \frac{r^2 \cdot \tan(\gamma)}{2}$$

$$S2 = \frac{\pi \cdot r^2 \cdot \gamma}{360}$$

Damit geht (1) über in

$$\frac{(x - x3)^2 \cdot \tan(\gamma) + (2 \cdot x - x3) \cdot y3}{2} + \frac{R^2}{2} \cdot (\sin(\gamma - \beta) - \frac{\pi}{180} \cdot (\gamma - \beta)) - - \frac{r^2}{2} \cdot (\tan(\gamma) - \frac{\pi \cdot \gamma}{180}) = A$$

Die Auflösung nach r liefert

$$r = \text{sqrt}\left(\frac{(x - x3)^2 \cdot \tan(\gamma) + (2 \cdot x - x3) \cdot y3 - R^2 \cdot (\frac{\pi}{180} \cdot (\gamma - \beta) - \sin(\gamma - \beta)) - 2 \cdot A}{\tan(\gamma) - \frac{\pi}{180} \cdot \gamma}\right) \qquad (2)$$

Ausführung

Ausführungszeit: Vorbereitung von β, γ, x und A: etwa 5 Sekunden
Berechnung von r nach Eingabe von R aus obiger Formel: etwa 5 Sekunden

Lösungsweg: Nach Start mit B werden β, γ, x und A eingegeben und für die Formel (2) vorbereitet.
Nach Start mit A wird R eingegeben und r mit Formel (2) berechnet.

Die ausgedruckte Befehlsfolge liegt bei. Ein Programmablaufplan erübrigt sich, weil es sich im wesentlichen nur um eine gestreckte Formelauswertung handelt.

Speicherbedarf: 278 Befehlszeilen
13 Register für Text, "Konstante" und Variable

Das Programm wird von einer auf beiden Spuren beschriebenen Magnetkarte eingelesen; Speichereinteilung normal.

Nach dem Start mit B sind einzugeben

- β in Altgrad, $0 < \beta < 90^{\circ}$
- γ in Altgrad, $\beta < \gamma < 90^{\circ}$
- x in mm
- A in mm^2

Danach läuft der zweite bei A beginnende Programmteil für je ein Wertepaar R und r (= R2) zyklisch ab.

Das Programm liefert das aus den Beispielen ersichtliche Protokoll.
Beide Programmteile haben eine Laufzeit von etwa 5 Sekunden.

Beispiele

```
 3-ECK M RDG1
   40.       =BE
   70.       =GA
   50.        =X
 2120.        =A
 3-ECK M RDG2
   10.        =R
   38.37     =R2
   20.        =R
   35.124    =R2
   30.        =R
   31.739    =R2
   40.        =R
   28.163    =R2
   50.        =R
   24.313    =R2
   60.        =R
   20.03     =R2
   70.        =R
   14.948    =R2
   80.        =R
    7.606    =R2
   83.        =R
    3.247    =R2
   84.        =R
   GEHT NICHT
```

```
   31.        =R
   31.391    =R2
   31.3       =R
   31.286    =R2
   31.29      =R
   31.29     =R2
 3-ECK M RDG1
   10.       =BE
   60.       =GA
   80.        =X
 3500.        =A
 3-ECK M RDG2
   10.        =R
   65.974    =R2
   20.        =R
   53.417    =R2
   30.        =R
   38.31     =R2
   40.        =R
   13.97     =R2
   41.        =R
    8.611    =R2
   42.        =R
   GEHT NICHT
```

```
   35.        =R
   28.587    =R2
   32.        =R
   34.7      =R2
   33.        =R
   32.772    =R2
   32.5       =R
   33.747    =R2
   32.8       =R
   33.165    =R2
   32.9       =R
   32.969    =R2
   32.95      =R
   32.871    =R2
   32.92      =R
   32.93     =R2
   32.925     =R
   32.92     =R2
   32.922     =R
   32.926    =R2
   32.923     =R
   32.924    =R2
   32.924     =R
   32.922    =R2
```

Die Ausgabe "GEHT NICHT" bedeutet, daß r (= R2) nicht reell ist.

Anweisungsliste

000	76	LBL	055	08	08	110	22	INV	165	02	2
001	11	A	056	75	-	111	61	GTO	166	02	2
002	04	4	057	43	RCL	112	61	GTO	167	00	0
003	02	2	058	11	11	113	76	LBL	168	02	2
004	00	0	059	33	X²	114	36	PGM	169	42	STO
005	69	OP	060	65	×	115	55	÷	170	01	01
006	02	02	061	43	RCL	116	43	RCL	171	69	OP
007	43	RCL	062	06	06	117	05	05	172	21	21
008	00	00	063	75	-	118	95	=	173	69	OP
009	69	OP	064	43	RCL	119	34	√X	174	04	04
010	03	03	065	10	10	120	65	×	175	69	OP
011	43	RCL	066	95	=	121	01	1	176	05	05
012	01	01	067	44	SUM	122	00	0	177	89	π
013	69	OP	068	12	12	123	00	0	178	55	÷
014	04	04	069	06	6	124	00	0	179	01	1
015	69	OP	070	04	4	125	85	+	180	08	8
016	05	05	071	03	3	126	93	.	181	00	0
017	76	LBL	072	05	5	127	05	5	182	95	=
018	61	GTO	073	00	0	128	95	=	183	94	+/-
019	06	6	074	03	3	129	59	INT	184	42	STO
020	04	4	075	69	OP	130	55	÷	185	05	05
021	03	3	076	04	04	131	01	1	186	42	STO
022	05	5	077	43	RCL	132	00	0	187	06	06
023	69	OP	078	12	12	133	00	0	188	06	6
024	04	04	079	77	GE	134	00	0	189	04	4
025	91	R/S	080	36	PGM	135	95	=	190	01	1
026	42	STO	081	69	OP	136	69	OP	191	04	4
027	11	11	082	00	00	137	06	06	192	01	1
028	69	OP	083	02	2	138	61	GTO	193	07	7
029	06	06	084	02	2	139	22	INV	194	69	OP
030	65	×	085	01	1	140	76	LBL	195	04	04
031	43	RCL	086	07	7	141	12	B	196	91	R/S
032	07	07	087	02	2	142	04	4	197	42	STO
033	85	+	088	03	3	143	02	2	198	02	02
034	43	RCL	089	03	3	144	00	0	199	69	OP
035	09	09	090	07	7	145	69	OP	200	06	06
036	95	=	091	00	0	146	02	02	201	06	6
037	42	STO	092	00	0	147	01	1	202	04	4
038	12	12	093	69	OP	148	07	7	203	02	2
039	33	X²	094	03	03	149	01	1	204	02	2
040	65	×	095	03	3	150	05	5	205	01	1
041	43	RCL	096	01	1	151	02	2	206	03	3
042	04	04	097	02	2	152	06	6	207	69	OP
043	95	=	098	04	4	153	00	0	208	04	04
044	48	EXC	099	01	1	154	00	0	209	91	R/S
045	12	12	100	05	5	155	03	3	210	42	STO
046	85	+	101	02	2	156	00	0	211	03	03
047	43	RCL	102	03	3	157	42	STO	212	69	OP
048	09	09	103	03	3	158	00	00	213	06	06
049	95	=	104	07	7	159	69	OP	214	49	PRD
050	65	×	105	69	OP	160	03	03	215	05	05
051	43	RCL	106	04	04	161	03	3	216	30	TAN
052	11	11	107	69	OP	162	05	5	217	42	STO
053	65	×	108	05	05	163	01	1	218	04	04
054	43	RCL	109	76	LBL	164	06	6	219	44	SUM

```
220  05  05
221  43  RCL
222  02  02
223  75  -
224  43  RCL
225  03  03
226  95  =
227  49  PRD
228  06  06
229  38  SIN
230  44  SUM
231  06  06
232  43  RCL
233  02  02
234  38  SIN
235  75  -
236  43  RCL
237  03  03
238  38  SIN
239  95  =
240  42  STO
241  07  07
242  43  RCL
243  02  02
244  39  COS
245  75  -
246  43  RCL
247  03  03
248  39  COS
249  95  =
250  42  STO
251  08  08
252  06  6
253  04  4
254  04  4
255  04  4
256  69  OP
257  04  04
258  91  R/S
259  42  STO
260  09  09
261  69  OP
262  06  06
263  06  6
264  04  4
265  01  1
266  03  3
267  69  OP
268  04  04
269  91  R/S
270  42  STO
271  10  10
272  44  SUM
273  10  10
274  69  OP
275  06  06
276  61  GTO
277  11  A
278  00  0
```

Registerbelegung

R0	Text "ECK M"
R1	Text " RDG2"
R2	β, Altgrad
R3	γ, Altgrad
R4	$\tan(\gamma)$
R5	$(\tan(\gamma) - \gamma$, Bogenmaß
R6	$(\gamma - \beta) - \sin(\gamma - \beta)$, Bogenmaß
R7	$\sin(\beta) - \sin(\gamma)$
R8	$\cos(\beta) - \cos(\gamma)$
R9	x
R10	$2 \cdot A$
R11	R
R12	Zwischen-Resultate

8.2 Taschenrechner TI-59 (AOS)

von Dipl.-Ing. Wolf-Eberh. Romberg

Mathem. Lösung für R_2 bei vorgegebenem R_1

Gegeben:

$A = F$ ges. $= 2120$

$x = x_1 = 50$; $y_1 = 0$

$\beta = 40^o$

$\gamma = 70^o$

↳ $\alpha = 30^o$

$R_1 = 60$

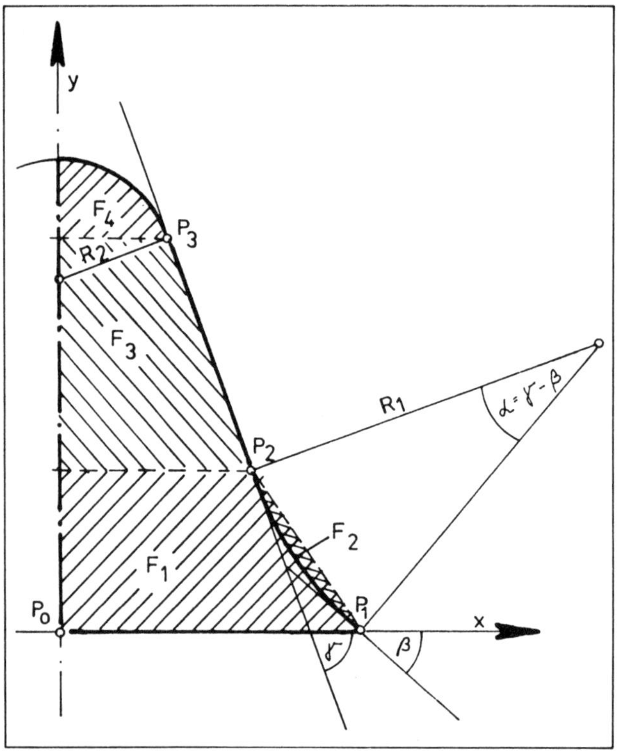

Mit den geg. Werten können P_1 und P_2 bestimmt werden und somit auch F_1 und F_2:

P_1: $x_1 = 50$
$y_1 = 0$

P_2: $x_2 = x_1 + R(\sin\beta - \sin\gamma)$
$y_2 = R(\cos\beta - \cos\gamma)$

P_3: $x_3 = r \cdot \sin\gamma$
$y_3 = y_2 + (x_2 - x_3)\tan\gamma$
$\rightarrow y_3 - y_2 = (x_2 - x_3)\tan\gamma$

$$F_{ges.} = F_1 - F_2 + F_3 + F_4$$

$$F_{ges.} = \frac{x_1 + x_2}{2} y_2 - R_1^2 \left(\frac{\pi \cdot \alpha}{360} - \cos\frac{\alpha}{2} \cdot \sin\frac{\alpha}{2}\right) +$$

$$+ \frac{x_2 + x_3}{2}(x_2 - x_3)\tan\gamma + R_2^2 \left(\frac{\pi \cdot \gamma}{360} - \frac{\cos\gamma \cdot \sin\gamma}{2}\right)$$

mit

$F_{Rest} = F_{ges} - F_1 + F_2$

wird nach Einsetzen von x_3 in F_3

$$R_2 = \sqrt{\frac{-\frac{x_2^2 \cdot \tan\gamma}{2} + F_{Rest}}{\frac{\pi \cdot \gamma}{360} - \frac{\sin\gamma \cdot \cos\gamma}{2} - \frac{\sin^2\gamma \cdot \tan\gamma}{2}}} \qquad (1)$$

Mathem. Lösung für R_1 bei vorgegebenem R_2

Gleichung 1 aufgelöst ergibt:

$$0 = F - \frac{x_1 + x_2}{2} \cdot y_2 + R_1^2 \left(\frac{\pi \cdot \alpha}{360} - \cos\frac{\alpha}{2} \cdot \sin\frac{\alpha}{2}\right) - x_2^2 \frac{\tan\gamma}{2} -$$

$$- R_2^2 \left(\frac{\pi \cdot \gamma}{360} - \frac{\cos\gamma \cdot \sin\gamma}{2} - \frac{\sin^2\gamma \cdot \tan\gamma}{2}\right)$$

Nach Einsetzen der Werte für x_2 und y_2, Ausmultiplizieren und Zusammenfassen der algebr. Summen erhält man die gem. quadratische Gleichung

$$0 = R_1^2 \left[\frac{\pi \cdot \alpha}{360} - \cos\frac{\alpha}{2} \cdot \sin\frac{\alpha}{2} - \frac{(\sin\beta - \sin\gamma) \cdot (\cos\beta - \cos\gamma)}{2} -\right.$$

$$\left. - (\sin\beta - \sin\gamma)^2 \cdot \frac{\tan\gamma}{2}\right] +$$

$$+ R_1 [x_1 (\cos\beta - \cos\gamma) + (\sin\beta - \sin\gamma) \cdot \tan\gamma] \cdot (-1) -$$

$$- R_2^2 \left[\frac{\pi \cdot \gamma}{360} - \frac{\cos\gamma \cdot \sin\gamma}{2} - \frac{\sin^2\gamma \cdot \tan\gamma}{2}\right] - \frac{x_1^2 \cdot \tan\gamma}{2} + F \qquad (2)$$

Programm für "gesucht r = R_2" und "gesucht R = R_1"

TI-59-Verteilung: normal

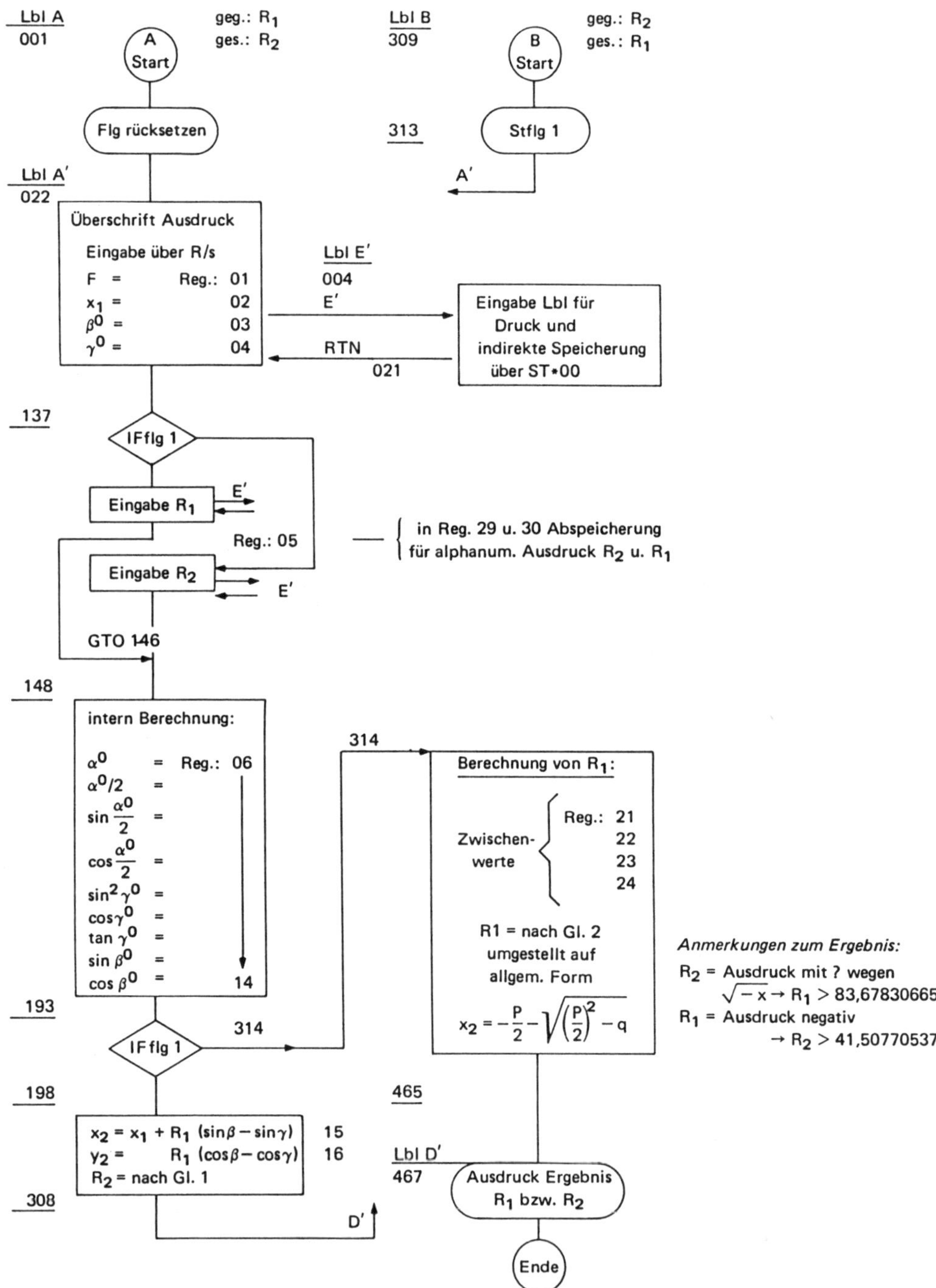

Beispiel

Grenzwerte:

$R_1 \leq$ 83.67830665

$R_2 \leq$ 41.50770537

(A)

KNOBEL-ECKE 84
6. AUFGABE

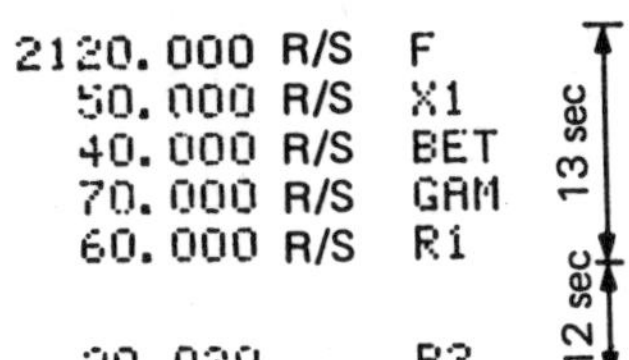

(B)

KNOBEL-ECKE 84
6. AUFGABE

2120.000	R/S	F	
50.000	R/S	X1	
40.000	R/S	BET	
70.000	R/S	GAM	
20.030	R/S	R2	13 sec.
60.000		R1	13 sec.

Speicherinhalt: (A)

Wert		Nr.
5.	Zähler	00
2120.	F	01
50.	x_1	02
40.	β	03
70.	γ	04
60.	R_1	05
30.	$\alpha = \gamma - \beta$	06
15.	$\alpha/2$	07
.2588190451	$\sin\alpha/2$	08
.9659258263	$\cos\alpha/2$	09
.9396926208	$\sin\gamma$	10
.3420201433	$\cos\gamma$	11
2.747477419	$\tan\gamma$	12
.6427876097	$\sin\beta$	13
.7660444431	$\cos\beta$	14
32.18569933	x_2	15
25.44145799	y_2	16
0.		17
0.		18
0.		19
0.		20
0.		21
0.		22
0.		23
0.		24
0.		25
0.		26
0.		27
0.		28
350200.	$\hat{=} R_1$	29
350300.	$\hat{=} R_2$	30

Speicherinhalt: (B)

Wert		Nr.
5.		00
2120.		01
50.		02
40.		03
70.		04
20.0300344	R_2	05
30.		06
15.		07
.2588190451		08
.9659258263		09
.9396926208		10
.3420201433		11
2.747477419		12
.6427876097		13
.7660444431		14
0.		15
0.		16
0.		17
0.		18
0.		19
0.		20
0463517617	Zwischenwerte für Gl. 2	21
19.5857757	Zwischenwerte für Gl. 2	22
-1008.2802	Zwischenwerte für Gl. 2	23
211.273261	Zwischenwerte für Gl. 2	24
0.		25
0.		26
0.		27
0.		28
350200.		29
350300.		30

Lbl:

002	11	A
005	10	E'
023	16	A'
310	12	B
467	19	D'

Anweisungsliste

000	16	A'	052	06	6	104	02	2	156	55	÷
001	76	LBL	053	01	1	105	00	0	157	02	2
002	11	A	054	07	7	106	00	0	158	95	=
003	81	RST	055	00	0	107	10	E'	159	42	STO
004	76	LBL	056	00	0	108	01	1	160	07	07
005	10	E'	057	01	1	109	04	4	161	38	SIN
006	69	OP	058	01	1	110	01	1	162	42	STO
007	04	04	059	00	0	111	07	7	163	08	08
008	58	FIX	060	05	5	112	03	3	164	43	RCL
009	03	03	061	69	OP	113	07	7	165	07	07
010	69	OP	062	03	03	114	10	E'	166	39	COS
011	20	20	063	69	OP	115	02	2	167	42	STO
012	91	R/S	064	05	05	116	02	2	168	09	09
013	72	ST*	065	69	OP	117	01	1	169	43	RCL
014	00	00	066	00	00	118	03	3	170	04	04
015	69	OP	067	00	0	119	03	3	171	38	SIN
016	06	06	068	07	7	120	00	0	172	42	STO
017	69	OP	069	04	4	121	10	E'	173	10	10
018	00	00	070	00	0	122	03	3	174	43	RCL
019	22	INV	071	01	1	123	05	5	175	04	04
020	58	FIX	072	03	3	124	00	0	176	39	COS
021	92	RTN	073	04	4	125	03	3	177	42	STO
022	76	LBL	074	01	1	126	00	0	178	11	11
023	16	A'	075	69	OP	127	00	0	179	43	RCL
024	47	CMS	076	01	01	128	42	STO	180	04	04
025	22	INV	077	02	2	129	30	30	181	30	TAN
026	58	FIX	078	01	1	130	75	-	182	42	STO
027	69	OP	079	02	2	131	01	1	183	12	12
028	00	00	080	02	2	132	00	0	184	43	RCL
029	02	2	081	01	1	133	00	0	185	03	03
030	06	6	082	03	3	134	95	=	186	38	SIN
031	03	3	083	01	1	135	42	STO	187	42	STO
032	01	1	084	04	4	136	29	29	188	13	13
033	03	3	085	01	1	137	87	IFF	189	43	RCL
034	02	2	086	07	7	138	01	01	190	03	03
035	01	1	087	69	OP	139	01	01	191	39	COS
036	04	4	088	02	02	140	44	44	192	42	STO
037	69	OP	089	69	OP	141	61	GTO	193	14	14
038	01	01	090	05	05	142	01	01	194	87	IFF
039	01	1	091	69	OP	143	46	46	195	01	01
040	07	7	092	00	00	144	43	RCL	196	03	03
041	02	2	093	98	ADV	145	30	30	197	14	14
042	07	7	094	02	2	146	10	E'	198	43	RCL
043	02	2	095	01	1	147	98	ADV	199	02	02
044	00	0	096	00	0	148	43	RCL	200	85	+
045	01	1	097	00	0	149	04	04	201	43	RCL
046	07	7	098	00	0	150	75	-	202	05	05
047	01	1	099	00	0	151	43	RCL	203	65	×
048	05	5	100	10	E'	152	03	03	204	53	(
049	69	OP	101	04	4	153	95	=	205	43	RCL
050	02	02	102	04	4	154	42	STO	206	13	13
051	02	2	103	00	0	155	06	06	207	75	-

Step	Code	Key
208	43	RCL
209	10	10
210	54	)
211	95	=
212	42	STO
213	15	15
214	43	RCL
215	05	05
216	65	×
217	53	(
218	43	RCL
219	14	14
220	75	-
221	43	RCL
222	11	11
223	54	)
224	95	=
225	42	STO
226	16	16
227	43	RCL
228	01	01
229	75	-
230	53	(
231	43	RCL
232	02	02
233	85	+
234	43	RCL
235	15	15
236	54	)
237	55	÷
238	02	2
239	65	×
240	43	RCL
241	16	16
242	85	+
243	43	RCL
244	05	05
245	33	X²
246	65	×
247	53	(
248	89	π
249	65	×
250	43	RCL
251	06	06
252	55	÷
253	03	3
254	06	6
255	00	0
256	75	-
257	43	RCL
258	09	09
259	65	×
260	43	RCL
261	08	08
262	54	)
263	95	=
264	75	-
265	43	RCL
266	15	15
267	33	X²
268	65	×
269	43	RCL
270	12	12
271	55	÷
272	02	2
273	95	=
274	55	÷
275	53	(
276	43	RCL
277	10	10
278	33	X²
279	65	×
280	43	RCL
281	12	12
282	55	÷
283	02	2
284	94	+/-
285	85	+
286	89	π
287	65	×
288	43	RCL
289	04	04
290	55	÷
291	03	3
292	06	6
293	00	0
294	75	-
295	43	RCL
296	11	11
297	65	×
298	43	RCL
299	10	10
300	55	÷
301	02	2
302	54	)
303	95	=
304	34	√X
305	32	X⇌T
306	43	RCL
307	30	30
308	19	D'
309	76	LBL
310	12	B
311	86	STF
312	01	01
313	16	A'
314	89	π
315	65	×
316	43	RCL
317	06	06
318	55	÷
319	03	3
320	06	6
321	00	0
322	75	-
323	43	RCL
324	09	09
325	65	×
326	43	RCL
327	08	08
328	75	-
329	53	(
330	43	RCL
331	13	13
332	75	-
333	43	RCL
334	10	10
335	54	)
336	65	×
337	53	(
338	43	RCL
339	14	14
340	75	-
341	43	RCL
342	11	11
343	54	)
344	55	÷
345	02	2
346	75	-
347	53	(
348	43	RCL
349	13	13
350	75	-
351	43	RCL
352	10	10
353	54	)
354	33	X²
355	65	×
356	43	RCL
357	12	12
358	55	÷
359	02	2
360	95	=
361	42	STO
362	21	21
363	43	RCL
364	02	02
365	94	+/-
366	65	×
367	53	(
368	53	(
369	43	RCL
370	14	14
371	75	-
372	43	RCL
373	11	11
374	54	)
375	85	+
376	53	(
377	43	RCL
378	13	13
379	75	-
380	43	RCL
381	10	10
382	54	)
383	65	×
384	43	RCL
385	12	12
386	54	)
387	95	=
388	42	STO
389	22	22
390	43	RCL
391	05	05
392	33	X²
393	65	×
394	53	(
395	89	π
396	65	×
397	43	RCL
398	04	04
399	55	÷
400	03	3
401	06	6
402	00	0
403	75	-
404	43	RCL
405	11	11
406	65	×
407	43	RCL
408	10	10
409	55	÷
410	02	2
411	75	-
412	43	RCL
413	10	10
414	33	X²
415	65	×
416	43	RCL
417	12	12
418	55	÷
419	02	2
420	54	)
421	95	=

```
422  94 +/-     436  42 STO     450  75  -      464  43 RCL
423  75  -      437  23  23     451  43 RCL     465  29  29
424  43 RCL     438  43 RCL     452  23  23     466  76 LBL
425  02  02     439  22  22     453  55  ÷      467  19 D'
426  33 X²     440  55  ÷      454  43 RCL     468  69 OP
427  65  ×      441  43 RCL     455  21  21     469  04  04
428  43 RCL     442  21  21     456  95  =      470  32 X⇌T
429  12  12     443  55  ÷      457  34 √X      471  58 FIX
430  55  ÷      444  02  2      458  94 +/-     472  03  03
431  02  2      445  95  =      459  85  +      473  69 OP
432  85  +      446  94 +/-     460  43 RCL     474  06  06
433  43 RCL     447  42 STO     461  24  24     475  91 R/S
434  01  01     448  24  24     462  95  =      476  00  0
435  95  =      449  33 X²     463  32 X⇌T     477  00  0
```

8.3 Taschenrechner TI-59 (AOS)

von Dipl.-Ing. Gerhard Frank

Entwicklung

Gegeben: $A = 2120$ mm^2 Gesucht: R und r auf 3 Nachkommastellen

$\beta = 40^\circ$

$\gamma = 70^\circ$

$x = 50$ mm

Aufteilung der vorgegebenen Fläche A in Teilflächen nach Bild 8.2

A_1 Kreissektor mit r

A_2 Rechtwinkl. Dreieck

A_3 Rechteck

A_4 Rechtwinkl. Dreieck

A_6 Dreieck

A_7 Kreissektor mit R

A_8 Rechtwinkl. Dreieck ADG

$$A = 2120 = A_1 + A_2 + A_3 + A_4 + A_5 \qquad (1)$$

$$A_5 = A_8 - A_7 - A_6 \qquad (2)$$

Beziehungen zwischen den Winkeln

- Zentriwinkel Sektor A_1 mit γ, da Stufenwinkel γ in A_2, Schenkel bei A_1, A_2 senkrecht aufeinander
- A_6 hat die Winkel γ (Wechselwinkel zu γ), α und $(90 - \beta)$, da Winkel zwischen y-Achse und R gleich β (Schenkel senkrecht aufeinander)

- Zentriwinkel Sektor A_7 ist δ:

  $\alpha = 180 - \gamma - (90 - \beta) = 180 - 70 - 50 = 60^o$

  $\alpha = 60^o$

  $\delta = 90 - \alpha = 30^o$

  $\delta = 30^o$

  $90 - \beta = 90 - 40 = 50^o$

  $90 - \gamma = 90 - 70 = 20^o$

<u>Flächenberechnung, Aufstellung des Algorithmus</u>

$$b = R(\frac{1}{\cos \delta} - 1) \quad (3)$$

$$c = \frac{\sin \alpha}{\sin \gamma} b \text{ (Sinussatz)} \quad (4)$$

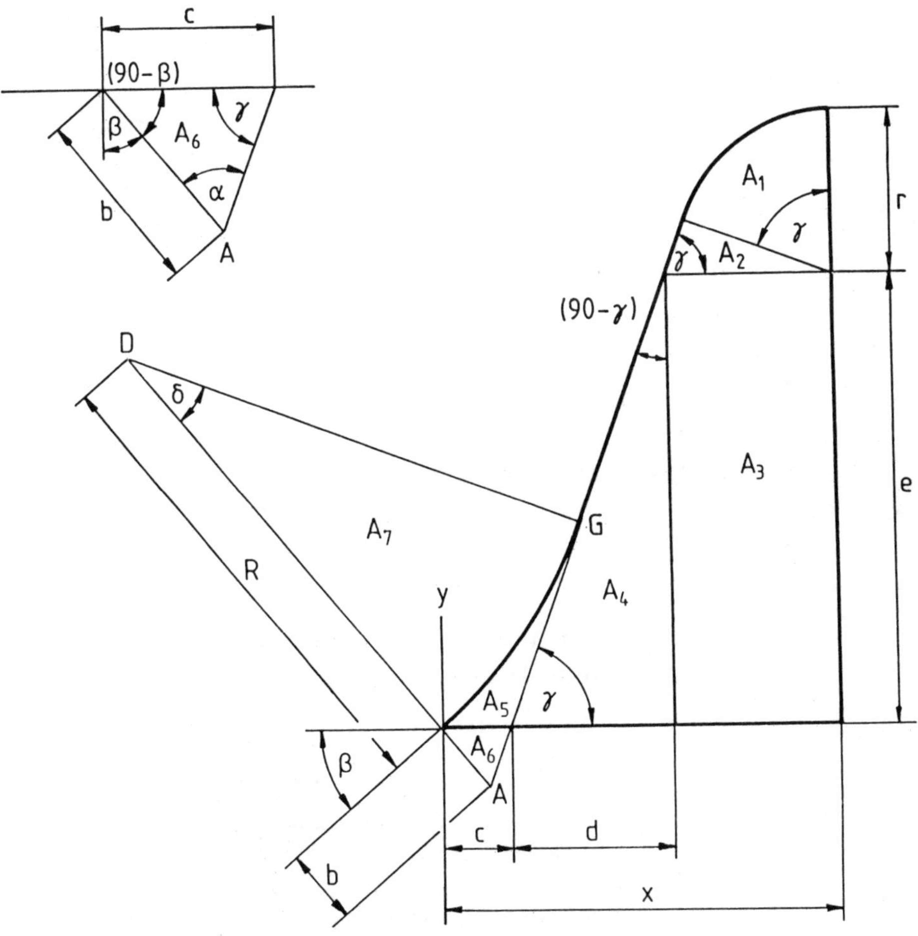

$$d = x - c - \frac{r}{\sin\gamma} \tag{5}$$

$$e = \frac{\sin\gamma}{\sin(90-\gamma)}\, d \text{ (Sinussatz)} \tag{6}$$

$$A_1 = \frac{\gamma\cdot\pi}{360}\, r^2 \tag{7}$$

$$A_2 = \frac{r^2}{2\tan\gamma} \tag{8}$$

$$A_3 = \frac{e}{\sin\gamma}\, r \tag{9}$$

$$A_4 = \frac{\tan\gamma}{2}\, d^2 \tag{10}$$

$$A_6 = \frac{\sin\gamma\sin(90-\beta)}{2\sin\alpha}\, c^2 \tag{11}$$

$$A_7 = \frac{\delta\cdot\pi}{360}\, R^2 \tag{12}$$

$$A_8 = \frac{\tan\delta}{2}\, R^2 \tag{13}$$

In die Formeln (7) bis (13) werden Zahlenwerte eingesetzt, so daß sich die Flächenteile A_1 bis A_8 als Funktionen von r und R mit auf 4 Nachkommastellen gerundeten Koeffizienten wie folgt ergeben:

$$A_1 = 0{,}6109\ r^2 \tag{14}$$
$$A_2 = 0{,}1820\ r^2 \tag{15}$$
$$A_3 = 146{,}1902\ r - 0{,}4169\ R\ r - 3{,}1114\ r^2 \tag{16}$$
$$A_4 = 3434{,}3468 - 19{,}5858\ R - 146{,}1902\ r + 0{,}0279\ R^2 + 0{,}4169\ R\ r + 1{,}5557\ r^2 \tag{17}$$
$$A_8 = 0{,}2887\ R^2 \tag{18}$$
$$A_7 = 0{,}2618\ R^2 \tag{19}$$
$$A_6 = 0{,}0084\ R^2 \tag{20}$$

Durch Einsetzen der Ausdrücke (14) bis (20) in die Formeln (1) und (2) ergibt sich die folgende Gleichung:

$$-0{,}7629\ r^2 - 19{,}5858\ R + 0{,}0464\ R^2 + 3434{,}3468 - 2120 = 0 \tag{21}$$

(21) nach r aufgelöst, erhält man als Lösungsfunktion:

$$r = +\sqrt{0{,}0607594358\ R^2 - 25{,}67368827\ R + 1722{,}889605}\ , \tag{22}$$

deren Wurzel laut Aufgabenstellung positiv definiert wird.

Die Funktion (22) sagt aus, daß man R zwischen Null und einer oberen Grenze beliebig wählen kann, dabei r erhält und die Vorgaben A, β, γ, x eingehalten werden. Die obere Grenze für R wird wie folgt berechnet, indem der Radikand von (22) gleich Null gesetzt wird:

$$R^2 - 422{,}2648\ R + 28337 = 0 \qquad (23)$$

$$R_{1/2} = 211{,}1324 \pm \sqrt{44576{,}8903 - 28337}$$

$R_1 = 83{,}6783$ $\qquad$ $R_2 \approx 339$

Aus maßstäblichen Gründen wird ein Intervall für R gewählt:

$$0 \leqq R < 83{,}6783 \qquad (24)$$

Aus den Formeln (24), (22), (3) bis (13), (2) und (1) wird nun der endgültige Algorithmus für ein TI-59-Programm KNOBELECKE 6 gebildet (siehe Anweisungsliste). Mit der Eingabe von R über Taste A des TI-59 werden in der Reihenfolge R auf Einhaltung des Bereiches (24) getestet, r, b, c, d, e, A_1 bis A_4, A_6 bis A_8, A_5 und A berechnet, was im Druckstreifen mit den Ergebnisausgaben verglichen werden kann. Für R ist R1 und für r R2 gewählt. Die Programmlaufzeit ab Eingabe R über Taste A bis zur Ausgabe von A = 2120,000 beträgt etwa 22 s.

<u>Belegte Datenspeicher und Marken zum Programm KNOBELECKE 6</u>

00	R	11	A_5
01	r	12	A_6
02	b	13	A_7
03	sin γ	14	A_8
04	c	15	A
05	d		
06	e	30	83,6783
07	A_1	31	0,0607594358
08	A_2	32	25,67368827
09	A_3	33	1722,889605
10	A_4	34	360

A	Eingabe R	B	Formelzeichendruckausgabe

Benutzeranleitung

1. Magnetkarte 1, Bahnen 1 und 2 einlesen (Programm)
2. Magnetkarte 2, Bahn 1 einlesen (Daten)
3. Eingabe R über Taste A
4. Ausgaben r, b, c, d, e, $A_1 \ldots A_8$, A

Stopp des Programmablaufs mit Blinken (Blinkstopp) bei Überschreiten des Intervalls für R nach (24), dann CE drücken und Neueingabe von R über Taste A

Ergebnisausgaben

R1	0.000	10.000	20.000	30.000	40.000	50.000
R2	41.508	38.370	35.124	31.739	28.163	24.313
B	0.000	1.547	3.094	4.641	6.188	7.735
C	0.000	1.426	2.851	4.277	5.703	7.129
D	5.828	7.742	9.770	11.947	14.327	16.998
E	16.013	21.271	26.843	32.824	39.362	46.703
A1	1052.453	899.333	753.636	615.363	484.512	361.085
A2	313.540	267.924	224.519	183.325	144.343	107.572
A3	707.340	868.557	1003.347	1108.656	1179.699	1208.338
A4	46.667	82.343	131.127	196.072	281.962	396.936
A6	0.000	0.845	3.379	7.603	13.517	21.120
A7	0.000	26.180	104.720	235.619	418.879	654.498
A8	0.000	28.868	115.470	259.808	461.880	721.688
A5	0.000	1.843	7.371	16.585	29.484	46.069
A	2120.000	2120.000	2120.000	2120.000	2120.000	2120.000

```
    60.000   R1         80.000   R1         83.678   R1

    20.030   R2          7.606   R2          0.069   R2
     9.282   B          12.376   B          12.945   B
     8.554   C          11.406   C          11.930   C
    20.130   D          30.500   D          37.996   D
    55.307   E          83.797   E         104.394   E
   245.081   A1         35.342   A1          0.003   A1
    73.013   A2         10.529   A2          0.001   A2
  1178.898   A3        678.290   A3          7.660   A3
   556.669   A4       1277.902   A4       1983.305   A4
    30.413   A6         54.067   A6         59.153   A6
   942.478   A7       1675.516   A7       1833.121   A7
  1039.230   A8       1847.521   A8       2021.306   A8
    66.340   A5        117.938   A5        129.031   A5
  2120.000   A        2120.000   A        2120.000   A

    70.000   R1

    14.948   R2
    10.829   B
     9.980   C
    24.112   D
    66.248   E
   136.499   A1
    40.665   A2
  1053.849   A3
   798.691   A4
    41.395   A6
  1282.817   A7
  1414.508   A8
    90.296   A5
  2120.000   A
```

Anweisungsliste

```
000  76 LBL    017  69 OP     034  98 ADV    051  43 RCL
001  12  B     018  04  04    035  03  3     052  00  00
002  58 FIX    019  25 CLR    036  05  5     053  85  +
003  03  03    020  42 STO    037  00  0     054  43 RCL
004  69 OP     021  15  15    038  03  3     055  33  33
005  06  06    022  43 RCL    039  69 OP     056  95  =
006  22 INV    023  30  30    040  04  04    057  34 ΓX
007  58 FIX    024  32 X:T    041  43 RCL    058  42 STO
008  92 RTN    025  43 RCL    042  31  31    059  01  01
009  76 LBL    026  00  00    043  65  ×     060  12  B
010  11  A     027  77  GE    044  43 RCL    061  01  1
011  42 STO    028  91 R/S    045  00  00    062  04  4
012  00  00    029  29 CP     046  33 X²     063  69 OP
013  03  3     030  22 INV    047  75  -     064  04  04
014  05  5     031  77  GE    048  43 RCL    065  43 RCL
015  00  0     032  91 R/S    049  32  32    066  00  00
016  02  2     033  12  B     050  65  ×     067  65  ×
```

068	53	(
069	03	3
070	00	0
071	39	COS
072	35	1/X
073	75	-
074	01	1
075	54	)
076	95	=
077	42	STO
078	02	02
079	12	B
080	01	1
081	05	5
082	69	OP
083	04	04
084	06	6
085	00	0
086	38	SIN
087	55	÷
088	07	7
089	00	0
090	38	SIN
091	42	STO
092	03	03
093	65	×
094	43	RCL
095	02	02
096	95	=
097	42	STO
098	04	04
099	12	B
100	01	1
101	06	6
102	69	OP
103	04	04
104	05	5
105	00	0
106	75	-
107	43	RCL
108	04	04
109	75	-
110	43	RCL
111	01	01
112	55	÷
113	43	RCL
114	03	03
115	95	=
116	42	STO
117	05	05
118	12	B
119	01	1
120	07	7
121	69	OP
122	04	04
123	43	RCL
124	03	03
125	55	÷
126	02	2
127	00	0
128	38	SIN
129	65	×
130	43	RCL
131	05	05
132	95	=
133	42	STO
134	06	06
135	12	B
136	01	1
137	03	3
138	00	0
139	02	2
140	69	OP
141	04	04
142	07	7
143	00	0
144	55	÷
145	43	RCL
146	34	34
147	65	×
148	89	π
149	65	×
150	43	RCL
151	01	01
152	33	X²
153	95	=
154	42	STO
155	07	07
156	44	SUM
157	15	15
158	12	B
159	01	1
160	03	3
161	00	0
162	03	3
163	69	OP
164	04	04
165	07	7
166	00	0
167	30	TAN
168	35	1/X
169	55	÷
170	02	2
171	65	×
172	43	RCL
173	01	01
174	33	X²
175	95	=
176	42	STO
177	08	08
178	44	SUM
179	15	15
180	12	B
181	01	1
182	03	3
183	00	0
184	04	4
185	69	OP
186	04	04
187	43	RCL
188	06	06
189	55	÷
190	43	RCL
191	03	03
192	65	×
193	43	RCL
194	01	01
195	95	=
196	42	STO
197	09	09
198	44	SUM
199	15	15
200	12	B
201	01	1
202	03	3
203	00	0
204	05	5
205	69	OP
206	04	04
207	07	7
208	00	0
209	30	TAN
210	55	÷
211	02	2
212	65	×
213	43	RCL
214	05	05
215	33	X²
216	95	=
217	42	STO
218	10	10
219	44	SUM
220	15	15
221	12	B
222	01	1
223	03	3
224	00	0
225	07	7
226	69	OP
227	04	04
228	43	RCL
229	03	03
230	65	×
231	05	5
232	00	0
233	38	SIN
234	55	÷
235	02	2
236	55	÷
237	06	6
238	00	0
239	38	SIN
240	65	×
241	43	RCL
242	04	04
243	33	X²
244	95	=
245	42	STO
246	12	12
247	12	B
248	01	1
249	03	3
250	01	1
251	00	0
252	69	OP
253	04	04
254	03	3
255	00	0
256	55	÷
257	43	RCL
258	34	34
259	65	×
260	89	π
261	65	×
262	43	RCL
263	00	00
264	33	X²
265	95	=
266	42	STO
267	13	13
268	12	B
269	01	1
270	03	3
271	01	1
272	01	1
273	69	OP
274	04	04
275	03	3
276	00	0
277	30	TAN
278	55	÷
279	02	2
280	65	×
281	43	RCL
282	00	00
283	33	X²
284	95	=
285	42	STO
286	14	14
287	12	B
288	75	-
289	43	RCL
290	13	13
291	75	-

```
292  43 RCL    299  01  1     306  11  11    313  15  15
293  12  12    300  03  3     307  12  B     314  12  B
294  95  =     301  00  0     308  01  1     315  98 ADV
295  42 STO    302  06  6     309  03  3     316  91 R/S
296  11  11    303  69 OP     310  69 OP     317  00  0
297  44 SUM    304  04  04    311  04  04    318  00  0
298  15  15    305  43 RCL    312  43 RCL    319  00  0
```

8.4 Taschenrechner TI-59 (AOS)

von Wilhelm-Rüdiger Haberditz

Das Programm "DREIRU" ist auf einer Magnetkarte (Block 1 und 2) gespeichert und belegt 399 Programmspeicherstellen (PSS). Es kann ohne Umstellung wahlweise mit oder ohne Drucker verwendet werden. Der jeweilige Status (Display oder angeschlossener Drucker) wird per Programm automatisch ermittelt.

Bedienungshinweise: Nach der erstmaligen Eingabe der Befehle und Daten gemäß Anweisungsliste erfolgt die Programminitialisierung für die Berechnung von Radius R 1 mit der Labeltaste "A" bzw. für Radius R 2 mit "B".

Nach dem Kopfausdruck "DREIECK M. RUNDUNGEN" werden im Dialog die Werte für A, B, G, X und R 2 bzw. R 1 eingetastet und jeweils mit "R/S" eingegeben. Die Rechen- und Ausgabezeit mit Drucker beträgt ca. 15...16 Sekunden. Für ggf. weitere Berechnungen sind die Daten von R 1 in Register 5 bzw. R 2 in Register 6 nach jedem Ablauf ungerundet gespeichert.

Die Aufbereitung des Problems, Bezeichnungen und Algorithmen sind im nächsten Programm (8.5) detailliert dargestellt, wo derselbe Autor eine Lösung für CBM 3032 vorstellt.

Anweisungsliste

PSS	Code	Befehl	PSS	Code	Befehl	PSS	Code	Befehl	PSS	Code	Befehl	PSS	Code	Befehl
000	76	LBL	060	65	×	120	29	29	180	22	INV	240	06	06
001	16	A'	061	43	RCL	121	01	1	181	44	SUM	241	65	×
002	06	6	062	13	13	122	17	B'	182	12	12	242	43	RCL
003	35	1/X	063	55	÷	123	91	R/S	183	43	RCL	243	14	14
004	82	HIR	064	02	2	124	42	STO	184	14	14	244	65	×
005	05	05	065	95	=	125	05	05	185	55	÷	245	43	RCL
006	82	HIR	066	92	RTN	126	61	GTO	186	02	2	246	01	01
007	06	06	067	76	LBL	127	01	01	187	22	INV	247	54	)
008	82	HIR	068	10	E'	128	36	36	188	49	PRD	248	75	-
009	07	07	069	58	FIX	129	69	OP	189	11	11	249	18	C'
010	82	HIR	070	07	07	130	27	27	190	95	=	250	65	×
011	08	08	071	52	EE	131	01	1	191	38	SIN	251	43	RCL
012	69	OP	072	22	INV	132	17	B'	192	65	×	252	13	13
013	05	05	073	52	EE	133	91	R/S	193	43	RCL	253	95	=
014	25	CLR	074	22	INV	134	42	STO	194	11	11	254	55	÷
015	92	RTN	075	58	FIX	135	06	06	195	38	SIN	255	53	(
016	76	LBL	076	22	INV	136	99	PRT	196	42	STO	256	43	RCL
017	17	B'	077	77	GE	137	16	A'	197	15	15	257	02	02
018	42	STO	078	15	E	138	89	π	198	95	=	258	85	+
019	08	08	079	92	RTN	139	55	÷	199	42	STO	259	43	RCL
020	69	OP	080	76	LBL	140	01	1	200	14	14	260	10	10
021	00	00	081	11	A	141	08	8	201	43	RCL	261	30	TAN
022	73	RC*	082	86	STF	142	00	0	202	11	11	262	75	-
023	07	07	083	01	01	143	95	=	203	39	COS	263	43	RCL
024	84	OP*	084	76	LBL	144	49	PRD	204	49	PRD	264	13	13
025	08	08	085	12	B	145	02	02	205	15	15	265	55	÷
026	69	OP	086	25	CLR	146	49	PRD	206	43	RCL	266	43	RCL
027	27	27	087	98	ADV	147	03	03	207	11	11	267	16	16
028	97	DSZ	088	07	7	148	89	π	208	94	+/-	268	95	=
029	08	08	089	69	OP	149	55	÷	209	44	SUM	269	10	E'
030	00	00	090	17	17	150	02	2	210	15	15	270	34	ΓX
031	22	22	091	06	6	151	75	-	211	22	INV	271	42	STO
032	69	OP	092	00	0	152	43	RCL	212	87	IFF	272	05	05
033	05	05	093	42	STO	153	02	02	213	01	01	273	18	C'
034	25	CLR	094	07	07	154	95	=	214	02	02	274	19	D'
035	92	RTN	095	69	OP	155	42	STO	215	87	87	275	10	E'
036	76	LBL	096	07	07	156	10	10	216	02	2	276	06	6
037	18	C'	097	69	OP	157	39	COS	217	65	×	277	08	8
038	53	(	098	19	19	158	42	STO	218	53	(	278	42	STO
039	43	RCL	099	25	CLR	159	12	12	219	43	RCL	279	07	07
040	01	01	100	70	RAD	160	33	X²	220	04	04	280	01	1
041	75	-	101	16	A'	161	42	STO	221	75	-	281	17	B'
042	43	RCL	102	04	4	162	16	16	222	43	RCL	282	43	RCL
043	06	06	103	42	STO	163	43	RCL	223	06	06	283	05	05
044	65	×	104	00	00	164	02	02	224	33	X²	284	61	GTO
045	43	RCL	105	17	B'	165	42	STO	225	65	×	285	03	03
046	12	12	106	16	A'	166	11	11	226	53	(	286	88	88
047	54	)	107	01	1	167	42	STO	227	43	RCL	287	43	RCL
048	33	X²	108	17	B'	168	14	14	228	15	15	288	01	01
049	92	RTN	109	91	R/S	169	30	TAN	229	75	-	289	55	÷
050	76	LBL	110	99	PRT	170	42	STO	230	43	RCL	290	53	(
051	19	D'	111	72	ST*	171	13	13	231	14	14	291	43	RCL
052	75	-	112	00	00	172	43	RCL	232	65	×	292	15	15
053	43	RCL	113	97	DSZ	173	03	03	233	43	RCL	293	55	÷
054	05	05	114	00	00	174	44	SUM	234	12	12	294	53	(
055	33	X²	115	01	01	175	14	14	235	54	)	295	43	RCL
056	55	÷	116	07	07	176	22	INV	236	75	-	296	14	14
057	43	RCL	117	87	IFF	177	44	SUM	237	02	2	297	75	-
058	16	16	118	01	01	178	11	11	238	65	×	298	43	RCL
059	95	=	119	01	01	179	38	SIN	239	43	RCL	299	12	12

PSS	Code	Befehl
300	65	×
301	43	RCL
302	13	13
303	55	÷
304	02	2
305	54	)
306	75	-
307	43	RCL
308	12	12
309	95	=
310	42	STO
311	17	17
312	33	X²
313	75	-
314	53	(
315	43	RCL
316	13	13
317	55	÷
318	02	2
319	65	×
320	53	(
321	43	RCL
322	01	01
323	33	X²
324	75	-
325	43	RCL
326	05	05
327	33	X²
328	55	÷
329	43	RCL
330	16	16
331	54	)
332	75	-
333	43	RCL
334	04	04
335	85	+
336	43	RCL
337	05	05
338	33	X²
339	55	÷
340	02	2
341	65	×
342	53	(
343	43	RCL
344	10	10
345	30	TAN
346	85	+
347	43	RCL
348	02	02
349	54	)
350	54	)
351	55	÷
352	53	(
353	43	RCL
354	15	15
355	75	-
356	43	RCL
357	12	12
358	65	×
359	53	(
360	43	RCL
361	14	14
362	75	-
363	43	RCL
364	12	12
365	65	×
366	43	RCL
367	13	13
368	55	÷
369	02	2
370	95	=
371	10	E'
372	34	√X
373	94	+/-
374	75	-
375	43	RCL
376	17	17
377	95	=
378	42	STO
379	06	06
380	10	E'
381	18	C'
382	19	D'
383	10	E'
384	01	1
385	17	B'
386	43	RCL
387	06	06
388	58	FIX
389	04	04
390	87	IFF
391	07	07
392	03	03
393	95	95
394	91	R/S
395	99	PRT
396	22	INV
397	58	FIX
398	81	RST
399	00	0

Registerbelegung

LABEL

001	16	A'
017	17	B'
037	18	C'
051	19	D'
068	10	E'
081	11	A
085	12	B

ALPHA-CODE	TEXT	NR
4131221731.	UNGEN	60
35413116.	RUND	61
1526003040.	CK M.	62
1635172417.	DREIE	63
130064.	A =	64
140064.	B =	65
220064.	G =	66
440064.	X =	67
350264.	R1=	68
350364.	R2=	69

Beispiele

```
xxxxxxxxxxxxxxxxxxxx
DREIECK M. RUNDUNGEN
xxxxxxxxxxxxxxxxxxxx
  A =
           2120.
  B =
             40.
  G =
             70.
  X =
             50.
  R2=
             60.
xxxxxxxxxxxxxxxxxxxx
  R1=
       20.0300
xxxxxxxxxxxxxxxxxxxx
              0.     00
             50.     01
    1.221730476      02
    .6981317008      03
           2120.     04
     20.0300344      05
             60.     06
```

```
xxxxxxxxxxxxxxxxxxxx
DREIECK M. RUNDUNGEN
xxxxxxxxxxxxxxxxxxxx
  A =
           2120.
  B =
             40.
  G =
             70.
  X =
             50.
  R2=
              0.
xxxxxxxxxxxxxxxxxxxx
  R1=
       41.5077
xxxxxxxxxxxxxxxxxxxx
              0.     00
             50.     01
    1.221730476      02
    .6981317008      03
           2120.     04
     41.50770537     05
              0.     06
```

```
xxxxxxxxxxxxxxxxxxxx
DREIECK M. RUNDUNGEN
xxxxxxxxxxxxxxxxxxxx
  A =
           2120.
  B =
             40.
  G =
             70.
  X =
             50.
  R1=
  20.0300344
xxxxxxxxxxxxxxxxxxxx
  R2=
       60.0000
xxxxxxxxxxxxxxxxxxxx
```

```
xxxxxxxxxxxxxxxxxxxx
DREIECK M. RUNDUNGEN
xxxxxxxxxxxxxxxxxxxx
  A =
           2120.
  B =
             40.
  G =
             70.
  X =
             50.
  R1=
  41.50770537
xxxxxxxxxxxxxxxxxxxx
  R2=
        0.0000
xxxxxxxxxxxxxxxxxxxx
```

```
XXXXXXXXXXXXXXXXXXXX
DREIECK M. RUNDUNGEN
XXXXXXXXXXXXXXXXXXXX
  A =
         2120.
  B =
           40.
  G =
           70.
  X =
           50.
  R1=
            0.
XXXXXXXXXXXXXXXXXXXX
  R2=
      83.6783
XXXXXXXXXXXXXXXXXXXX
            0.     00
           50.     01
  1.221730476      02
  .6981317008      03
         2120.     04
            0.     05
  83.67830666      06
```

```
XXXXXXXXXXXXXXXXXXXX
DREIECK M. RUNDUNGEN
XXXXXXXXXXXXXXXXXXXX
  A =
         2120.
  B =
           40.
  G =
           70.
  X =
           50.
  R2=
 83.67830666
XXXXXXXXXXXXXXXXXXXX
  R1=
       0.0000
XXXXXXXXXXXXXXXXXXXX
```

8.5 Commodore CBM 3032 (BASIC)

von Wilhelm-Rüdiger Haberditz

Aufbereitung

Das Dreieck, siehe Bild 8.3, wird in vier Flächen A_1, A_2, A_3 und A_4 eingeteilt, deren Summe die Gesamtfläche A darstellt.

$$A = A_1 + A_2 + A_3 + A_4 \quad (1)$$

Ausgehend von den trigonometrischen Regeln läßt sich für die Hilfsgrößen bzw. die partiellen Flächen schreiben

$$X_1 = R_2 \cdot (COS(E) - SIN(B) \quad (2)$$

$$X_2 = X - X_1 \quad (3)$$

$$X_3 = R_2 \cdot SIN(B) \quad (4)$$

$$Y_1 = 2 \cdot R_2 \cdot SIN(F) \cdot SIN((G+B)/2) \quad (5)$$

$$Y_2 = TAN(G) \cdot (X - R_2 \cdot (COS(E) - SIN(B) - R_1/COS(E)) + Y_1 \quad (6)$$

$$A_1 = R_2^2 \cdot ((COS(E) - SIN(B)) \cdot SIN(F) \cdot SIN((G+B)/2) + \\ + SIN(F) \cdot COS(F) - F) \qquad (7)$$

$$A_2 = Y_1 \cdot (X - X_1) \qquad (8)$$

$$A_3 = TAN(G) \cdot ((X - R_2 \cdot (COS(E) - SIN(B)))^2 - \\ - R_1^2/(COS(E))^2)/2 \qquad (9)$$

$$A_4 = R_1^2 \cdot (G + TAN(E))/2 \qquad (10)$$

Die Gleichungen bzw. Ansätze (2)...(10) wurden im Bogenmaß (RAD) angelegt, da in den Rechnerhochsprachen das Interpreter- oder Compilerprogramm bei den Winkelfunktionen meist damit arbeitet.

Dabei bedeuten:

$$A = \beta \cdot \pi/180 \qquad (11)$$

$$G = \nu \cdot \pi/180 \qquad (12)$$

$$E = \pi/2 - G \qquad (13)$$

$$F = (G - B)/2 \qquad (14)$$

β und ν sind die Winkel in Altgrad (dezimal)

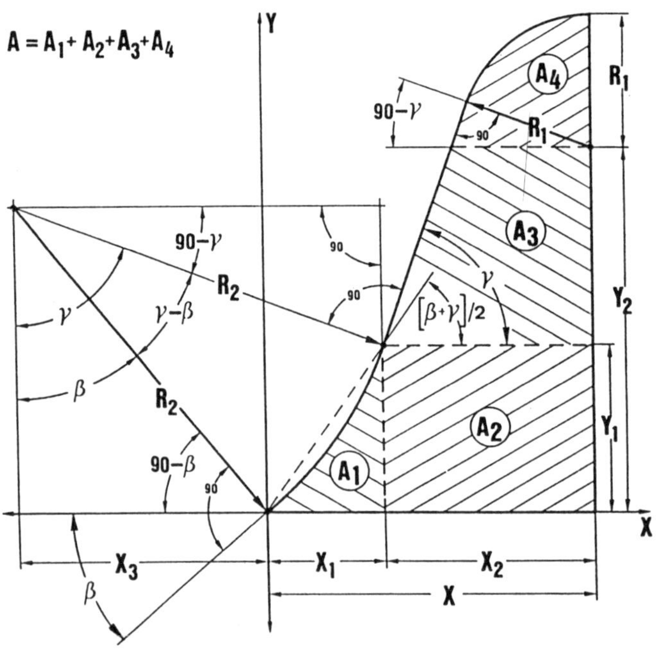

Bild 8.3 (im Programm als "BILD 2" bezeichnet)

Berechnung Radius R_1

Gegeben: A, X, B, G und R_2; $\beta < \nu$ und $\nu < 90^\circ$

Die Gleichungen (7)...(10) werden in Gleichung (1) eingesetzt und diese nach R_1 aufgelöst. Es gelten die Zusammenfassungen:

$$C = COS(E) - SIN(B) \quad (15)$$

$$D = SIN(F) \cdot SIN((G+B)/2) \quad (16)$$

$$H = SIN(F) \cdot COS(F) - F \quad (17)$$

$$I = (COS(E))^2 \quad (18)$$

$$J = TAN(G) \quad (19)$$

Damit ergibt sich nach Umformung die geschlossene Lösung für

$$R_1 = \left(\frac{2 \cdot (A - R_2^2 \cdot (H - D \cdot C) - 2 \cdot R_2 \cdot D \cdot X) - (X - R_2 \cdot C)^2 \cdot J}{G + TAN(E) - J/1}\right)^{1/2} \quad (20)$$

Von den beiden möglichen Lösungen (- R_1) und (+ R_1) ist nur die letztere von Interesse. Zusätzlich muß A_3 nach Gleichung (9) gleich oder größer Null sein.

Berechnung Radius R_2

Gegeben: A, X, B, G und R_1; $\beta < \nu$ und $\nu < 90^\circ$

Gleichungen (7)...(10) wiederum in Gleichung (1) eingesetzt und nach R_2 aufgelöst, ergibt mit den zusammengefaßten Koeffizienten-Termen

$$P = \frac{2 \cdot X}{H/(D - C \cdot J/2) - C} \text{ und} \quad (21)$$

$$Q = \frac{J/2 \cdot (X^2 - R_1^2/I) - A + R_1^2 \cdot (TAN(E) + G)/2}{H - C \cdot (D - C \cdot J/2)} \quad (22)$$

eine quadratische Gleichung erster Ordnung in der Normalform

$$R_2^2 + R_2 \cdot P + Q = \emptyset \quad (23)$$

Für die geschlossene reelle und positive Lösung gilt somit

$$R_2 = - P/2 - (P^2/4 - Q)^{1/2} \quad (24)$$

Dabei muß sowohl die Diskriminante $D_K = P^2/4-Q$ als auch R_2 und A_3 gleich oder größer Null sein. In der vorliegenden Aufgabenstellung liefert nur das negative Vorzeichen des Potenzterms die richtige Lösung für R_2.

Radiengrenzwerte

$R_1 = \emptyset$: $R_2 := R_2 max$; $A_4 = \emptyset$

$R_2 = \emptyset$: $R_1 := R_1 max$; $X_1 = \emptyset$; $X_2 = X$; $X_3 = \emptyset$; $Y_1 = \emptyset$; $A_1 = \emptyset$; $A_2 = \emptyset$

BASIC-Programm für CBM 3032

Das Programm "DREIRUK" belegt 2,467 Kbyte, ist bildschirmorientiert und kann universell angewandt werden. Da im wesentlichen nur die ANSI-Befehle verwendet werden, ist eine Übertragung auf andere BASIC-Dialekte und Rechner wie z.B. CBM 64, MZ 721/731, SIRIUS 1, TRS-80, Apple II, IBM PC etc. leicht möglich. Nach Eingabe der Befehle gemäß Anweisungsliste wird das Programm mit "RUN" und "RETURN" initialisiert. Die jeweils gewünschte Berechnungsart für Radius R1 oder Radius R2 kann per Menü mit Kennziffer 1 oder 2 gewählt werden. Weitere Hinweise erübrigen sich, da die Benutzerführung im Klartext und Dialog erfolgt.

Die erzielten Ergebnisse, siehe Abschnitt Beispiele, sind als "Hardcopy" mittels CBM 4022 wiedergegeben. Die Rechen- und Ausgabezeit wurde mit dem internen Zeitgeber ermittelt; sie beträgt ca. Ø,7 Sekunden. Darüber hinaus ist es nach jedem Ablauf bei Bedarf möglich, die zugehörigen Kontrolldaten (Flächen A1, A2, A3, A4 und AK; Abmessungen für X1, X2, X3, Y1, Y2) per GET-Befehl (J/N) darzustellen.

Zeilen 1ØØ...1Ø6: Allgemeine Dokumentationsdaten.

Zeilen 11Ø...13Ø: Modus Großbuchstaben einstellen; Stringkonstanten laden und Rundungsroutine (3 Nachkommastellen) nach DIN 1333 definieren.

Zeilen 13Ø...135: Bildschirm löschen; "Cursorhomeposition"; Bildschirmrahmen generieren.

Zeilen 14Ø...22Ø: Menü, 2 Betriebsarten; Tastaturabfrage mittels GET-Befehl; Dateneingabe im Dialog.

Zeilen 225...28Ø: Berechnung und Ausgabe des Wertes von R1 bzw. R2 mit Zeitangabe (Sekunden; 2 Nachkommastellen gerundet); Formeln und Bedingungen siehe Abschnitt 1...3.

Zeilen 285...325: Per GET-Befehle (J/N) können die Kontrolldaten und oder ein neuer Ablauf aufgerufen werden.

Zeilen 330...335: Fehlerroutinen.

Zeilen 345...380: Berechnung und Ausgabe der Kontrolldaten.

Zeile 385: Unterablauf für Fläche A3.

Anweisungsliste

```
100 REM PROGRAMM "DREIRUK"; 2.467KB; RECHNER:CBM3032
105 REM CR: W.-R. HABERDITZ, D-6374 STEINBACH/TS.
110 POKE 59468,12:C$="BEZEICHNUNGEN SIEHE BILD2":N$=" [MM]    ="
115 D$="  DREIECK MIT RUNDUNGEN  ":DEFFNK(Y)=INT(Y*1E3+.5)/1E3
120 E$="▪RADIUS           R1 [MM]    =":F$="▪RADIUS           R2 [MM]    ="
125 I$="  FLAECHE         ":J$="  ABMESSUNG      ":K$="    ◆◆◆◆"+D$+"◆◆◆◆"
130 M$=" [MM↑2] =":PRINT"▪":FOR I=32768 TO 32807:POKE I,214:POKE I+960,214:NEXT
135 FOR I=32808 TO 33688 STEP40:POKE I,214:POKE I+39,214:NEXT
140 FOR I=1 TO 36:B$=B$+"_":NEXT:PRINT"▪▪▪▪";SPC(2)B$
145 PRINT SPC(2)"▪▒▒▒▒▒▒▒"D$"▒▒▒▒▒▒▒▒▪▪▪":O$="KONTROLLDATEN"
150 PRINT SPC(7)C$:PRINT SPC(7)"▪▪BERECHNUNGSART:▪"
155 PRINT SPC(10)"RADIUS R1 -----> ▪ 1 ■■■□     ▪▪"
160 PRINT SPC(10)"RADIUS R2 -----> ▪ 2 ■■■□     ▪▪▪▪"
165 PRINT SPC(2)" ◆◆◆ KENNZIFFER BITTE EINGEBEN! ◆◆◆ "
170 GET G$:IF G$<"1" OR G$>"2"THEN170
175 FOR J=1 TO 37:A$=A$+"=":NEXT:PRINT"▪▪"A$:PRINT K$
180 PRINT SPC(10)"RADIUS-BERECHNUNG":PRINT A$
185 R1=0:R2=0:INPUT"▪GESAMTFLAECHE A [MM↑2] =";A:PRINT SPC(24);"▪";A;"▪ "
190 INPUT"▪ABMESSUNG       X [MM]    =";X:PRINT SPC(24);"▪";X;"▪ "
195 PRINT"▪0 < B < G < 90; G-B => 5 GRAD"
200 INPUT"▪WINKEL BETA     B [DEG]   =";B:PRINT SPC(24);"▪";B;"▪ "
205 INPUT"▪WINKEL GAMMA    G [DEG]   =";G:PRINT SPC(24);"▪";G;"▪ "
210 IF G$="1"THEN PRINT F$;:INPUT R2:PRINT SPC(24);"▪";R2;"▪ ":GOTO220
215 PRINT E$;:INPUT R1:PRINT SPC(24);"▪";R1;"▪ "
220 IF A=<5 OR X=<5 OR B=>90 OR G=>90 OR R1<0 OR R2<0 OR G-B<5 THEN330
225 T=TI:B=B*π/180:G=G*π/180:E=π/2-G:F=(G-B)/2:C=COS(E)-SIN(B):J=TAN(G)
230 D=SIN(F)*SIN((G+B)/2):H=SIN(F)*COS(F)-F:I=COS(E)*COS(E):IFG$="2"THEN255
235 W=(2*(A-R2*R2*(H-D*C)-2*R2*D*X)-(X-R2*C)*(X-R2*C)*J)/(G+TAN(E)-J/I)
240 IF W<0 THEN335
245 R1=SQR(W):GOSUB385:IF A3<0 THEN335
250 PRINT E$;FNK(R1):GOTO280
255 P=2*X/(H/(D-C*J/2)-C)
260 DK=P*P/4-(J/2*(X*X-R1*R1/I)-A+R1*R1/2*(TAN(E)+G))/(H-C*(D-C*J/2))
265 IF DK<0 THEN335
270 R2=-P/2-SQR(DK):GOSUB385:IF R2<0 OR A3<0 THEN335
275 PRINT F$;FNK(R2)
280 PRINT "▪RECHEN- U. AUSGABEZEIT :";INT((TI-T)/.6+.5)/100;"SEKUNDEN":PRINTA$
285 PRINT"▪"O$"   (J/N) ?";
290 GET H$:IF H$="J"THEN345
295 IF H$<>"N"THEN290
300 GOSUB340
305 PRINT"▪NEUE BERECHNUNG (J/N) ?";
310 GET L$:IF L$="J" THEN RUN
315 IF L$<>"N"THEN310
320 GOSUB340
325 GOTO325
330 PRINT "▪UNZULAESSIG! NEUE EINGABE":GOTO185
335 PRINT"▪KEINE LOESUNG! NEUE EINGABE":GOTO185
340 PRINT"▪▪▪ NEIN ■■■■■■■□          ▪":RETURN
345 PRINT"▪▪"A$:PRINTK$:PRINT SPC(12)O$:PRINT SPC(6)C$:PRINT A$
350 X1=R2*C:X2=X-X1:X3=R2*SIN(B):Y1=2*R2*D:Y2=Y1+J*(X-R2*C-R1/COS(E))
```

```
355 A1=R2*R2*(C*D+H):A2=X2*Y1:A4=R1*R1*(G+TAN(E))/2
360 PRINT:PRINTI$;"A1";M$;FNK(A1):PRINTI$;"A2";M$;FNK(A2)
365 PRINTI$;"A3";M$;FNK(A3):PRINTI$;"A4";M$;FNK(A4)
370 PRINT"   A1+A2+A3+A4=AK";M$;FNK(A1+A2+A3+A4)
375 PRINTJ$;"X1";N$;FNK(X1):PRINTJ$;"X2";N$;FNK(X2):PRINTJ$;"X3";N$;FNK(X3)
380 PRINTJ$;"Y1";N$;FNK(Y1):PRINTJ$;"Y2";N$;FNK(Y2):PRINT:PRINTA$:GOTO305
385 A3=J*((X-R2*C)*(X-R2*C)-R1*R1/I)/2:RETURN
```

Menü und Beispiele (Hardcopy)

1

```
======================================
♦♦♦♦   DREIECK MIT RUNDUNGEN   ♦♦♦♦
        RADIUS-BERECHNUNG
======================================

GESAMTFLAECHE A [MM↑2] = 2120

ABMESSUNG      X [MM]   = 50

0 < B < G < 90; G-B => 5 GRAD

WINKEL BETA    B [DEG]  = 40

WINKEL GAMMA   G [DEG]  = 70

RADIUS        R2 [MM]   = 60

RADIUS        R1 [MM]   = 20.03

RECHEN- U. AUSGABEZEIT : .7 SEKUNDEN
======================================

KONTROLLDATEN   (J/N) ?
```

2

```
========================================
 ♦♦♦♦   DREIECK MIT RUNDUNGEN   ♦♦♦♦
          RADIUS-BERECHNUNG
========================================

GESAMTFLAECHE A [MM↑2] = 2120

ABMESSUNG       X [MM]   = 50

0 < B < G < 90; G-B => 5 GRAD

WINKEL BETA     B [DEG]  = 40

WINKEL GAMMA    G [DEG]  = 70

RADIUS         R1 [MM]   = 20.0300344

RADIUS         R2 [MM]   = 60

RECHEN- U. AUSGABEZEIT : .73 SEKUNDEN
========================================
```

```
========================================
 ♦♦♦♦   DREIECK MIT RUNDUNGEN   ♦♦♦♦
            KONTROLLDATEN
     BEZEICHNUNGEN SIEHE BILD2
========================================

  FLAECHE       A1 [MM↑2] = 184.1331
  FLAECHE       A2 [MM↑2] = 818.8511
  FLAECHE       A3 [MM↑2] = 798.9224
  FLAECHE       A4 [MM↑2] = 318.0934
  A1+A2+A3+A4=AK [MM↑2] = 2120
  ABMESSUNG     X1 [MM]   = 17.8143
  ABMESSUNG     X2 [MM]   = 32.1857
  ABMESSUNG     X3 [MM]   = 38.5673
  ABMESSUNG     Y1 [MM]   = 25.4415
  ABMESSUNG     Y2 [MM]   = 55.307

========================================
```

1

```
========================================
  ♦♦♦♦  DREIECK MIT RUNDUNGEN  ♦♦♦♦
          RADIUS-BERECHNUNG
========================================

GESAMTFLAECHE A [MM↑2] = 2120

ABMESSUNG      X [MM]   = 50

0 < B < G < 90; G-B => 5 GRAD

WINKEL BETA    B [DEG]  = 40

WINKEL GAMMA   G [DEG]  = 70

RADIUS        R2 [MM]   = 0

RADIUS        R1 [MM]   = 41.508

RECHEN- U. AUSGABEZEIT : .67 SEKUNDEN
========================================
```

2

```
========================================
  ♦♦♦♦  DREIECK MIT RUNDUNGEN  ♦♦♦♦
          RADIUS-BERECHNUNG
========================================

GESAMTFLAECHE A [MM↑2] = 2120

ABMESSUNG      X [MM]   = 50

0 < B < G < 90; G-B => 5 GRAD

WINKEL BETA    B [DEG]  = 40

WINKEL GAMMA   G [DEG]  = 70

RADIUS        R1 [MM]   = 0

RADIUS        R2 [MM]   = 83.678

RECHEN- U. AUSGABEZEIT : .7 SEKUNDEN
========================================
```

2

```
=========================================
 ♦♦♦♦  DREIECK MIT RUNDUNGEN  ♦♦♦♦
        RADIUS-BERECHNUNG
=========================================

GESAMTFLAECHE A [MM↑2] = 2120

ABMESSUNG       X [MM]   = 50

0 < B < G < 90; G-B => 5 GRAD

WINKEL BETA     B [DEG]  = 40

WINKEL GAMMA    G [DEG]  = 70

RADIUS         R1 [MM]   = 41.507705

RADIUS         R2 [MM]   = 0

RECHEN- U. AUSGABEZEIT : .72 SEKUNDEN
=========================================
```

1

```
=========================================
 ♦♦♦♦  DREIECK MIT RUNDUNGEN  ♦♦♦♦
        RADIUS-BERECHNUNG
=========================================

GESAMTFLAECHE A [MM↑2] = 2120

ABMESSUNG       X [MM]   = 50

0 < B < G < 90; G-B => 5 GRAD

WINKEL BETA     B [DEG]  = 40

WINKEL GAMMA    G [DEG]  = 70

RADIUS         R2 [MM]   = 83.678306

RADIUS         R1 [MM]   = 2.4E-03

RECHEN- U. AUSGABEZEIT : .7 SEKUNDEN
=========================================
```

8.6 HP-41 (UPN) und HP-75 (BASIC)

von Ing. grad Hans Krissler

Die Bearbeitung der Aufgabe "Dreiecke mit Rundungen" ist für beide Rechner im wesentlichen gleich. Ein gerätebedingter Unterschied ist, daß beim HP-41 für die Werteeingabe Speicherplätze benutzt werden, beim HP-75 (BASIC-Programm) aber Variable.

Bei den Rechenzeiten erkennt man, daß der HP-75 diese Aufgabe 10 mal schneller als der HP-41 bearbeitet.

Herleitung

Zusammensetzung der Gesamtfläche:

$A = 2120\ mm^2$
= A1 (Dreieck)
-A2 (Kreisabschnitt)
+A3 (Rechteck)
+A4 ((Dreieck)
+A5 (Rechteck)
+A6 (Dreieck)
+A7 (Kreissektor)

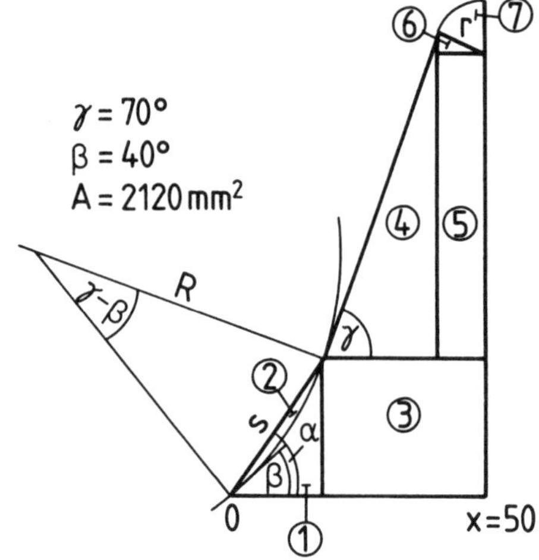

Definitionen:

Sehne $s = 2R \sin \frac{\gamma-\beta}{2}$

$\alpha = 90 - \frac{180-\beta-\gamma}{2}$

Bestimmung der Einzelflächen:

$A1 = 0{,}5\ s^2 \cdot \sin\alpha \cdot \cos\alpha$

$A2 = \frac{1}{12} R^2 \cdot (\pi - 3)$

$A3 = (x - s \cos\alpha) \cdot s \cdot \sin\alpha$

$A4 = 0{,}5 (x - s \cdot \cos\alpha - r \sin\gamma)^2 \tan\gamma$

$A5 = ([x - s \cdot \cos\alpha - r \sin\gamma] \tan\gamma - r \cdot \cos\gamma) r \cdot \sin\gamma$

$A6 = 0{,}5 \cdot r^2 \sin\gamma \cos\gamma$

$A7 = \frac{1}{360} \gamma \cdot \pi \cdot r^2$

Ausmultipliziert und zusammengefaßt:

$$r^2[\frac{7}{36}\pi - 0{,}5 \sin\gamma(\sin\gamma \tan\gamma + \cos\gamma)] +$$

$$+ R^2[\frac{1}{12}(3-\pi) + 2\sin^2\frac{\gamma-\beta}{2}\cos\alpha(\cos\alpha\tan\gamma - \sin\alpha)] +$$

$$+ R[- 2x\sin\frac{\gamma-\beta}{2}(\cos\alpha\tan\gamma - \sin\alpha)] +$$

$$+ [0{,}5x^2\tan\gamma - A] = 0$$

Substitution der Ausdrücke in [ ]:

$$r^2a + R^2\cdot b + R\cdot c + d = 0$$

ergibt aufgelöst:

$$R_{1,2} = -\frac{c}{2b} \pm \sqrt{\left(\frac{c}{2b}\right)^2 - \frac{d - r^2a}{b}} \quad \text{bzw.}$$

$$r = (\pm)\sqrt{\frac{-R^2b - Rc - d}{a}}$$

HP-75-Programm

```
10 ! Programm Sechs
20 ! Hans Krissler
40 READ A1,B,G,X,A,D,R1
50 DATA 2120,40,70,50,55,15,60
60 T=TIME
70 K=COS(A)*TAN(G)-SIN(A)
80 A0=7/36*PI-.5*SIN(G)*(SIN(G)*TAN(G)+COS(G))
90 B0=(3-PI)/12+2*SIN(D)^2*COS(A)*K
100 D0=.5*X^2*TAN(G)-A1
110 C0=-2*X*SIN(D)*K
120 R=SQR((-R1^2*B0-R1*C0-D0)/A0)
130 PRINT USING 150 ; 'r=',R
140 PRINT 'Ausgabezeit';TIME-T;' Sekunden'
150 IMAGE 3a,3d.3d
```

```
r=  20.030
Ausgabezeit .955  Sekunden
```

HP-41-Programm

```
 XEQ "FUENF"
KREISPUNKTE1
X1:
 41.000      R
            UN
X2:
 50.000      R
            UN
X3:
 35.500      R
            UN
Y1:
 32.500      R
            UN
Y2:
 10.500      R
            UN
Y3:
-15.000      R
            UN
KREISPUNKTE2
X1:
-8.000      RU
             N
X2:
 26.500      R
            UN
X3:
 29.500      R
            UN
Y1:
 28.500      R
            UN
Y2:
 32.500      R
            UN
Y3:
 14.000      R
            UN
SCHNITTPUNKT
1
X=-9.660
           RUN
Y=19.097
           RUN
SCHNITTPUNKT
2
X=12.374
           RUN
Y=40.428
```

```
 01♦LBL "SEC
HS"
 02 "A1:"
 03 2120
 04 STO 00
 05 "B:"
 06 40
 07 STO 01
 08 "G:"
 09 70
 10 STO 02
 11 "X:"
 12 50
 13 STO 03
 14 "A:"
 15 55
 16 STO 04
 17 "D:"
 18 15
 19 STO 05
 20 "R1:"
 21 60
 22 STO 06
 23 RCL 04
 24 COS
 25 RCL 02
 26 TAN
 27 *
 28 RCL 04
 29 SIN
 30 -
 31 STO 07
 32 RCL 04
 33 COS
 34 *
 35 RCL 05
 36 SIN
 37 X↑2
 38 *
 39 2
 40 *
 41 PI
 42 3
 43 -
 44 12
 45 /
 46 -
 47 STO 09
 48 RCL 02
 49 SIN
 50 LASTX
 51 TAN
```

```
 52 *
 53 RCL 02
 54 COS
 55 +
 56 RCL 02
 57 SIN
 58 *
 59 -.5
 60 *
 61 PI
 62 7
 63 *
 64 36
 65 /
 66 +
 67 STO 08
 68 RCL 03
 69 X↑2
 70 .5
 71 *
 72 RCL 02
 73 TAN
 74 *
 75 RCL 00
 76 -
 77 STO 10
 78 RCL 05
 79 SIN
 80 RCL 07
 81 *
 82 RCL 03
 83 *
 84 2
 85 *
 86 RCL 06
 87 *
 88 RCL 10
 89 -
 90 RCL 06
 91 X↑2
 92 RCL 09
 93 *
 94 -
 95 RCL 08
 96 /
 97 SQRT
 98 "R="
 99 ARCL X
100 AVIEW
101 END

 XEQ "SECHS"
R=20.030
```

9 Gittertangramme

von Joachim Schwarte

9.1 Spielbeschreibung und acht Aufgaben

Das Spiel "Tangram" ist ein altes chinesisches Formenlegespiel, das aus nur 7 einfachen geometrischen Figuren besteht, aber dennoch schier unendlich viele Möglichkeiten bietet, figürliche oder abstrakte Gebilde zusammenzustellen. Die 7 Puzzlesteine lassen sich aus einem quadratischen Karton schneiden, wie es in Bild 9.1 angegeben ist.

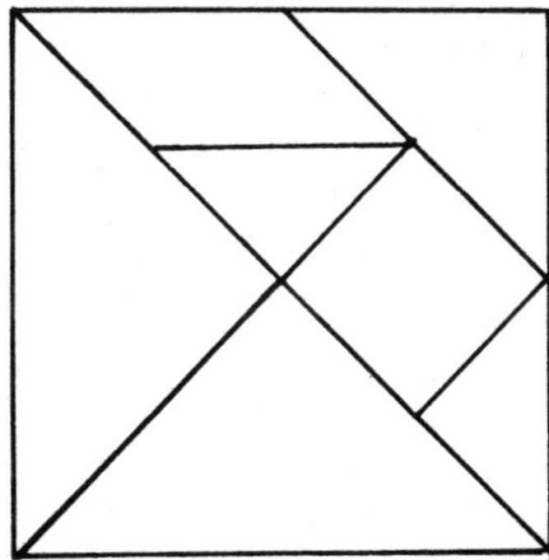

Bild 9.1

Jede Figur, die sich aus diesen 7 Teilen ohne Überlappung der einzelnen Teile legen läßt, wird grundsätzlich als "Tangram" bezeichnet. Bild 9.2 zeigt ein Beispiel.

Derartige Figuren sind natürlich für den Computer, insbesondere den Mikrocomputer, nur schwer zu handhaben. Um das Spiel dem Computer zugänglich zu machen, ist daher eine Systematisierung erforderlich. Diese wird durch Einführung eines quadratischen Gitters, dessen Gitterfelder die Größe des quadratischen Spielsteins haben, erreicht.

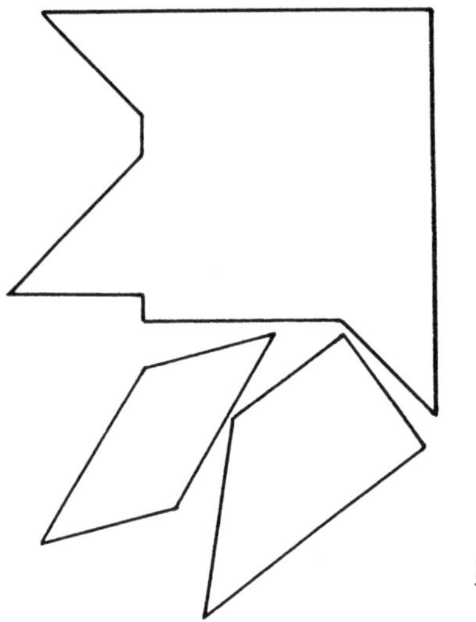

Bild 9.2

Im folgenden wird gefordert, daß sämtliche Tangramsteine so gelegt werden, daß ihre Ecken mit Schnittpunkten des Gitters zusammenfallen.

Das ursprüngliche Quadrat, das uns zur Herstellung des Spieles diente, kann nach Drehung um 45° in das Gitter gelegt werden (Bild 9.3).

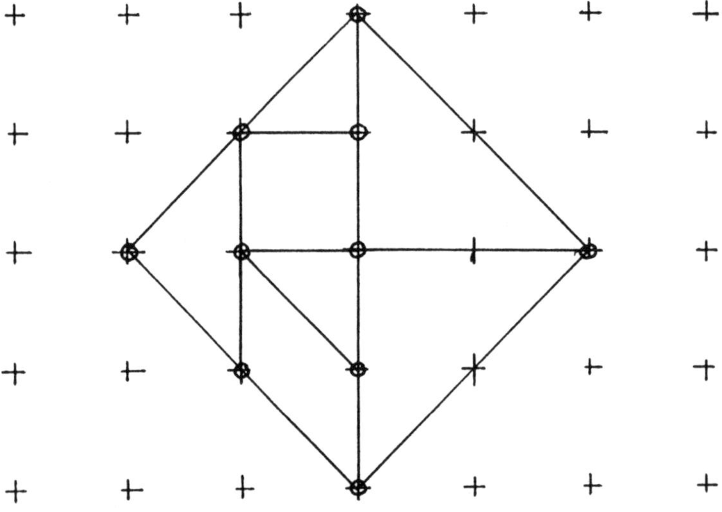

Bild 9.3

Dieses Quadrat ist somit ein "Gittertangram". Der spitzbärtige Kopf aus Bild 9.2 hingegen ist, wie fast alle figürlichen Tangramme, kein Gittertangram.

Um nun ein Maß für die Ausdehnung eines Gittertangrams zu erhalten, wollen wir den Begriff der "Konvexität" einführen. Ein Gittertangram heißt dann "konvex", wenn seine äußere Begrenzungslinie keine Innenwinkel von mehr als 180° aufweist und es im Innern der Figur keine Fehlstellen gibt.

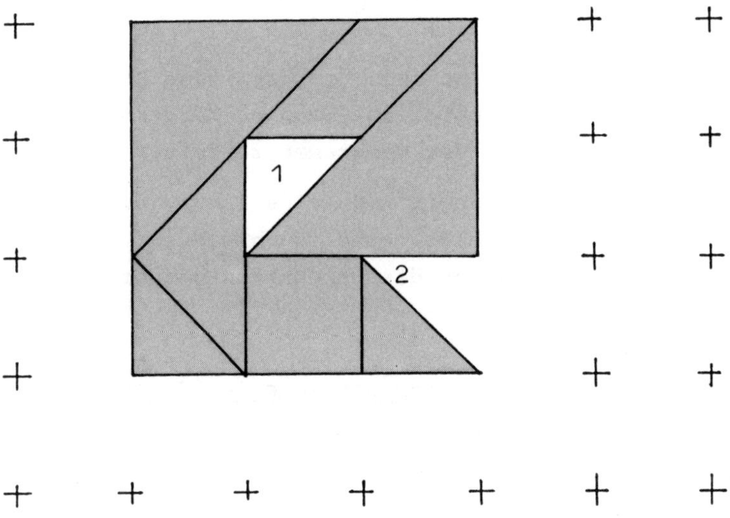

Bild 9.4

Das in Bild 9.4 dargestellte Tangram ist offensichtlich nicht konvex, da es eine Fehlstelle (1) aufweist und die äußere Begrenzungslinie an einem Punkt einen Innenwinkel von 315° (2) hat.

An dieser Stelle kommen wir zur ersten Fragestellung:

A) Wieviele konvexe Gittertangramme gibt es?

Denken wir uns jetzt unser Tangramspiel um einige kleine Dreiecke, das heißt, um Dreiecke der Größe eines halben Gitterfeldes, erweitert. Es ist offensichtlich, daß wir unter Zuhilfenahme derartiger Dreiecke, die wir im folgenden "Basisdreiecke" nennen wollen, das Tangram aus Bild 9.4 zu einer konvexen Figur ergänzen können.

Zur Erreichung der Konvexität sind 2 Basisdreiecke, und zwar an den in der Abbildung mit "1" und "2" gekennzeichneten Stellen, erforderlich. Wir sagen: "Das Tangram hat die 'Konvexitätszahl' 2". Die Konvexitätszahl ist also die Anzahl der Basisdreiecke, die mindestens erforderlich ist, um ein Tangram zu einer konvexen Figur zu ergänzen.

Hier kommen wir zur zweiten Frage:

B) Wieviele Gittertangramme der Konvexitätszahl 1, 2, ... n gibt es?

Für große n werden die Tangramme nach Fragestellung B) mehr und mehr in einzelne Stücke zerfallen. Um dies zu verhindern, wollen wir nun "Zusammenhang" der Tangramme fordern.

Ein zusammenhängendes Gittertangram ist eine Figur, die eine zusammenhängende Fläche darstellt, wobei zu beachten ist, daß 2 Tangramsteine, die sich nur an den Eckpunkten berühren, keinen Zusammenhang haben.

C) Wieviele zusammenhängende Gittertangramme der Konvexitätszahl 1, 2, 3, ... n gibt es?

Bei Betrachtung dieser Fragestellung wird man feststellen, daß für große n überhaupt kein zusammenhängendes Tangram mehr gefunden werden kann.

Hieraus folgt die Fragestellung:

D) Welches ist die größte Konvexitätszahl, die bei zusammenhängenden Gittertangrammen auftreten kann?

und schließlich:

E) Wieviele zusammenhängende Gittertangramme gibt es insgesamt?

Eine interessante Gruppe unter den nicht zusammenhängenden Gittertangrammen sind die Zwillingstangramme. Dies sind Tangramme, die aus zwei in sich zusammenhängenden Teilstücken Teilstücken bestehen, die untereinander deckungsgleich sind. Bild 9.5 zeigt ein Beispiel.

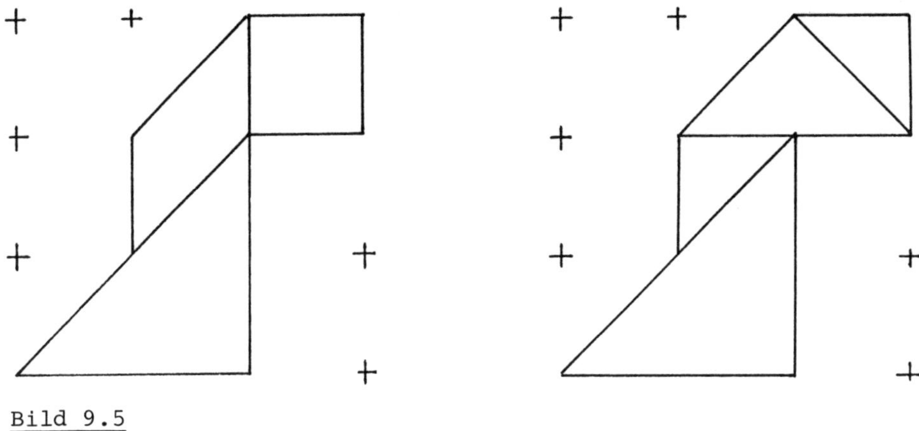

Bild 9.5

Hier stellt sich also die Frage:

F) Wieviele Zwillingstangramme gibt es?

Nimmt man nun die beiden Hälften eines Zwillingstangrams und fügt sie zu einem zusammenhängenden Gittertangram zusammen, so erhält man ein sogenanntes "teilbares Gittertangram". Ein Beispiel ist in Bild 9.6 angegeben.

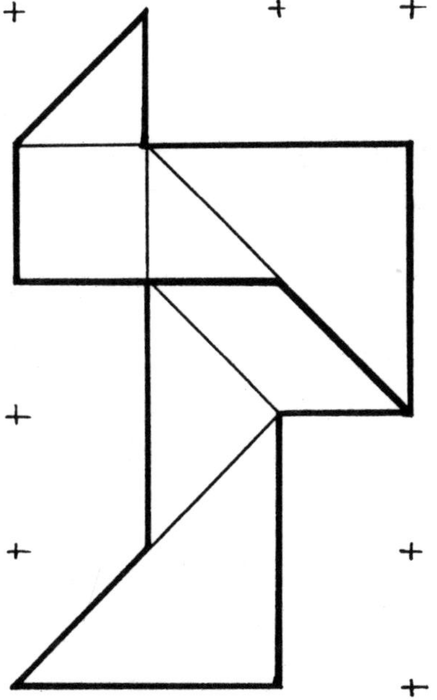

Bild 9.6

G) Wieviele teilbare Gittertangramme gibt es?

H) Welches ist die größte Konvexitätszahl, die bei teilbaren Gittertangrammen auftreten kann?

Literatur

"Klassifizieren und zählen" von Michel Decking
in: "Tangram" von Joost Elffers; Verlag DuMont; Köln 1978

9.2 Lösung zur ersten Aufgabe (A) mit HP-85

Wieviele konvexe Gittertangramme gibt es?

9.2.1 Lösungsweg

Gesucht ist die Anzahl der konvexen Vielecke mit einem Flächeninhalt von 16 Basisdreiecken (bzw. acht Gitterquadraten), die mit den sieben Tangramsteinen gelegt werden können.

Die Lösung dieses Problems gliedert sich in zwei Abschnitte:

a) Wieviele konvexe Vielecke mit einem Flächeninhalt von 16 Basisdreiecken gibt es insgesamt?
b) Wieviele und welche sind hiervon mit dem Tangram herstellbar?

Das im folgenden beschriebene Programm wurde auf einem HP-85 entwickelt. Es benutzt unabhängige Unterprogramme, die der Bearbeitung von Teilproblemen dienen. Für die Ausführung ist daher der "ROM-Drawer" mit eingesetztem "AP-ROM" (Advanced Programming) erforderlich.

9.2.2 Unabhängige Unterprogramme

Das erweiterte BASIC des HP-85 mit AP-ROM stellt dem Benutzer eine Unterprogrammtechnik zur Verfügung, die auf einem völlig anderen Prinzip beruht und erheblich leistungsfähiger ist als die herkömmlichen BASIC-Unterprogrammtechnik.

Bei den Unterprogrammen des erweiterten HP-BASIC handelt es sich um völlig selbständige Programme mit eigener Zeilennumerierung und eigenen Variablen, die erst bei Aufruf durch ein Hauptprogramm oder ein Unterprogramm höherer Ebene vom Massenspeicher in den Hauptspeicher geladen werden und bei Bedarf nach erledigter Abarbeitung auch wieder aus dem Hauptspeicher gelöscht werden können.

Hierdurch ergeben sich für den Anwender folgende Vorteile:

a) Die Variablen haben "lokalen" Charakter, das heißt, der Benutzer kann bedenkenlos Variablennamen verwenden, die auch im Hauptprogramm vorkommen, ohne Gefahr zu laufen, die Werte der Hauptprogrammvariablen zu beeinflussen.
b) Speicherersparnis, da nicht alle vom Hauptprogramm benötigten Unterprogramme gleichzeitig im Hauptspeicher vorhanden sein müssen.
c) Der Benutzer kann Unterprogrammbibliotheken anlegen, z.B. wenn er mehrere ähnliche Probleme zu bearbeiten hat, die sich in mehrfach wiederkehrende Teilprobleme aufteilen lassen.

Letzteres war der Grund, weshalb im vorliegenden Fall die Unterprogrammtechnik Verwendung fand. Die vier verwendeten Unterprogramme, die nachfolgend im einzelnen beschrieben werden, können ohne jede Änderung auch für die Bearbeitung weiterer Fragen im Zusammenhang mit Gittertangrammen dienen.

9.2.3 Unterprogramm "TAFORM"

Das Unterprogramm TAFORM ermittelt alle konvexen Vielecke mit einem Flächeninhalt von (16+K) Basisdreiecken (K ist hierbei die Konvexitätszahl) und speichert diese in den ersten sechs Spalten der Tabelle T ab, sofern genügend Zeilen vorhanden sind.

Die maximale Zeilenanzahl wird dem Unterprogramm durch den Parameter I mitgeteilt.

Jedes Vieleck läßt sich durch sechs Parameter X,Y,A,B,C und D eindeutig festlegen.

Beispiel:

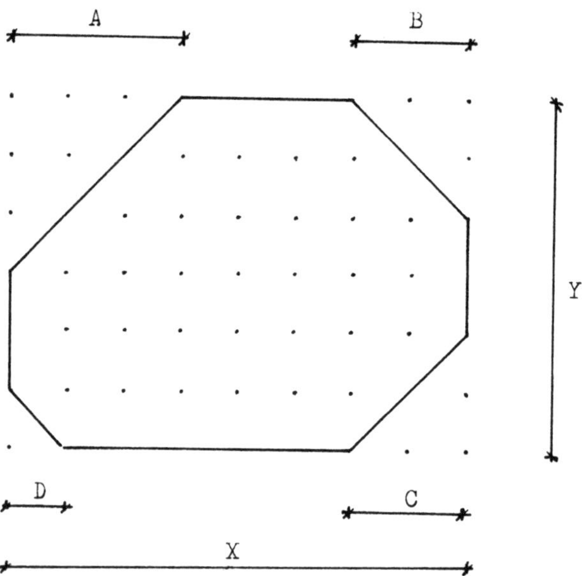

Die Variable Z1 dient als Zähler der gefundenen Vielecke. TAFORM wird aufgerufen mittels:

CALL "TAFORM" (I,T(,),K,Z1)

Zuvor muß T hinreichend groß dimensioniert werden, die Variablen I und K müssen mit ihren Werten belegt sein.

9.2.4 Unterprogramm "TARAST"

Das Unterprogramm TARAST erhält als Eingabeparameter eine Zeile der von TAFORM angelegten Tabelle T, also die Werte X, Y,A,B,C und D. Diese Parameter, die die betrachtete Fläche eindeutig beschreiben, werden benutzt, um die Fläche in das Raster R einzuspeichern.

Beispiel

6	10	10	1	0	0	0	2	10
5	10	1	0	0	0	0	0	2
4	1	0	0	0	0	0	0	0
3	0	0	0	0	0	0	0	0
2	0	0	0	0	0	0	0	3
1	4	0	0	0	0	0	3	10
	1	2	3	4	5	6	7	8

Rasterquadrate, die ganz innerhalb der Fläche liegen, erhalten eine "0".
Quadrate ganz außerhalb erhalten eine "10".
Quadrate, von denen lediglich eine Ecke Bestandteil der Fläche ist, erhalten, je nach Orientierung der Ecke, eine 1,2,3 oder 4 (siehe Beispiel).
Der Aufruf erfolgt mittels:
CALL "TARAST" (R(,),X,Y,A,B,C,D), wobei zuvor die Parameter X bis D korrekt zu belegen und das Feld R genügend groß zu dimensionieren sind.

9.2.5 Unterprogramm "TAVOLL"

Das Unterprogramm TAVOLL entscheidet, ob die im Raster R enthaltene Figur mit dem Tangram gelegt werden kann oder nicht. Die Antwort teilt es dem Hauptprogramm mittels des Parameters Q mit. Q=0 bedeutet "Nein", Q=1 bedeutet "Ja".
Aufruf durch:
CALL "TAVOLL" (R(,),X,Y,Q)

9.2.6 Unterprogramm "TARGRA"

Das Unterprogramm TARGRA sorgt für eine ansprechende Druckgraphik der gefundenen Lösungen.
Die Parameter X9,Y9 und T9 definieren den Zustand der noch unvollständigen Bildschirmgraphik, damit bei erneutem Aufruf an

der richtigen Stelle mit der Ergänzung der Graphik fortgefahren werden kann. Sie sollten vom Hauptprogramm nicht geändert werden!
Aufruf mittels:
CALL "TARGRA" (R(,),X,Y,X9,Y9,T9)
Nach dem letzten Aufruf muß durch den Befehl "COPY" eine Druckerausgabe der letzten, in der Regel noch unvollständigen Bildschirmgraphik erzeugt werden.

9.2.7 Hauptprogramm

Das Hauptprogramm dokumentiert sich, bei Verständnis der Vorgehensweise der Unterprogramme, selbst. Zu erläutern bleibt nur der "DIRECTORY"-Befehl in Zeile 750. DIRECTORY bewirkt das Ausdrucken eines Inhaltsverzeichnisses des Hauptspeichers, wobei alle vorhandenen Programme mit Namen und Speicherbedarf aufgeführt sind. Der Speicherbedarf versteht sich hierbei als Programmumfang plus Bedarf der im Programm definierten Variablen.

9.2.8 Anweisungslisten

```
100 SUB "TAFORM" (I,T(,),K,Z1)
110 REM
120 REM ***********************
130 REM *                     *
140 REM *       TAFORM        *
150 REM *                     *
160 REM ***********************
170 REM
180 Z1=0
190 FOR X=1 TO INT((K+16)/2)+2
200 FOR Y=1 TO X
210 FOR A=0 TO Y
220 M1=Y
230 IF X-A<M1 THEN M1=X-A
240 IF A<M1 THEN M1=A
250 FOR B=0 TO M1
260 M2=Y-B
270 IF A<M2 THEN M2=A
280 FOR C=0 TO M2
290 M3=Y-A
300 IF X-C<M3 THEN M3=X-C
310 IF B<M3 AND A=C THEN M3=B
320 IF B<M3 AND X=Y THEN M3=B
330 IF A<M3 THEN M3=A
340 IF C<M3 AND A=B THEN M3=C
350 FOR D=0 TO M3
360 F=X*Y*2-A*A-B*B-C*C-D*D
```

```
370 IF F#K+16 THEN 460
380 Z1=Z1+1
390 IF Z1>I THEN SUBEND
400 T(Z1,1)=X
410 T(Z1,2)=Y
420 T(Z1,3)=A
430 T(Z1,4)=B
440 T(Z1,5)=C
450 T(Z1,6)=D
460 NEXT D
470 NEXT C
480 NEXT B
490 NEXT A
500 NEXT Y
510 NEXT X
520 SUBEND
530 REM
540 REM **********************
550 REM *                    *
560 REM *  (C)   11.05.1984  *
570 REM *                    *
580 REM *  JOACHIM SCHWARTE  *
590 REM *  ALICENSTR. 8      *
600 REM *  6100 DARMSTADT    *
610 REM *                    *
620 REM **********************
```

```
100 SUB "TARAST" (R(,),X,Y,A,B,C
    ,D)
110 REM
120 REM **********************
130 REM *                    *
140 REM *       TARAST       *
150 REM *                    *
160 REM **********************
170 REM
180 FOR I=1 TO X
190 FOR J=1 TO Y
200 R(I,J)=0
210 NEXT J
220 NEXT I
230 FOR I=1 TO A
240 FOR J=1 TO I
250 K=Y-I+J
260 R(J,K)=10
270 NEXT J
280 NEXT I
290 FOR I=1 TO A
300 J=Y-A+I
310 R(I,J)=1
320 NEXT I
330 FOR I=1 TO B
340 FOR J=1 TO I
350 K=Y-J+1 @ L=X-I+J
360 R(L,K)=10
370 NEXT J
380 NEXT I
```

```
390 FOR I=1 TO B
400 J=Y-I+1 @ L=X-B+I
410 R(L,J)=2
420 NEXT I
430 FOR I=1 TO C
440 FOR J=1 TO I
450 K=X-I+J
460 R(K,J)=10
470 NEXT J
480 NEXT I
490 FOR I=1 TO C
500 J=X-C+I
510 R(J,I)=3
520 NEXT I
530 FOR I=1 TO D
540 FOR J=1 TO I
550 K=I-J+1
560 R(J,K)=10
570 NEXT J
580 NEXT I
590 FOR I=1 TO D
600 K=D-I+1
610 R(I,K)=4
620 NEXT I
630 SUBEND
640 REM
650 REM **********************
660 REM *                    *
670 REM *  (C)   13.05.1984  *
680 REM *                    *
690 REM *  JOACHIM SCHWARTE  *
700 REM *  ALICENSTR. 8      *
710 REM *  6100 DARMSTADT    *
720 REM *                    *
730 REM **********************
```

```
1000 SUB "TAVOLL" (R(,),X,Y,Q)
1010 REM
1020 REM *********************
1030 REM *                   *
1040 REM *      TAVOLL       *
1050 REM *                   *
1060 REM *********************
1070 REM
1080 Q=0
1090 DIM D(4,4)
1100 DATA 1,0,10,1
1110 DATA 0,2,2,10
1120 DATA 3,10,0,3
1130 DATA 10,4,4,0
1140 FOR I=1 TO 4
1150 FOR J=1 TO 4
1160 READ H@ D(I,J)=H
1170 NEXT J
1180 NEXT I
1190 FOR I1=1 TO X-1
1200 FOR J1=1 TO Y-1
1210 FOR K1=1 TO 4
```

```
1220 FOR L1=1 TO 4
1230 IF L1=1 THEN I=I1 @ J=J1
1240 IF L1=2 THEN I=I1+1 @ J=J1
1250 IF L1=3 THEN I=I1 @ J=J1+1
1260 IF L1=4 THEN I=I1+1 @ J=J1+
     1
1270 IF D(K1,L1)+R(I,J)>10 THEN
     1340
1280 IF D(K1,L1)=1 AND R(I,J)#0
     AND R(I,J)#3 THEN 1340
1290 IF D(K1,L1)=2 AND R(I,J)#0
     AND R(I,J)#4 THEN 1340
1300 IF D(K1,L1)=3 AND R(I,J)#0
     AND R(I,J)#1 THEN 1340
1310 IF D(K1,L1)=4 AND R(I,J)#0
     AND R(I,J)#2 THEN 1340
1320 NEXT L1
1330 GOSUB 1380
1340 NEXT K1
1350 NEXT J1
1360 NEXT I1
1370 SUBEND
1380 FOR L1=1 TO 4
1390 IF L1=1 THEN I=I1 @ J=J1
1400 IF L1=2 THEN I=I1+1 @ J=J1
1410 IF L1=3 THEN I=I1 @ J=J1+1
1420 IF L1=4 THEN I=I1+1 @ J=J1+
     1
1430 IF R(I,J)=0 THEN R(I,J)=D(K
     1,L1) @ GOTO 1450
1440 IF D(K1,L1)#0 THEN R(I,J)=1
     0
1450 NEXT L1
1460 FOR I2=1 TO X-1
1470 FOR J2=1 TO Y-1
1480 FOR K2=1 TO 4
1490 FOR L2=1 TO 4
1500 IF L2=1 THEN I=I2 @ J=J2
1510 IF L2=2 THEN I=I2+1 @ J=J2
1520 IF L2=3 THEN I=I2 @ J=J2+1
1530 IF L2=4 THEN I=I2+1 @ J=J2+
     1
1540 IF D(K2,L2)+R(I,J)>10 THEN
     1610
1550 IF D(K2,L2)=1 AND R(I,J)#0
     AND R(I,J)#3 THEN 1610
1560 IF D(K2,L2)=2 AND R(I,J)#0
     AND R(I,J)#4 THEN 1610
1570 IF D(K2,L2)=3 AND R(I,J)#0
     AND R(I,J)#1 THEN 1610
1580 IF D(K2,L2)=4 AND R(I,J)#0
     AND R(I,J)#2 THEN 1610
1590 NEXT L2
1600 GOSUB 1760
1610 NEXT K2
1620 NEXT J2
1630 NEXT I2
1640 FOR L1=1 TO 4
1650 IF L1=1 THEN I=I1 @ J=J1
1660 IF L1=2 THEN I=I1+1 @ J=J1
1670 IF L1=3 THEN I=I1 @ J=J1+1
```

```
1680 IF L1=4 THEN I=I1+1 @ J=J1+
     1
1690 IF D(K1,L1)=R(I,J) THEN R(I
     ,J)=0 @ GOTO 1740
1700 IF D(K1,L1)=1 THEN R(I,J)=3
1710 IF D(K1,L1)=2 THEN R(I,J)=4
1720 IF D(K1,L1)=3 THEN R(I,J)=1
1730 IF D(K1,L1)=4 THEN R(I,J)=2
1740 NEXT L1
1750 RETURN
1760 FOR L2=1 TO 4
1770 IF L2=1 THEN I=I2 @ J=J2
1780 IF L2=2 THEN I=I2+1 @ J=J2
1790 IF L2=3 THEN I=I2 @ J=J2+1
1800 IF L2=4 THEN I=I2+1 @ J=J2+
     1
1810 IF R(I,J)=0 THEN R(I,J)=D(K
     2,L2) @ GOTO 1830
1820 IF D(K2,L2)#0 THEN R(I,J)=1
     0
1830 NEXT L2
1840 FOR I3=1 TO X
1850 FOR J3=1 TO Y
1860 IF R(I3,J3)=0 THEN GOSUB 20
     10
1870 NEXT J3
1880 NEXT I3
1890 FOR L2=1 TO 4
1900 IF L2=1 THEN I=I2 @ J=J2
1910 IF L2=2 THEN I=I2+1 @ J=J2
1920 IF L2=3 THEN I=I2 @ J=J2+1
1930 IF L2=4 THEN I=I2+1 @ J=J2+
     1
1940 IF D(K2,L2)=R(I,J) THEN R(I
     ,J)=0 @ GOTO 1990
1950 IF D(K2,L2)=1 THEN R(I,J)=3
1960 IF D(K2,L2)=2 THEN R(I,J)=4
1970 IF D(K2,L2)=3 THEN R(I,J)=1
1980 IF D(K2,L2)=4 THEN R(I,J)=2
1990 NEXT L2
2000 RETURN
2010 R(I3,J3)=10
2020 FOR I4=1 TO X-1
2030 FOR J4=1 TO Y
2040 FOR K4=1 TO 2
2050 ON K4 GOTO 2060,2080
2060 IF (R(I4,J4)=0 OR R(I4,J4)=
     1) AND (R(I4+1,J4)=0 OR R(I
     4+1,J4)=2) THEN GOSUB 2240
2070 GOTO 2090
2080 IF (R(I4,J4)=0 OR R(I4,J4)=
     4) AND (R(I4+1,J4)=0 OR R(I
     4+1,J4)=3) THEN GOSUB 2240
2090 NEXT K4
2100 NEXT J4
2110 NEXT I4
2120 FOR I4=1 TO X
2130 FOR J4=1 TO Y-1
2140 FOR K4=3 TO 4
2150 ON K4-2 GOTO 2160,2180
2160 IF (R(I4,J4)=0 OR R(I4,J4)=
```

```
     3) AND (R(I4,J4+1)=0 OR R(I
     4,J4+1)=2) THEN GOSUB 2240
2170 GOTO 2190
2180 IF (R(I4,J4)=0 OR R(I4,J4)=
     4) AND (R(I4,J4+1)=0 OR R(I
     4,J4+1)=1) THEN GOSUB 2240
2190 NEXT K4
2200 NEXT J4
2210 NEXT I4
2220 R(I3,J3)=0
2230 RETURN
2240 ON K4 GOTO 2250,2300,2350,2
     400
2250 R(I4,J4)=R(I4,J4)+3
2260 IF R(I4,J4)>3 THEN R(I4,J4)
     =10
2270 R(I4+1,J4)=R(I4+1,J4)+4
2280 IF R(I4+1,J4)>4 THEN R(I4+1
     ,J4)=10
2290 GOTO 2440
2300 R(I4,J4)=R(I4,J4)+2
2310 IF R(I4,J4)>2 THEN R(I4,J4)
     =10
2320 R(I4+1,J4)=R(I4+1,J4)+1
2330 IF R(I4+1,J4)>1 THEN R(I4+1
     ,J4)=10
2340 GOTO 2440
2350 R(I4,J4)=R(I4,J4)+1
2360 IF R(I4,J4)>1 THEN R(I4,J4)
     =10
2370 R(I4,J4+1)=R(I4,J4+1)+4
2380 IF R(I4,J4+1)>4 THEN R(I4,J
     4+1)=10
2390 GOTO 2440
2400 R(I4,J4)=R(I4,J4)+2
2410 IF R(I4,J4)>2 THEN R(I4,J4)
     =10
2420 R(I4,J4+1)=R(I4,J4+1)+3
2430 IF R(I4,J4+1)>3 THEN R(I4,J
     4+1)=10
2440 FOR I5=1 TO X-1
2450 FOR J5=1 TO Y
2460 FOR K5=1 TO 2
2470 ON K5 GOTO 2480,2500
2480 IF (R(I5,J5)=0 OR R(I5,J5)=
     1) AND (R(I5+1,J5)=0 OR R(I
     5+1,J5)=3) THEN Q=1 @ SUBEN
     D
2490 GOTO 2510
2500 IF (R(I5,J5)=0 OR R(I5,J5)=
     4) AND (R(I5+1,J5)=0 OR R(I
     5+1,J5)=2) THEN Q=1 @ SUBEN
     D
2510 NEXT K5
2520 NEXT J5
2530 NEXT I5
2540 FOR I5=1 TO X
2550 FOR J5=1 TO Y-1
2560 FOR K5=3 TO 4
2570 ON K5-2 GOTO 2580,2600
```

```
2580 IF (R(I5,J5)=0 OR R(I5,J5)=3) AND (R(I5,J5+1)=0 OR R(I5,J5+1)=1) THEN Q=1 @ SUBEND
2590 GOTO 2610
2600 IF (R(I5,J5)=0 OR R(I5,J5)=4) AND (R(I5,J5+1)=0 OR R(I5,J5+1)=2) THEN Q=1 @ SUBEND
2610 NEXT K5
2620 NEXT J5
2630 NEXT I5
2640 ON K4 GOTO 2650,2700,2750,2800
2650 IF R(I4,J4)=3 THEN R(I4,J4)=0
2660 IF R(I4,J4)=10 THEN R(I4,J4)=1
2670 IF R(I4+1,J4)=4 THEN R(I4+1,J4)=0
2680 IF R(I4+1,J4)=10 THEN R(I4+1,J4)=2
2690 GOTO 2840
2700 IF R(I4,J4)=2 THEN R(I4,J4)=0
2710 IF R(I4,J4)=10 THEN R(I4,J4)=4
2720 IF R(I4+1,J4)=1 THEN R(I4+1,J4)=0
2730 IF R(I4+1,J4)=10 THEN R(I4+1,J4)=3
2740 GOTO 2840
2750 IF R(I4,J4)=1 THEN R(I4,J4)=0
2760 IF R(I4,J4)=10 THEN R(I4,J4)=3
2770 IF R(I4,J4+1)=4 THEN R(I4,J4+1)=0
2780 IF R(I4,J4+1)=10 THEN R(I4,J4+1)=2
2790 GOTO 2840
2800 IF R(I4,J4)=2 THEN R(I4,J4)=0
2810 IF R(I4,J4)=10 THEN R(I4,J4)=4
2820 IF R(I4,J4+1)=3 THEN R(I4,J4+1)=0
2830 IF R(I4,J4+1)=10 THEN R(I4,J4+1)=1
2840 RETURN
2850 SUBEND
2860 REM
2870 REM **********************
2880 REM *                    *
2890 REM *  (C)   22.05.1984  *
2900 REM *                    *
2910 REM *  JOACHIM SCHWARTE  *
2920 REM *  ALICENSTR. 8      *
2930 REM *  6100DARMSTADT     *
2940 REM *                    *
2950 REM **********************
```

```
100 SUB "TARGRA" (R(,),X,Y,X9,Y9
    ,T9)
110 REM
120 REM ***********************
130 REM *                     *
140 REM *       TARGRA        *
150 REM *                     *
160 REM ***********************
170 REM
180 DATA 255,254,252,248,240,224
    ,192,128
190 DATA 255,127,63,31,15,7,3,1
200 DATA 1,3,7,15,31,63,127,255
210 DATA 128,192,224,240,248,252
    ,254,255
220 DATA 255,255,255,255,255,255
    ,255,255
230 FOR N=1 TO 8 @ READ V@ T1$[N
    ,N]=CHR$(V) @ NEXT N
240 FOR N=1 TO 8 @ READ V@ T2$[N
    ,N]=CHR$(V) @ NEXT N
250 FOR N=1 TO 8 @ READ V@ T3$[N
    ,N]=CHR$(V) @ NEXT N
260 FOR N=1 TO 8 @ READ V@ T4$[N
    ,N]=CHR$(V) @ NEXT N
270 FOR N=1 TO 8 @ READ V@ T5$[N
    ,N]=CHR$(V) @ NEXT N
280 IF X9#0 THEN 310
290 X9=X+1 @ T9=X
300 GCLEAR
310 SCALE 0,255,0,191
320 Y9=Y9+Y+1
330 IF Y9>24 THEN 360
340 IF X>T9 THEN X9=X9+1 @ T9=T9
    +1 @ GOTO 340
350 GOTO 380
360 Y9=Y+1 @ T9=X
370 X9=X9+T9+1
380 IF X9>32 THEN COPY @ GCLEAR
    @ X9=X+1 @ T9=X @ Y9=Y+1
390 FOR I=0 TO X-1
400 FOR J=0 TO Y-1
410 MOVE (X9-T9+I)*8-1,(Y9-J-1)*
    8-1
420 H=R(I+1,J+1)
430 IF H=1 THEN BPLOT T2$,1
440 IF H=2 THEN BPLOT T1$,1
450 IF H=3 THEN BPLOT T4$,1
460 IF H=4 THEN BPLOT T3$,1
470 IF H=0 THEN BPLOT T5$,1
480 NEXT J
490 NEXT I
500 SUBEND
510 REM
520 REM ***********************
530 REM *                     *
540 REM *  (C)   28.05.1984   *
550 REM *                     *
560 REM *  JOACHIM SCHWARTE   *
570 REM *  ALICENSTR. 8       *
580 REM *  6100 DARMSTADT     *
590 REM *                     *
600 REM ***********************
```

```
100 REM **********************
110 REM *                    *
120 REM *      TANGRAM       *
130 REM *      -------       *
140 REM *     AUFGABE A      *
150 REM *                    *
160 REM **********************
170 REM
180 PRINT "*********************
    **********"
190 PRINT "*
          *"
200 PRINT "*      TANGRAM   AUFGA
    BE A      *"
210 PRINT "*
          *"
220 PRINT "*********************
    **********"
230 PRINT
240 PRINT "FRAGE:"
250 PRINT "WIEVIELE KONVEXE GITT
    ERTAN="
260 PRINT "GRAMME GIBT ES?"
270 PRINT
280 SETTIME 0,0
290 DIM T(22,7),R(10,10)
300 K=0 @ I=22
310 X9=0 @ Y9=0 @ T9=0
320 Z2=0
330 CALL "TAFORM" ( I,T(,),K,Z1
    )
340 FOR N=1 TO Z1
350 X=T(N,1)
360 Y=T(N,2)
370 A=T(N,3)
380 B=T(N,4)
390 C=T(N,5)
400 D=T(N,6)
410 CALL "TARAST" ( R(,),X,Y,A,B
    ,C,D )
420 CALL "TAVOLL" ( R(,),X,Y,Q )
430 T(N,7)=Q @ Z2=Z2+Q
440 NEXT N
450 PRINT "ANTWORT:"
460 PRINT "ES GIBT";Z2;"KONVEXE
    GITTERTAN="
470 PRINT "GRAMME"
480 PRINT
490 PRINT "BENOETIGTE RECHENZEIT
    "
500 PRINT "IN HH:MM:SS : ";
510 U1=TIME
520 PRINT HMS$(U1)
530 PRINT @ PRINT
540 PRINT "GRAFIK:" @ PRINT @ PR
    INT
550 SETTIME 0,0
560 FOR N=1 TO Z1
570 IF T(N,7)=0 THEN 660
580 X=T(N,1)
```

```
590 Y=T(N,2)
600 A=T(N,3)
610 B=T(N,4)
620 C=T(N,5)
630 D=T(N,6)
640 CALL "TARAST" ( R(,),X,Y,A,B
    ,C,D )
650 CALL "TARGRA" ( R(,),X,Y,X9,
    Y9,T9 )
660 NEXT N
670 COPY
680 PRINT "FUER DIE GRAFIKAUSGAB
    E"
690 PRINT "BENOETIGTE ZEIT"
700 PRINT "IN HH:MM:SS : ";
710 U1=TIME @ PRINT HMS$(U1)
720 PRINT @ PRINT
730 PRINT "SPEICHERBEDARF:"
740 PRINT @ PRINT ALL
750 DIRECTORY
760 NORMAL
770 PRINT
780 PRINT "*********************
    **********"
790 END
800 REM ***********************
810 REM *                     *
820 REM *  (C)   28.05.1984   *
830 REM *                     *
840 REM *  JOACHIM SCHWARTE   *
850 REM *  ALICENSTR. 8       *
860 REM *  6100 DARMSTADT     *
870 REM *                     *
880 REM ***********************
```

9.2.9 Lösungsausdruck

```
********************************
*                              *
*     TANGRAM   AUFGABE A      *
*                              *
********************************

FRAGE:
WIEVIELE KONVEXE GITTERTAN=
GRAMME GIBT ES?

ANTWORT:
ES GIBT 13 KONVEXE GITTERTAN=
GRAMME

BENOETIGTE RECHENZEIT
IN HH:MM:SS  :  00:18:25


GRAFIK:
```

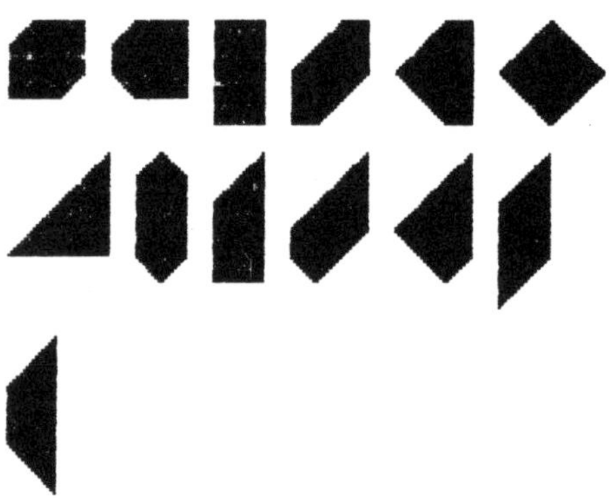

```
FUER DIE GRAFIKAUSGABE
BENOETIGTE ZEIT
IN HH:MM:SS  :  00:00:51


SPEICHERBEDARF:

BASIC PROGRAM    LENGTH(BYTES)
     MAIN◄◄          4537
     TAFORM          1261
     TARAST          1286
     TAVOLL          5955
     TARGRA          1635

********************************
```

10 Noch fünf Aufgaben

Knobeleien sollen vor allem Spaß machen. Zwar werden "richtige" oder "originelle" Lösungen erwartet. Wir wollen aber nicht mit "tierischem Ernst" diese Knobeleien betreiben. Damit soll erreicht werden, daß der Phantasie, der kreativen Arbeitsweise hinreichend Raum gelassen wird. Und wir entsprechen damit der Spannbreite in der Aufgabenstellung, mit Knobeleien aus verschiedenen Bereichen und mit unterschiedlichem Schwierigkeitsgrad. Fünf Aufgaben sind nachfolgend formuliert. Die 5. Aufgabe ist zwar primär ein Beweisproblem, vielleicht werden einige Leser dadurch aber doch zum Knobeln und Programmieren angeregt.

10.1 Schatzverteilung

Sechs Abenteurer suchten einen legendären Schatz. Über Ort und Umstände hatten sie einige vage Informationen. Bei der Burg angekommen, begannen sie sobald mit den Grabungen. Nach vielen Tagen ununterbrochener Arbeit waren sie eines Nachmittags am Ziel, sie hatten den aus vielen kleinen Goldkörnern bestehenden Schatz gefunden. Sie waren jedoch so müde, daß sie beschlossen, erst einmal zu schlafen und die gerechte Verteilung am nächsten Morgen vorzunehmen. Aber schon um 19 Uhr erwachte der erste, von Mißtrauen geplagt, und beschloß, "aus Vorsicht" sich seinen sechsten Teil zu nehmen. Um den Burggeist zu beruhigen, warf er der Uhrzeit entsprechend 19 Goldkörner in den Wassergraben, teilte dann die restlichen Körner in sechs gleiche Teile, versteckte seinen Anteil und legte sich wieder schlafen. Eine Stunde später erwachte der zweite. Er handelte ähnlich wie sein Vorgänger. Der Uhrzeit entsprechend, warf er zunächst 20 Goldkörner in den Graben, teilte wiederum den Rest in sechs gleiche Teile, was genau aufging, versteckte seinen Anteil und begab sich wieder zu seinem Schlafplatz. Der Vorgang wiederholte sich so alle Stunde mit dem dritten (21 Körner kamen in den Graben), vierten, fünften und schließlich mit dem sechsten, der um Mitternacht erwachte, 24 Goldkörner dem Geist opferte, genau ein Sechstel des Restes für sich "reservierte", es versteckte und weiterschlief.

Die sechs Goldgräber erwachten nach Sonnenaufgang, verteilten mit ehrlichem Gesicht die restlichen Goldkörner, was wiederum genau aufging, und gingen ihrer Wege.

Nach oben gibt es unendlich viele Lösungen für diese ganzzahlige Verteilung. Ausgehend von einer Mindestanzahl Goldkörner sollen jedoch nur 5 mögliche Lösungssätze mit jeweils folgenden Angaben ermittelt werden:

- Summe der Goldkörner, die jeder Abenteurer (A1 ... A6) mitgenommen bzw. bekommen hat.
- Wieviele Körner wurden insgesamt dem Burggeist (B) gegeben?
- Ursprüngliche Goldkörnerzahl des Schatzes (S).
- Wie groß war der Rest (R), der am Morgen noch verteilt wurde?

10.2 Gleiche Liniensummen

In Bild 10.1 sind die Zahlenwerte n = 5, 1Ø, 15, 2Ø, 25, 3Ø, 35, 4Ø, 45, 5Ø, 55, 6Ø, 65, 7Ø, 75, 8Ø, 85, 9Ø und 95 so anzuordnen, daß <u>alle</u> Liniensummen gleich sind.

$Sn\overline{AA}' = Sn\overline{BB}' = Sn\overline{CC}' = Sn\overline{DD}' = Sn\overline{EE}' =$
$Sn\overline{FF}' = Sn\overline{GG}' = Sn\overline{HH}' = Sn\overline{II}' = Sn\overline{JJ}' =$
$Sn\overline{KK}' = Sn\overline{LL}' = Sn\overline{MM}' = Sn\overline{NN}' = Sn\overline{OO}' = Sx$

- Wieviele Lösungsmöglichkeiten gibt es?
- Welchen Wert hat die Liniensumme Sx?
- Lösungsanordnung(en)?
- Rechen- und Ausgabezeit(en)?
- Speicherbedarf?

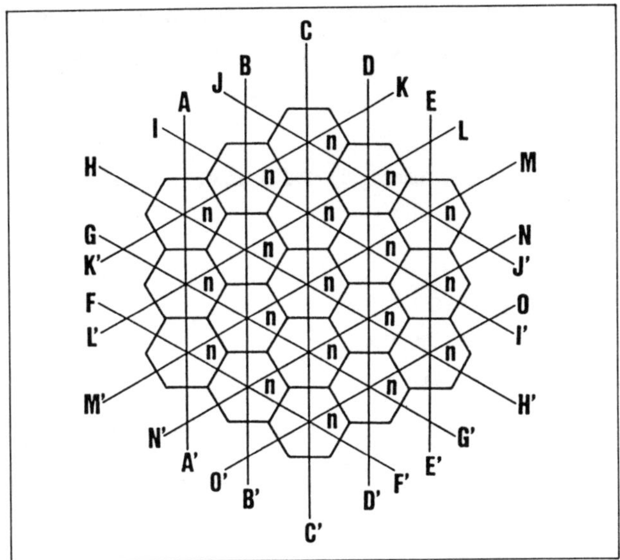

Bild 10.1: Zahlenschema

10.3 Dreiecke im Halbkreis

von Dipl.-Ing. Gerhard Frank

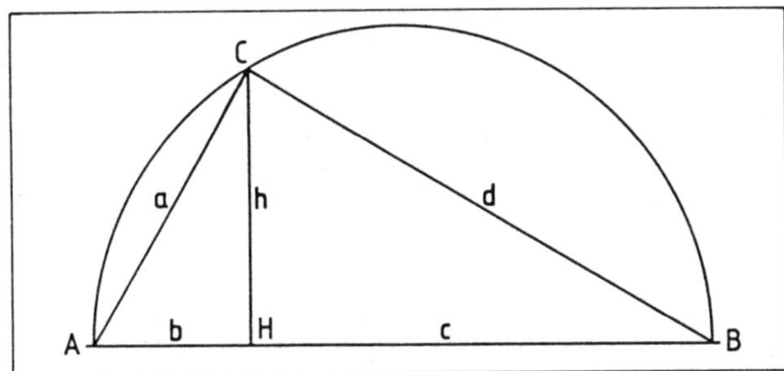

Bild 10.2: Bezeichnungen

a) Im Halbkreis nach Bild 10.2 hat das Dreieck ACH den Umfang 1 und das Dreieck BCH den Umfang $\sqrt{3}$. Es sind die Längen der Seiten AC = a, AH = b, BH = c, BC = d und CH = h zu berechnen.

b) Allgemeine Lösung; die Dreiecksumfänge ACH bzw. BCH sind frei wählbar.

Beispiele:
1. ACH:U_1 = 10 ; BCH:U_2 = 100
2. ACH:U_1 = 110,25; BCH:U_2 = 138,65
3. ACH:U_1 = 100 ; BCH:U_2 = 100

Alle Ergebnisse sollten aus praktischen Gründen auf drei Nachkommastellen nach DIN 1333 gerundet werden.

Hinweis:

Eine eventuell auftretende Funktion mehr als 2. Grades kann mit dem Newtonschen Näherungsverfahren gelöst werden.

10.4 Rollenverschiebungen für konstante Bandlängen

von Dr. Kurt Hain

a) In Bild 10.3 sind relativ zu einer feststehenden Rolle zwei weitere Rollen rechtwinklig zueinander verschiebbar angeordnet. Bei gegebener Bandlänge L und gegebener Entfernung a einer Verschiebrolle von der Festrolle ist die Entfernung b der zweiten Verschiebrolle von der Festrolle so zu berechnen, daß die Länge L konstant bleibt. Die drei Rollen haben gleich großen Radius r.

Gegeben: L = 365,66 mm; r = 20 mm.
Für a = 60 mm ; 90 mm sind die zugehörigen Längen b zu berechnen.

b) In Bild 10.4 ist die gleiche Aufgabe wie in Bild 10.3 zu lösen mit dem Unterschied, daß nunmehr 3 Rollen mit verschieden großem Radius r_1, r_2, r_3 zu berücksichtigen sind. Rolle r_1 ist Festrolle, Rollen r_2 und r_3 sind senkrecht

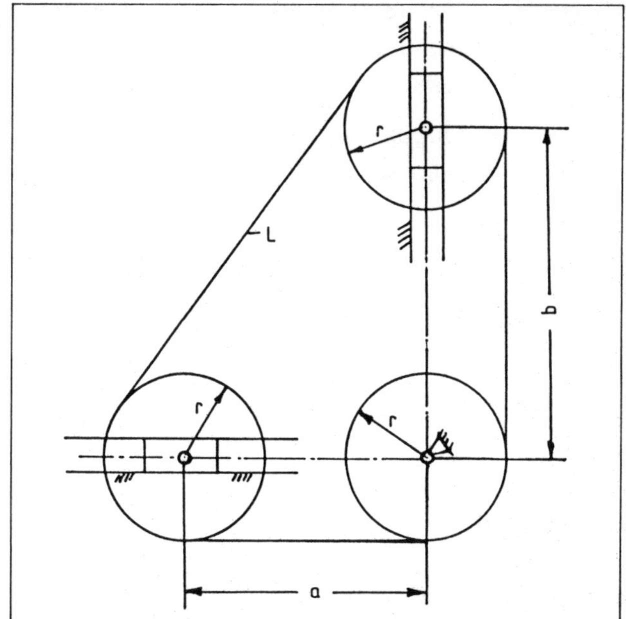

Bild 10.3: Rollen mit gleichem Durchmesser

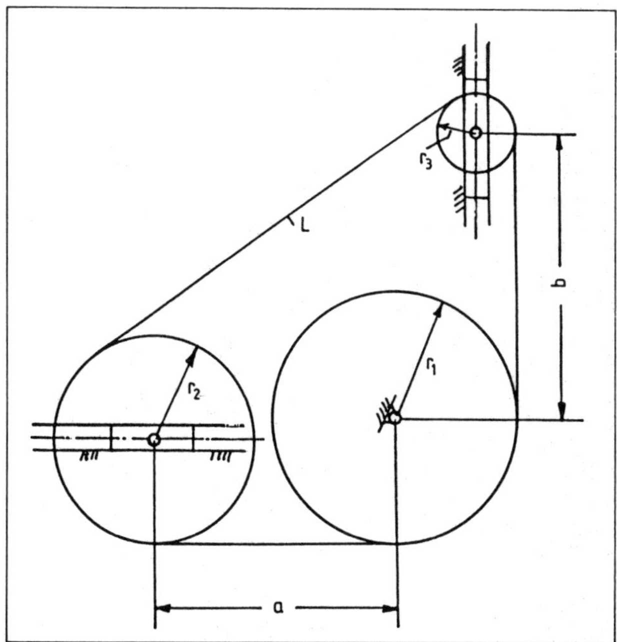

Bild 10.4: Rollen mit verschiedenen Durchmessern

zueinander so zu verschieben, daß bei gegebener Entfernung a die Entfernung b so zu berechnen ist, daß die Bandlänge L konstant bleibt.

Gegeben: L = 370 mm; r_1 = 30 mm; r_2 = 25 mm; r_3 = 10 mm
Für a = 60 mm, 80 mm sind die zugehörigen Längen b zu berechnen.

c) Allgemeine Lösung: L, r_1, r_2, r_3 und a sind frei wählbar.

Alle Ergebnisse sind auf drei Nachkommastellen nach DIN 1333 zu runden.

10.5 Ganze Zahl?

von Dr. Arved Fuhrmann

Es ist zu prüfen, ob die Zahl R = exp(π · sqrt(163)) eine ganze Zahl ist. Ein indisches Rechengenie namens Ramanujan stellte zu Beginn dieses Jahrhunderts die Vermutung auf, die oben angegebene Zahl R sei eine ganze Zahl, etwa in Analogie zu exp(π · i) = -1. Selbstverständlich kann man durch numerisches Rechnen nur feststellen, daß R keine ganze Zahl ist. Aber das Ergebnis ist doch verblüffend. Mehr möchte ich nicht verraten.

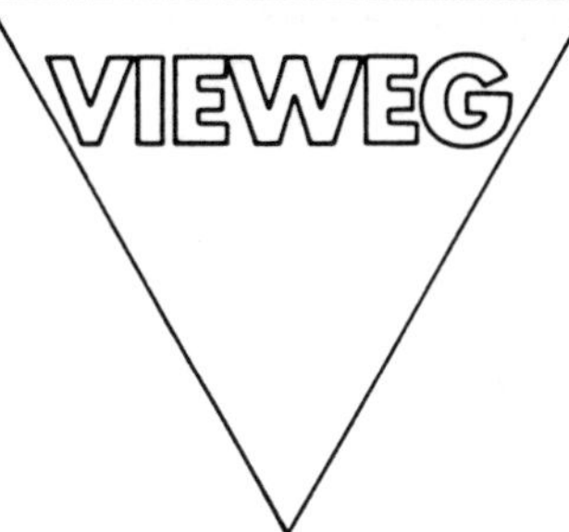

Howard Franklin, Joane Koltnow und LeRoy Finkel

Spielprogramme für den Apple IIe

Spiele sowie Anleitungen, Techniken und Unterprogramme für die Eigenentwicklung von Spielen. Aus dem Amerikanischen übersetzt von Leo Schaaf. 1984. VIII, 128 S. 16,2 X 22,9 cm. Brosch.

Computerspiele erfreuen sich immer größerer Beliebtheit. Das Buch über die APPLE-Spiele stellt eine Reihe solcher Spiele vor, zeigt aber darüber hinaus – und das macht es einzigartig – wie man seine eigenen Spiele schafft und weiterentwickelt. Es ist also nicht nur eine Spielesammlung mit Erläuterungen von Spielabläufen. Es entwickelt vielmehr stufenweise den Aufbau eines Spieles, zeigt aufbauende Techniken und Zusatzprogramme bis zur vollständigen Ausnutzung aller Grafikmöglichkeiten des APPLE.

Mit einigen Kenntnissen in BASIC kann jeder Fan seinen APPLE II zuhause in ein Spielcenter verwandeln. Er kann Farben in hoch- und niederauflösender Grafik verwenden und lernen, wie er seine selbst entworfenen Bilder optisch verfeinern und gar mit Musik und Klangeffekten kombinieren kann. Dazu liefert das Buch noch den Sonderservice spezieller Eingabeprozeduren, mit deren Hilfe die Eingabe von Daten einfacher wird.

Das Buch über die APPLE-Spiele leistet noch mehr als reines Spielvergnügen: Es zeigt, wie der Computer zur Lernhilfe wird, wie die Programme verschiedener Altersgruppen und Fähigkeiten der Benutzer angepaßt werden können. Beim Erraten und Verbinden von Wörtern bis hin zum Konstruieren von Geschichten – Kinder lernen hier den Aufbau von Sprache und Zahlensystem, werden mit der Tastatur vertraut und fangen an, grundlegende Computerbefehle zu verstehen. Eltern, Lehrer und Hobbyprogrammierer wird viel Wissenswertes und Lernenswertes in spielerischer Verpackung serviert.